本書為教育部人文社科規劃項目"中國古典美學的實踐智慧研究"
的最終成果，並獲得湖南科技大學學術著作出版基金資助。

美的奠基及其精神實踐

——基於心性工夫之學的研究

張晚林　著

知识产权出版社
全国百佳图书出版单位
—北京—

圖書在版編目（CIP）數據

美的奠基及其精神實踐：基於心性工夫之學的研究/張晚林著.
—北京：知識產權出版社，2020.4

ISBN 978-7-5130-6736-2

Ⅰ.①美…　Ⅱ.①張…　Ⅲ.①美學—研究　Ⅳ.①B83

中國版本圖書館CIP數據核字(2019)第300648號

責任編輯：趙　軍　　　　　責任校對：潘鳳越

封面設計：鄧媛媛　　　　　責任印製：孫婷婷

美的奠基及其精神實踐：基於心性工夫之學的研究

張晚林　著

出版發行：**知识产权出版社**有限責任公司	網　　址：http://www.ipph.cn
社　　址：北京市海澱區氣象路50號院	郵　　編：100081
責編電話：010-82000860轉8127	責編郵箱：zhaojun99668@126.com
發行電話：010-82000860轉8101/8102	發行傳真：010-82000893/82005070/82000270
印　　刷：三河市国英印务有限公司	經　　銷：網上書店、新華書店及相關專業書店
開　　本：700mm×1000mm　1/16	印　　張：17
版　　次：2020年4月第1版	印　　次：2020年4月第1次印刷
字　　數：271千字	定　　價：68.00元

ISBN　978-7-5130-6736-2

目　錄

導論：心性學與美學問題的提出

一、本書主旨概說

美學的終極目的決不是藝術鑒賞既而獲得審美愉悅，而是彰顯作為人之"大體"的"心性"之能，直達天德，既而弘道而翼教，以完成柏拉圖所說的美之深密教義。審美也不是向外觀賞質實的對象，而是向內涵養"心性"這個大本之德，所謂"美之者，是美天下之本也"（《荀子·富國》）。唯有"心性"這個"宏大而辟，深閎而肆"（《莊子·天下》）的大本，方可為美進行奠基，因為其精神實踐的慧光就是美。所以，美學不是關於"美"的景觀的技藝學，而是精神實踐的智慧學①。這既是承襲古聖先賢的典謨與聖

---

① "智慧"一詞須作進一步的解釋。在中國文化傳統特別是佛教中，"智慧"一詞偏重在"慧"字。六祖慧能說："我此法門，以定慧為本。第一勿迷言定慧別。定慧體一不二。即定是慧體，即慧是定用。即慧之時定在慧，即定之時慧在定。善知識！此義即是定慧等。學道之人作意，莫言先定發慧，先慧發定，定慧各別。"（郭朋：《壇經校釋》，中華書局1983年版，第26頁。）從這裏可以看出，"定"是體，"慧"是用。但"定"是什麼體呢？禪宗講"明心見性"。可見，"定"就是"心性"；修"戒、定、慧"就是讓人"明心見性"以發"智慧"之用。一旦修養工夫圓融充實，則體用不二，"定"即是"慧"，"慧"即是"定"，這就是"定慧"等。若以為"定慧"各別，則是工夫不到，未能"明心見性"，則"慧"亦可能是俗"慧"或小知。在西方文化中，"智慧"與"最高善"相聯繫。何為"智慧"？就是洞見到"最高善"並在行為中得到它。所以，在古希臘，哲學被稱為"愛智慧"，即嚮往、追求並得到"最高善"。因此，哲學是一種教訓，也是一種行動。教訓是把"最高善"置於其中的那教訓，行動是"最高善"因之被得到的那行動。但因為西方文化沒有像中國文化傳統那樣作"明心見性"（"明心見性"雖發自佛教，實則儒道釋皆可言之）的工夫以見"體"，故儘管其論說高明而立"極"（"極"即"人極"，出自周濂溪《太極圖說》"主靜立人極"），但不是見"體"立"極"，而是因論而立"極"。所以，"智慧"在西方文化中因無工夫之修行，總不見其"明"。老子曰："修之於身，其德乃真。"（《老子》第五十四章）說的正是這個意思。這樣，"智慧"在必須與修行工夫相連，必須"明心見性"而對於宇宙人生有真切的證悟與覺解，徒見聞博識而知解，適成俗"慧"或小知，不足以

教，也是筆者多年來之為學用心與悲願。本書的大旨期以"心性學"為基線對此進行深入的學術研究，解明美學中所牽涉的若干問題，闡發心性工夫之學之於美學的大義與創造，既而振拔人心，匡扶世道，因為筆者篤信美學的"萬神廟並非一種把自身呈現給純粹審美意識的無時間的現時性，而是歷史地實現自身的人類精神的集體業績"。① 由此觀之，本書思理或有乖亂，論證

言"智慧"。因此，實踐的智慧學必須自修行工夫入，外此皆空華外道，吠聲吠影而已，而中國傳統的"心性學"最得其義。總括起來，"智慧"一詞應有以下含義：

一、智慧乃"心性"大體之能，由此而照見宇宙人生之實相；智慧亦是天地之大德，潤澤萬有。二者體一而分殊，由此可言"天人合一"。此"天人合一"之境界的靈現就是"最高善"。因此，智慧一定契合天地人三者而言，徒人之思想，不足以言智慧；同時，與智慧相聯繫的"最高善"不是在倫理學的意義上講的，而是在宇宙論的意義上講的。

二、智慧有"鬆綁、解放、照亮、自由"之意。《莊子·養生主》謂："安時而處順，哀樂不能入，古者謂是帝之縣解。"郭子玄注云："以有係者為縣，則無係者縣解也，縣解而性命之情得矣。此養生之要也。"由智慧之明，"縣"即"解"也。

三、智慧是"無"。智慧不限於俗"慧"的實用之中，而是在"無用"中盡"大道"。這在《莊子》一書中有諸多論說，不必詳論。同時，"無"也意味著佛教的"如如"之境，這是真善美合一之聖域，本書第九章第四部分將有詳論。

四、獲得智慧固須讀書，然讀書並非根本相關者，獲得智慧之關鍵在"存養"人之"心性"大體。孔子曰："下學而上達。"（《論語·憲問》）"下學"是讀書踐行，"而"是存養，"上達"是獲得智慧。如果沒有"存養"，則讀書踐行只是增長知識，並不能獲得智慧。古希臘哲人赫拉克利特說："博學並不能使人智慧。"（北京大學哲學系編：《西方哲學原著選讀》上卷，商務印書館1999年版，第24頁。）

五、因為人人皆有"心性"大體，故智慧之於人乃是普遍的。只要存養工夫篤實，人人皆可有智慧。當然，因根器之不同，智慧之獲得有難易之別。

六、智慧是天地玄黃之實相，鴻蒙開闢之靈光，聖人踐履之境界，不必論證亦不可論證。此即是中國傳統所說的"不言之教"。故智慧自身不是學問系統，但卻是一切學問系統最後的動力源，一切學問系統都由此而開出。這意味著任何學問系統不但不能違背智慧，且須有助於智慧的培育與開顯。
本書所說的精神、道德、審美、宗教乃至人生的圓成、宇宙之大道皆切就智慧而言，且須在心性工夫中"盡"之"復"之；若能盡心復性，則本書所說皆具有客觀的必然性。這是莊子所說的"照之於天"（《莊子·齊物論》）而不是論證的結果。但本書只能以哲學性的邏輯語言化工夫為文字，加以客觀的論述與證明。以察察之明窺探恢恢之志。（"察察"即煩細繚繞之意。陸賈《新語·輔政》："察察者有所不見，恢恢何所不容。"）儘管如此，筆者依然相信羅素的那句話："嚴格說來，哲學的論證主要力圖使讀者見到作者所已經見到的。總之，這種論證在性質上不是證明，而是規勸。"（羅素：《我的哲學的發展》，溫錫增譯，商務印書館1995年版，第247頁。）因此，儘管筆者希望時彥碩學對本書提出尖銳批評，匡其不逮，正其乖謬；同時，更希望能對本書加以同情地理解，勿僅以文辭論說為念，而當以意逆志，或有得矣。

① 加達默爾：《真理與方法》，洪漢鼎譯，上海譯文出版社1999年版，第124頁。學術乃天下之公器，既為公器，必以世道人心為務，豈可私意穿鑿，以成劇談戲論。黃宗羲論東林書院顧憲成之會講宗旨時云："先生論學，與世為體。嘗言：'官輦轂，念頭不在君父上；官封疆，念頭不在百姓上；至於水間林下，三三兩兩，相與講求性命，切磨德義，念頭不在世道上，即有他美，君子不齒也'。"（《明儒學案》卷五十八《東林學案》）明乎此，則為學固須求"真"，更須求"善"也。何謂善？"學達性天，轉識成智，淑世化民"是也。不然，乃言而辯、學而博者，縱有思理之俊逸、辭章之華美，其學安足道也哉？！

或欠圓滿，然在世風日偷，人心陷溺的當代社會，或有匡正之效、補世之功矣。荀子曰：

> 人之生固小人，無師無法則唯利之見耳。人之生固小人，又以遇亂世，得亂俗，是以小重小也，以亂得亂也。君子非得執以臨之，則無由得開內焉。（《荀子・榮辱》）

一個社會如果傳統淪喪、宗教退隱、道德浸微、倫理廢弛，儘管有豐盛的物質累積起來的"繁華"，繽紛之色彩裝飾出來的"美景"，亦只是"功有適成""事有偶濟"（陳傅良：《答陳同父書三》），非"修齊治平"一貫之道也。詩云："雕琢其章，金玉其相。亹亹我王，綱紀四方。"（《詩・大雅・棫樸》）美不僅在"雕琢其章，金玉其相"，更在"綱紀四方"，故美學亦當為"教"，亦必為"教"。柏拉圖之理想不但不虛妄，且亦必須正視之也。

本書將鉤玄中西，"推原古誼"（周必大：《沖虛居士錢君朝彥墓碣》），淬厲先哲之言，師法往聖之道；"宗原應變，曲得其宜"（《荀子・非十二子》），揭前人未發之覆，清時下污濁之源。浸假能建些許"振宣幽光，激勵頹俗"（柳宗元：《與邕州李域中丞論陸卓啟》）之"開內"之功，以喚醒"依仁遊藝"（《論語・述而》有："子曰：志於道，據於德，依於仁，游於藝"）之智慧，重開攸敘彝倫、德合天地、智周萬物、道濟天下之大業。雖愧言不負學林之雅望，然或可告慰筆者"批閱十載"之苦辛也。荀子又曰："君子言有壇宇，行有防表，道有一隆。"（《荀子・儒效》）筆者誠得以此書與諸博雅君子共勉此言，可謂有幸之至也。

眾所周知，曹雪芹在寫作《紅樓夢》時，曾有詩自嘲曰："滿紙荒唐言，一把辛酸淚。都云作者癡，誰解其中味？"（《紅樓夢》第一回）於斯，筆者心有戚戚焉。

二、作為深密教義的美學與心性學

柏拉圖嘗在《會飲篇》中說：

一個人如果隨著嚮導，學習愛情的深密教義，順著正確次序，逐一觀照個別的美好的事物，直到對愛情學問登峰造極了，他就會突然看見一種奇妙無比的美。他的以往一切辛苦探求都是為著這個最終目的。這種美是永恆的，無始無終，不生不滅，不增不減的。……它只是永恆地自存自在，以形式的整一永與它自身同一；一切美的事物都以它為泉源，有了它那一切美的事物才成其為美。①

依據柏拉圖的看法，不但美學是一種"深密教義"，而且美只能有一種。美既然只有一種，但現實中美學卻有多種，那麼，有沒有可能存在唯一的美學呢？或者說，那唯一的美學如何可能呢？怎樣才能使美學成為一種"深密教義"呢？

現在的美學界派別林立，略約列舉，就有：實踐美學、超越美學、生命美學、神學美學、環境美學、現象學美學等。他們理論繁複，觀點殊異，切入美學的角度亦互不相同。那麼，這裏提出"心性與美學"，是不是欲在這些派別的基礎上，再提出一個新的美學流派呢？或者說，由"心性學"——如果說這個可以被認為是一個新的角度的話——來切入美學問題呢？本書在此嚴正指出，筆者決不是在這種意義上提出"心性學與美學"問題。因為即便認為"心性學"是切入美學問題的新角度，這也意味著有別的角度的合法性，因而只證成了新的美學流派。但根據筆者多年研讀美學的經驗，美學的派別林立只是美學繁榮的假象，這些殊異分歧的派別對於人們理解美之所以為美未必有好的作用。實際上，美學之派別林立，無論從哪個角度切入，亦無論其理論是否完善圓滿，皆表明人們對於美的認識還只具有意見，並未把握到美的真理。正如黑格爾所言——"哲學應當是一種真正的科學，而且真的哲學只有一個"②——的那樣，真正的美學也應該只有一個。黑格爾在研究哲學史時指出：

如果哲學史只是一些意見的展覽——即使是關於上帝或關於自然事物和精神事物的本質的意見——則它將是一種多餘的無聊的學問，無論我們從這類的博學和思想活動裏能夠得到多少益處。還有

---

① 《朱光潛全集》，安徽教育出版社 1991 年版，第 223 頁。

② 黑格爾：《哲學史講演錄》第一卷，賀麟、王太慶譯，商務印書館 1996 年版，第 21 頁。

什麼東西能夠比學習一系列的單純意見更為無用嗎？還有什麼東西比這更無聊嗎？有許多著作就是這樣意義下的哲學史，它們把哲學的理念只是當作意見一樣來羅列、來處理，對於這些東西我們只須隨便翻閱一下，就可以發現其中的一切是如何地空疏無聊，缺乏興味。[①]

黑格爾以上所說雖然是針對哲學和哲學史而言，但也同樣適用於美學和美學史，這意味著，如果美學和美學史只是一些意見的展覽，那麼，美學和美學史亦是一些無聊的學問，空疏而無物。

康德把為何只能有一種哲學而不是多種哲學說得更透徹。他說：

> 既然客觀地看只有一種人類的理性，就不能有多種的哲學，亦即：按照原則建立的真正的哲學體系只可能有一種。[②]

依康德，人類只有如此這般的理性，那麼，依理性原則而建立的哲學便只能有一種，不可能有多種。"理性"一詞為西方哲學家所雅言，大概指人的一種先天能力，它使人超越了動物性的桎梏與牢籠而可有更高的形上追求。但這種先天能力究竟落實在何處，西方哲人往往不得其明。中國古代聖賢以其篤實的踐履工夫證會到："心性"作為人之"大體"就是最高的理性，且直通天德，彌倫宇宙。人人皆有如此這般的"心性"，且只有如此這般的"心性"。所以，依"心性"這種"大體"之能而成立之哲學或美學也只能有一種而無多種。這是定然而不移的。

因此，"心性學與美學"決不是一種切入美學研究的新角度，從而構建一種新型的美學派別。"心性學與美學"問題之提出，意味著美學只能由儒家的心性工夫之學進入，由此才能把握到美學自身，完成作為深密教義之美學。故心性工夫之學是那唯一的美學或美學自身，心性學就是美學，且只有心性學才是美學。質言之，本書並非構建一種心性學美學或中國特色的美學體系，而是回到美學自身。用杜威的話說就是：

> 藝術的語言不受將人的講話區分開來的歷史偶然事件的影

---

① 黑格爾：《哲學史講演錄》第一卷，賀麟、王太慶譯，商務印書館 1996 年版，第 17 頁。

② 轉引自盧雪崑：《孔子哲學傳統——理性文明與基礎哲學》，臺灣里仁書局 2014 年版，第 6 頁。

響……只要藝術一說話，英語、法語、德語講話之間由區別造成的誤會就會消失。[①]

因此，讀者在看了本書的副標題──"基於心性工夫之學的研究"之後，千萬不是以為這只是取"心性學"這樣一個偶然的視角（還可以有別的視角）進入美學。這決非本書的主旨與意圖。任何由偶然視角而構建的美學系統，無論多麼圓滿，皆為一種邏輯的知識體系，依康德的話說，是美學的學院性概念。但本書所追求的是美學的宇宙性概念，這種概念是"美學"這個詞的唯一所指。在此，人不但是美學的立法者，且可人格化於人的精神踐履之中。

但美學的宇宙性概念如何可能呢？或者說，為什麼心性學就是那唯一的美學呢？要理解這個問題，必然牽涉到美學與哲學的關係問題。

鮑桑葵在《美學史》中說："美學理論是哲學的一個分支。"[②]因此，美學作為哲學的分支得到了學界的公認。但美學作為哲學的一支到底意味著什麼呢？是意味著一種人為的學科劃類呢？還是意味著哲學囊括很多問題，而美學回答其中的一些呢？準確地說，這些問題都是不清楚的。因為"哲學是什麼？"這個問題尚不清楚，則作為哲學一支的美學意味著什麼就更不清楚。人們之所以如此說，只是歷史習慣地照著說，其確義如何尚不得而知。這種情況表現在事實上，就是各人依據自己的興趣、學力與知識構建各自的美學理論，而不管什麼哲學不哲學，有時甚至把美學作為了藝術鑒賞或娛樂享受的理論，從而造成了美學上的嚴重混亂。為了克服這種混亂，這裏再一次嚴正地指出，美學作為哲學的一支不是一種人為的科學分類，也不是意味著美學回答了哲學中的一些問題，而是意味著，美學與哲學源於同一精神根基，美學就是哲學，或者說，是最圓滿的哲學。在本書這裏，哲學、美學與心性學是同一個東西。要知曉這些結論中的意涵必須先明白"什麼是哲學"這一根本性問題。

---

① John Dewey. Art as Experience. New York: Capricorn Books, 1958, p335.
② 鮑桑葵:《美學史》，張今譯，商務印書館 1985 年版，第 1 頁。

三、哲學之不能被定義及美學概念的混亂與哲學原型之提出

自從鴻蒙開闢以來，人類思想界生機益然、五彩繽紛，哲學家或哲學系統走馬燈式地粉墨登場，似乎人類歷史上從來不缺乏哲學家或哲學。但如果吾人要問，到底什麼是哲學？這個問題將如何回答呢？這個問題意味著哲學自身是什麼。可見，哲學自身與世間殊異的哲學系統是有差別的，也就是說，哲學自身並不是哲學家所構造的現實的哲學系統。正是在這個意義上，黑格爾才認為真的哲學只有一個，因為偶然的思想並不是哲學而是意見。如果一個人只是對於哲學家所構造的哲學系統擁有知識，那麼，他還只是擁有了一些哲學的意見，並不真正擁有哲學。"一個人即使本人是個哲學史的作家，當他說哲學的意見時，我們立刻就可以看得出，他缺乏對於哲學的基本修養。"[①]儘管他可能對於"什麼是哲學"這一問題依據哲學家們的理解作了回答，但這個回答只是"歷史的""知識的"回答，而不是"哲學的""理性的"回答。因為他是站在哲學之外、在別人的意見裏來回答問題的。如果是如此，則他的回答即使非常圓滿而精確無誤，亦不表示他對於這個問題作了有效的回答。黑格爾進一步說：

> 如果一個人從這種觀點出發來研究哲學史，則它的全部意義只在於知道別人的特殊意見，而每一個意見又不同於另一個意見。但這些個別的特殊意見，對於我是生疏外在的，在這裏面，我的思維理性是不自由的，也是沒有活動於其中的：它們對於我只是一堆外在的僵死的歷史材料，一堆本身空疏的內容。只有自己主觀空疏的人，才會滿足於這些空疏的東西。[②]

可見，只有一個擁有哲學自身的人才能回答"什麼是哲學"這一問題，除此以外，最博學的哲學史家亦不能回答。那麼，什麼是哲學自身呢？吾人如何進入或者認識哲學自身呢？

依據康德的看法，進入或者認識哲學自身的前提條件是：吾人對於哲學

---

① 黑格爾：《哲學史講演錄》第一卷，賀麟、王太慶譯，商務印書館1996年版，第17頁。
② 黑格爾：《哲學史講演錄》第一卷，賀麟、王太慶譯，商務印書館1996年版，第20頁。

自身要有經驗，即"哲學自身"能被直觀或"看到"，因為"我們的一切知識最終畢竟是與可能的直觀相關聯的；因為惟有通過這些直觀，一個對象才被給予"。① 因此，如果吾人要對於一個概念有所認知與定義，那麼吾人就必須從這個概念中走出來，也就是走向它在其中被給予出來的直觀裏。這樣看來，要回答"什麼是哲學"這一問題，必須要待吾人直觀到"哲學自身"以後方為可能，不然，一切關於哲學的言說皆為臆斷，未必是哲學自身的固有內涵與意蘊。其次，如果哲學自身吾人沒有直觀到，那麼，吾人亦不能真正地"學"哲學。因為連所"學"的對象——哲學在哪裏都不知道，還談什麼"學"哲學呢？正是在此意義上，康德認為哲學既不能被定義，也不能被學，這是為什麼呢？

什麼是定義呢？康德認為，所謂定義就："將一物的詳盡的概念在其界限內本源地描述出來"。② 也就是說，就直觀中的概念自身，如其所示地描述之，盡概念之本性而描述之，不可多亦不可少。所以，一個概念之能被定義，其先決條件就是：概念自身可以被直觀。因為"我們的一切知識最終畢竟是與可能的直觀相關聯：因為惟有通過這些直觀，一個對象才被給予"。③ 基於此，康德認為，只有數學才是可被定義的，既而可學的，而哲學既不是可定義的，也不是可學的。這是為什麼呢？

"一切理性知識要麼是從概念而來的，要麼就是從概念的構造而來的；前者是哲學的知識，後者是數學的知識。"④ 這是康德對理性知識的分類。儘管數學與哲學都是理性的知識，但二者卻有根本的不同，其差異在於數學的知識可以被構造，而哲學的知識不能被構造。所謂構造就是："把與概念相應的直觀先驗地展現出來"。⑤ 也就是說，數學的概念自身即含有直觀，但哲學的概念自身卻不包含直觀。康德進一步說：

> 現在，一個先天概念（一個非經驗性的概念）要麼本身已經包含有一個純粹直觀了，而這樣一來它就可以被構造出來；要麼，它所包含的無非是並未先天給予的那些可能直觀的綜合，這樣一來我

① 康德：《純粹理性批判》，鄧曉芒譯，人民出版社 2004 年版，第 557 頁。
② 康德：《純粹理性批判》，鄧曉芒譯，人民出版社 2004 年版，第 562 頁。
③ 康德：《純粹理性批判》，鄧曉芒譯，人民出版社 2004 年版，第 557 頁。
④ 康德：《純粹理性批判》，鄧曉芒譯，人民出版社 2004 年版，第 632 頁。
⑤ 康德：《純粹理性批判》，鄧曉芒譯，人民出版社 2004 年版，第 553 頁。

們就完全可以通過它作出先天的綜合判斷，但只是按照概念作推論性的判斷，而從來都不是通過概念的構造作直覺性判斷。①

如果一個概念本身已經包含有一個純粹直觀，那麼它就不會有錯誤發生，因而是可以被定義的；但如果一個概念本身並不包含有一個純粹直觀，那麼它就可能有錯誤發生，因而也不能被定義。康德以三角形這個概念為例加以了說明：如果吾人像幾何學家那樣，在純粹直觀中單純想像，或者依據這種想像在紙上以經驗性的直觀描述出來，但兩次都是完全先天地描述，並沒有為此而從任何一個經驗中借來範本。這樣，三角形的概念就這樣在直觀中被先天地構造出來了，絕對不會發生錯誤。但如果吾人像哲學家那樣，只是對三角形的概念自身進行沉思，或分析"角"的概念，或分析"三"的概念，並使之變得清晰，而不在直觀中構造之，則他絲毫不能得到三角形這個概念自身的任何屬性，或者說，一些並非這個概念自身的屬性不免參雜了進來，而他卻不自知。這樣看來，一個概念如果自身不包含有直觀，確實會招致錯誤。所以，康德由此下結論說：

> 除了包含有一種任意的、即能夠被先天地構造出來的綜合的那些概念之外，不會有任何其他的適合於下定義的概念剩下來，因而只有數學是具有定義的。因為，數學把它所思考的對象也先天地在直觀中加以描述，而這個對象所包含的肯定不多不少正是這個概念所包含的，因為通過這種解釋，關於這對象的概念就本源地、即並非從任何地方把這解釋引申出來地，被給予了。②

數學既然可以完全地被定義而不會錯，則數學亦可學。何也？康德說：

> 其原因是由於教師惟一能夠從中汲取的那些知識源泉永遠只處於根本的和真正的理性原則之中，因而不能被學徒從任何別的地方拿來，更不能加以爭執，而這當然是因為理性的運用在這裏只是具體的，儘管也是先天的，也就是在純粹的並正因此也是完美無缺的

---

① 康德：《純粹理性批判》，鄧曉芒譯，人民出版社 2004 年版，第 557 頁。
② 康德：《純粹理性批判》，鄧曉芒譯，人民出版社 2004 年版，第 563–564 頁。

直觀上發生的，而排出了一切欺騙和謬誤。①

關於一種知識之可學與不可學，康德對之亦有嚴格的規定與區分。康德把知識分為理性的知識與歷史性的知識。所謂理性的知識就是："惟一地只有當它們從理性的普遍源泉中即從原則中汲取時，才被允許在主觀上也具有理性知識的稱號，而從這一源泉中也能夠產生出批判，甚至產生出對學到的東西的抵制。"②所謂歷史性的知識就是來自書本、資料等歷史文獻的知識，儘管一個人對於這種知識確實很好地學會了且記住了，但知識在他那裏並不是出自理性自身。康德以學沃爾夫的哲學為例加以說明。他認為，儘管一個人可能對沃爾夫哲學的一切原理、界說和證明，甚至整個學說的大廈的劃分都記在腦子裏，並能對一切如數家珍。但如果這個人不知道一個定義是來自何處，甚至在有爭論時，亦不知道到何處去取得另一定義或概念，則這個人所擁有的決不超出對沃爾夫哲學的完備歷史知識。因為所擁有的是別人給予他的，是依照別人的理性而不是自己的理性去增長知識。在康德看來，歷史性的知識並不是真正的"學"，惟有理性的知識才是真正的"學"，此時的所謂"學"只不過是自家理性自行的運思，無關於外在的歷史文獻。就數學的知識而言，人們之學數學並不需要通過教科書而學，只須在自家的理性中先天地直觀構造數學概念自身即可，數學概念即可明證於直覺中，這便是數學的可演證性。康德以為，只有數學才具有可演證性，因為數學概念在直觀中被一覽無餘了。

但數學知識所具有的這些特點，哲學知識都不具備，儘管哲學知識也是理性的知識，但因為在理性自身之中不能為哲學知識提供直觀，因此，吾人不能把數學知識中的那些特點諸如定義、可演證性、可學性，不加批判地運用於哲學中來。這樣，理性在哲學中需要批判的訓練，以避免其僭越與虛妄。康德說：

> 理性在經驗性的運用中並不需要任何批判，因為它的那些原理
> 在經驗的試金石上經受著一種連續的檢驗；同樣在數學中也不需要

---

① 康德：《純粹理性批判》，鄧曉芒譯，人民出版社 2004 年版，第 632–633 頁。
② 康德：《純粹理性批判》，鄧曉芒譯，人民出版社 2004 年版，第 632 頁。

批判，數學的那些概念必須在純粹直觀上馬上得到具體的表現，而任何無根據的和任意的東西都會由此立刻暴露出來。但是在既沒有經驗性的直觀、又沒有純粹直觀來把理性保持在一個看得見的軌道上的場合下，也就是在理性僅僅按照概念而作先驗的運用時，那麼理性就非常需要一個訓練來對它擴展到超出可能經驗的嚴格邊界之外的傾向加以抑制，使它遠離放縱與迷誤……①

"哲學自身"——這是理性提供的一個理念。對於這個理念，吾人無任何直觀，無論是經驗的直觀抑或是先驗的直觀。這樣，哲學是不能被定義的，至多只能被闡明。"把哲學的定義僅僅作為對給予的概念的闡明來完成，而把數學的定義作為本源地造成的概念之構造來完成，即前者只是通過分解（其完備性肯定不是無可置疑的）而分析地完成的，而後者則是綜合地完成的，因而造成概念本身，前者反之則只是解釋概念。"②因為哲學自身這個概念不能在直觀中見其明確性，因此，對於哲學的闡明就可能有錯誤的危險。康德說：

分析性的定義就有可能以各種各樣的方式犯錯誤，要麼是由於它們帶進了一些實際上並不存在於概念中的特徵，要麼是由於我們不可能那麼完全肯定對概念所進行的分解的完備性，因而缺乏構成一個定義的本質東西的詳盡性。因此之故，數學在定義中的方法在哲學中是不可模仿的。③

既然在哲學中有錯誤的危險，則演證亦不可能在哲學中發生。康德把對於哲學的證明稱之為"討論的證明"，即只能通過言辭在純粹的思辯中進行，決不可能在直觀中印證，因為吾人對哲學自身沒有直覺。既不能定義，又不能在直觀中演證其是否有錯誤，則哲學是不能被"學"的，除了歷史性地學習哲學性的文獻以外，吾人並不能學哲學自身。歷史性地學習哲學性的文獻只是進行哲學性的思考與訓練，但並不是學哲學自身。

哲學既然不能被定義，且不能被學習，使得世間呈現紛繁別異的哲學系統，

① 康德：《純粹理性批判》，鄧曉芒譯，人民出版社 2004 年版，第 551–552 頁。
② 康德：《純粹理性批判》，鄧曉芒譯，人民出版社 2004 年版，第 564 頁。
③ 康德：《純粹理性批判》，鄧曉芒譯，人民出版社 2004 年版，第 565 頁。

它們之間存在著差別、對抗與論爭，由此，使得作為哲學之一部門的美學亦流派紛呈，各執自見而不能如一。如是，美學自身為何亦不得出現，審美教育（即學美學）亦不可能。要使美學自身出現，關鍵乃在是否可使哲學自身、即那惟一的哲學原型出現，因為美學自身維繫於它。

四、作為哲學原型的心性學與美學之可能

哲學自身亦稱為哲學原型，它是惟一的客觀的哲學，與之相比，世間一切的哲學系統皆只能稱為主觀的哲學，這些主觀哲學是否有價值皆有那惟一的客觀哲學——哲學原型來判定。如果哲學原型不能出現，吾人只從主觀殊異的世間哲學來認識乃至定義哲學，進而來學哲學，這不但沒有擊中哲學的定義，亦根本沒有學到哲學。何以故？因為哲學原型雖然是理性自身提供的一個概念，但吾人並沒有經驗直觀到它。於是，在知識層面上吾人對它不能有所說。康德說：

> 哲學就是一個有關某種可能的科學的單純理念，這門科學永遠也不被具體地給予，但人們卻從各種不同的道路去試圖接近它，直到那條惟一的、被感性的草木所壅蔽了的小路被發現、而迄今錯位的摹本在命運賜予人類的範圍內成功地做到與藍本相同為止。直到那時以前我們不可能學到什麼哲學；因為，哲學在哪裏？誰擁有哲學？而且憑什麼可以認識哲學？①

在哲學原型的藍本沒有出現以前（可被直觀），人們對於哲學的一切研究、學習都是訓練哲學性的思考，而不是學哲學自身。哲學原型與哲學家構造的現存的哲學系統根本不同。前者康德稱之為哲學的宇宙性的概念，後者稱之為哲學的學院性的概念；在哲學的宇宙性的概念中，哲學家是理性的立法者，並使這個概念體之於自己的人格中（即踐行於自己的行動中，也就是儒家知行合一的聖者形態），但在哲學的學院性的概念中，哲學家只是理性的技匠，追求的只是系統的邏輯圓滿。但人格化哲學的宇宙性的概念而使哲學家成為聖者形態只是一種信念。所謂信念就是通過實踐的關係把那理論上不充分的

---

① 康德：《純粹理性批判》，鄧曉芒譯，人民出版社 2004 年版，第 633 頁。

視其為真以實現其德性的意圖。故哲學的宇宙性的概念還只是一種信仰，在現實中並沒有出現。因此，如果一個哲學家自認為他的哲學就是那惟一的哲學原型自身，那必然是狂妄的僭越。

哲學原型雖然還只是一個信念，現實中並無真實存在，但既有此信念，則此信念必促進吾人的理性活動而使吾人執著於該信念而受其引導。因此，吾人可依據這個信念而去追求哲學系統的統一，由此而得到一個接近於哲學原型的哲學知識影像（即構造一個圓滿的哲學知識體系）。按康德的理解，吾人可依據純粹理性的建築術來構建這樣一個近似於哲學原型的哲學影像。這種純粹理性的建築術的意圖就是：

> 在理性的統治下，我們的一般知識決不允許構成什麼夢幻曲，而必須構成一個系統，惟有在系統中這些知識才能支援和促進理性的根本目的。但我所理解的系統就是雜多知識在一個理念之下的統一性。這個理念就是有關一個整體的形式的理性概念，只要通過這個概念不論是雜多東西的範圍還是各部分相互之間的位置都先天地得到了規定。所以這個科學性的理性概念包含有目的和與這目的相一致的整體形式。……整體就是節節相連的，而不是堆積起來的；它雖然可以從內部生長起來，但不能從外部來增加，正如一個動物的身體，它的生長並不增添任何肢體，而是不改變比例地使每個肢體都更強更得力地適合於它的目的。①

這就是說，這個近似於哲學原型的影像乃是在一個形而上學的理念即本體之下，使"不論是雜多東西的範圍還是各部分相互之間的位置都先天地得到了規定"。但在康德的哲學中，因不能直覺到一個惟一的形而上學的理念即作為實體的本體，而只是依據哲學批判去懸設形而上學的理念。在康德那裏，懸設是純粹理性在實踐中的運用之必然結果。在懸設中，一個純粹實踐理性的需要是建立在某種義務之上的，即有義務使某種東西成為我們的意志的對象，以便盡我的一切力量促進它。於是懸設就只涉及事物的可能性的那些自然的或形而上學的、總之是處於事物本性中的條件，但不是為了一個隨意的

---

① 康德：《純粹理性批判》，鄧曉芒譯，人民出版社 2004 年版，第 629 頁。

思辨的意圖，而是為了純粹理性意志的一個實踐上必要的目的，這個意志在這裏並不選擇，而是聽從理性的一個毫不松懈的命令，這個命令不是建立在愛好之上，而是在事物的形狀中客觀上有其根據。所以，這是一個在絕對必要的意圖中的需要，它表明自己的預設不僅只是作為可以允許的假設是有理由的，而且作為在實踐意圖中的懸設也是有理由的。這樣，康德就懸設了自由、來世與上帝三個形而上學的理念。儘管這三個形而上學的理念有實踐的必然性，但這並不是邏輯上的確定性，而是道德上的確定性，即"上帝和來世的信念和我的道德意向是如此交織在一起的"。① 所以，康德哲學中雖然有形而上學的理念，但因為這樣的理念有三個，故康德哲學並無本體靈現。在康德那裏只有本體界並無本體，這正如牟宗三所言：

> 但是在智思界中，即在我們所虛籠地名之日本體界者中，以什麼為本體，這在康德的系統中，未曾有決定。他在此，是取散列的態度，是批判地散列的。在他的系統內，"物自身"不能是本體；就上帝，不滅的靈魂，與自由意志，這三者而言，我們不知究竟誰是惟一的本體。因此，我們尚不能以一元論的實體（本體）觀去觀康德的"智思物"（本自物）。因此，只可虛籠地把它們說為是"本體界"者，而不能著實地直說為是"本體"。②

因為沒有一個可以直覺的形上本體，故康德雖然希望通過純粹理性的建築術來構造一個近似於哲學原型的影像，但依然沒有成功，既而使得他的那種"從內部生長起來，但不能從外部來增加"的哲學理想亦落空。在現實上，對於這個哲學影像的構造並不是依據理性理念從上而下地自然生長，而是外在地收集材料從下而上地整理凝聚而成。康德說：

> 糟糕的是，只有當我們長時間地按照一個隱藏在我們心中的理念的指示狂亂地收集了許多與之相關的知識作為建築材料之後，甚至只有當我們花了長時間在技術上去組合這些材料之後，我們才第一次能夠更清晰地看到這個理念，並按照理性的目的從建築術上來

---

① 　康德：《純粹理性批判》，鄧曉芒譯，人民出版社 2004 年版，第 627 頁。
② 　牟宗三：《現象與物自身》，臺灣學生書局 1984 年版，第 44 頁。

構想一個整體。①

　　儘管從下而上地整理凝聚材料亦是依據理性的目的，但因為理性自身不能直覺，不能得其光芒的照射與警覺，使得理性的目的常流於空乏，且有爭論。因為對於不能直觀（無論是純粹直觀還是經驗直觀）的理念，就會有爭辯。所以，人們會常常問道：什麼是理性的目的呢？理性在哪裏呢？這種爭論落在現實上，人們便依據經驗性的意圖而不是理性的目的來整理凝聚材料。這是康德所批判的技術性的統一，其目的不過是追求知識的邏輯圓滿。這個邏輯圓滿的哲學影像就這樣被誤認為近似於哲學原型，其實二者相去甚遠，但現實上吾人又確實沒有辦法去獲得這樣一個接近於哲學原型的哲學影像，這種"不能"不是技術上不能，而是原則上不能，因為吾人對於理性不能直覺。這樣，康德就不免感歎道："人類理性自從它進行思考、或不如說進行反思以來，從來都不能缺少形而上學，然而也從來未能充分清除一切異類成分來描述形而上學。"② 這樣，人類從來沒有能夠真正實現一門人類理性的理念與科學。這種情況的發生，使得人類的學問不斷產生爭執、辯論與對抗。康德說：

　　　　由於哲學家們甚至在闡明他們自己的科學的理念時的迷茫，對這門科學的研究就不可能有任何確定的目的和任何可靠的準繩，並且他們在一個這樣任意制定出來的計畫中對他們必須採取的道路一無所知，而且時刻在每個人聲稱是由自己作出的發現上互相爭執，他們就使自己的科學首先是在別人那裏、最後甚至在他們自己那裏都遭到了蔑視。③

　　這樣看來，不但哲學原型不可能，就是與之相接近的哲學影像亦不可能，剩下的只是紛繁別異的哲學系統，它們之間相互論爭、乃至詆毀。如今，無論是哲學派別抑或是美學派別時有推陳出新，其構造異彩紛呈，爭奇鬥豔，但由此而認為是學術繁榮，這在康德看來，確實是可悲的事情，這表明人類還沒有找到目標而茫然無所歸。莊子亦有同樣的感慨，他說：

---

① 康德：《純粹理性批判》，鄧曉芒譯，人民出版社 2004 年版，第 631 頁。
② 康德：《純粹理性批判》，鄧曉芒譯，人民出版社 2004 年版，第 636 頁。
③ 康德：《純粹理性批判》，鄧曉芒譯，人民出版社 2004 年版，第 637 頁。

> 天下大亂，賢聖不明，道德不一，天下多得一察焉以自好。譬如耳目鼻口，皆有所明，不能相通。猶百家眾技也，皆有所長，時有所用。雖然，不該不遍，一曲之士也。判天地之美，析萬物之理，察古人之全，寡能備於天地之美，稱神明之容。是故內聖外王之道，闇而不明，鬱而不發，天下之人各為其所欲焉以自為方。悲夫！百家往而不反，必不合矣！後世之學者，不幸不見天地之純，古人之大體，道術將為天下裂。（《莊子·天下》）

康德自然也意識到了莊子所說的問題，因此標舉惟一的形而上學，進而彰顯哲學原型，但因為這惟一的形而上學——本體不能被直覺，故事實上只出現了各種構技營巧的哲學系統，哲學原型始終不能靈現。是以莊子的感歎與悲情仍不可避免。那麼，"備於天地之美，稱神明之容"的哲學原型如何出現呢？這決不能走外在的收集材料既而整理凝聚之思路，而必須走靈現本體的思路。依康德的講法，"這是一條一旦被開闢出來就再也不被壅蔽且決不會讓人迷失的惟一的道路"。[①] 在這一道路中，一切知識皆與智慧相聯繫，從而一切的知識皆為實踐的智慧學，亦是教化之學。因為"形而上學按照理性的各種要素和那些本身必須為一些科學的可能性及所有科學的運用奠定基礎的至上準則來考察理性"[②]，這樣，形而上學便關涉到人類的圓福（德福一致稱為圓福）問題。

康德通過理性的批判，提出了哲學原型之構想，且只能走內在的形而上學之路。這些問題之於哲學都有篳路藍縷之功。但因為康德乃通過哲學批判之路思辯到了這些問題，而不能直覺靈現那惟一的本體以證成他的問題，於是一切構想與問題皆不得決解。這些問題之解決在思辯（批判）哲學那裏已成斷潢絕港。何以故？莊子曰："辯也者，有不辯也。曰：何也？聖人懷之，眾人辯之以相示也。故曰辯也者，有不見也。"（《莊子·齊物論》）世間紛呈殊異的哲學系統，乃至康德所做的哲學批判無論如何精審，依然處在莊子所說的"眾人辯之以相示"的階段，故總有"不見"的地方，進而有是非之爭論。莊子進一步曰：

---

① 康德：《純粹理性批判》，鄧曉芒譯，人民出版社 2004 年版，第 641 頁。
② 康德：《純粹理性批判》，鄧曉芒譯，人民出版社 2004 年版，第 641 頁。

> 夫言非吹也，言者有言，其所言者特未定也。果有言邪？其未
> 嘗有言邪？其以為異於鷇音，亦有辯乎，其無辯乎？道惡乎隱而有
> 真偽？言惡乎隱而有是非？道惡乎往而不存？言惡乎存而不可？道
> 隱於小成，言隱於榮華。故有儒墨之是非，以是其所非而非其所是。
> 欲是其所非而非其所是，則莫若以明。（《莊子·齊物論》）

無論是哲學思辯還是哲學批判都是一種理論形態，有說到的地方亦有說不到的地方，這都是沒有一定的，若吾人由此而去求道（哲學原型就相當於"道"），則不但有是非之爭論，而且使道之大體隱蔽而不顯。在康德看來，在哲學原型這個地方不應該有爭論；同樣，在莊子看來，在道這個地方亦不應該有所爭論。但康德不知如何去達到那個"沒有爭論"之地，而莊子則提出"莫若以明"。"莫若以明"與"聖人懷之"是一個意思，就是讓人消退言語的理論形態而進入實踐的工夫形態。這是哲學原型得以可能的惟一進路。

康德希望通過形而上學來證成他的哲學原型，但他只是空泛地說那個不能被直覺的理性或理性的目的，而沒有靈現那惟一的精神本體。這是他不能證成哲學原型的關鍵所在。其實，精神本體不在理論辯說中，而在直覺中，即在實踐的工夫之中。中國傳統的心性學特別是儒家的心性之學中，通過踐履之實踐工夫便可直下肯認一個惟一的精神本體——四端之心。孟子曰：

> 惻隱之心，人皆有之；羞惡之心，人皆有之；恭敬之心，人皆有之；
> 是非之心，人皆有之。惻隱之心，仁也；羞惡之心，義也；恭敬之心，
> 禮也；是非之心，智也。仁義禮智，非由外鑠我也，我固有之也，
> 弗思耳矣。故曰：求則得之，舍則失之。（《孟子·告子上》）

在孟子看來，"惻隱、羞惡、恭敬、是非"這四端之心是人天生所固有的，只要工夫篤實就可以體證覺悟到祂，即直覺到祂。這是人類文化之精神泉源與根基所在，故孟子又曰：

> 可欲之謂善，有諸己之謂信，充實之謂美。充實而有光輝之謂大，
> 大而化之之謂聖，聖而不可知之之謂神。（《孟子·盡心下》）

　　"有"者，有四端之心也，此即是真；"欲"者，欲四端之心也，此即是善；"充實"者，充實四端之心也，此即是美。真善美都包括在內，且究極地合一。真善美是康德的三大批判所欲究論者，但康德那裏，"真"在現象界，"善"在本體界；前者屬於自然，後者屬於自由；前者可知而後者根本不可知，只是實踐理性的懸設。這樣，真與善絕然二分，根本無法契合。於是，康德希望審美判斷來溝通二者，既而使本體界能真實地作用於現象界，企圖把人類的一切文化組成一個真善美合一的系統。但康德的這種思路只是學人術士的技巧湊泊，不是本體實理之流灌。這樣，就根本達不到康德自己所說的"從內部生長起來"的意圖，實則是外部疊加起來的一個人造物，決不是哲學原型自身。然四端之心作為惟一的形上本體，這是實體，亦是主體，是"宏大而辟，深閎而肆"精神泉源，有不竭之大能與無限之辯證開顯。依莊子的話說，這是一個"天府"，"注焉而不滿，酌焉而不竭"（《莊子·齊物論》）。因為四端之心是精神泉源，故依其自身之靈覺與潛能即可生長發芽，結出人類文化豐碩的果實來。其大端可陳列如下：

　　其一，前面依孟子之說講明："有諸己之謂信"講真，此即開出科學。四端之心如何開出科學，可依據牟宗三先生的"良知坎陷說"挺立知性主體。義理較為繁複，因與主題無關，不宜贅述。

　　其二，"可欲之謂善"講善，此即開出道德學或倫理學。

　　其三，"充實之謂美"講美，此即開出美學或藝術學。

　　其四，《大學》由"正心""修身""齊家"一線下來，最後講到"治國""平天下"，此即開出政治學。

　　其五，孟子曰："盡其心者，知其性也。知其性，則知天矣。存其心，養其性，所以事天也。殀壽不貳，修身以俟之，所以立命也。"（《孟子·盡心上》）此即可開出宗教。

　　以上五者乃人類文化之大宗，幾乎涵蓋了文化之全部，都由"四端之心"開發出來。但這裏所說的開發出乃是指精神動力源於四端之心，不是指四端之心自身即是科學、宗教等文化形態，實則這些文化形態須有系統的建構，然這些建構最後一定印證四端之心之大能與化境。是之謂哲學原型。哲學原型只是一個"道樞"，一個精神根基，但這個"道樞"與精神根基可以有莫大之潛能以因應無窮。

本書依據康德的思想理路，引證鉤沉而至四端之心，且以此為哲學原型。這似乎都是在辯論與考訂，但直下肯認四端之心卻不是辯論與考訂，這是在踐履工夫中的證悟與直覺，這是直接而無屈曲的。莊子曰："是若果是也，則是之異乎不是也亦無辯。"（《莊子·齊物論》）所以，四端之心是哲學原型，而別的任何哲學系統與形上本體俱不足以稱之，但這卻不是"辯論"中"證明"出來的，而是踐履證會中"直覺"到的。王陽明曰："悠悠萬古心，默契可無辯。"（《王陽明全集》卷二十《白鹿洞獨對亭》）即是此意。西方的哲學家總是雅言中國沒有哲學，但這只是表明中國哲學不停留在紛繁別異的哲學系統中，中國哲學始終駐足於四端之心這個原型處而不表現系統相。無系統相雖然有弊端，但只要開發其大能與生機即可得到"調適而上遂"的哲學系統。所謂"調適而上遂"的哲學系統乃是從這個原型出發去成就相應的文化成果。四端之心人人固有，只要功夫篤定圓實，不但人人可以靈現這個形上本體，且亦可"學"從這個原型出發的文化成果。這樣，哲學原型只此一個，哲學系統只此一套。牟宗三嘗曰："哲學底原型（宇宙性的概念）不能永停在作哲學思考的人之籌畫卜度中，必須在一聖人底生命中朗現。我們即依聖人底生命與智慧方向，……來定然而不可移地而且具體而現實地決定哲學之原型。"學哲學在此，教哲學亦在此。所謂"學"與"教"乃是內在地學聖人而不是外在地學聖人，即不過是指點與覺醒人人固有的四端之心，故"學"即是"覺"，即是充實，即是圓滿。王陽明《詠良知》詩云："個個人心有仲尼，自將聞見苦遮迷。而今指與真頭面，只是良知更莫疑。"又，"人人自有定盤針，萬化根源總在心，卻笑從前顛倒見，枝枝葉葉外頭尋。"（《王陽明全集》卷二十）這樣，從文化系統看，哲學原型乃是由四端之心所開發出的文化成果；由人格形態看，哲學原型乃四端之心全盡顯現之聖人。由此可見，哲學不只是學理系統，亦是宗教。

哲學原型只有這一種講法，那就是：由四端之心來朗現哲學原型。因四端之心可直覺，故哲學原型亦可被直觀，因哲學原型可被直觀，故哲學亦可被定義。外此，哲學原型概不能被直觀，哲學亦不能定義。這樣定義的哲學並不存在另外一個可供選替的哲學系統，是無諍法，這意味著哲學原型就是哲學自身。

哲學既已被定義，作為哲學一支的美學或藝術亦得以奠定其性德。美學或藝術就是要表現哲學原型或靈現這種直觀。謝林說：

> 整個哲學都是發端於、並且必須發端於一個作為絕對同一體而完全不客觀的本原。但是，如果這個絕對不客觀的東西是理解整個哲學的條件，我們應該怎樣對它作必要的認識和理解呢？無需證明，這個絕對不客觀的東西既不能用概念來理解，也不能用概念來表現。因此，剩下的唯一方法就是在一種直接的直觀中表現這個絕對不客觀的東西。……那麼，這種直觀在沒有一種普遍的、公認的客觀性時，究竟又何以能客觀地、即無可置疑地確立起來，而不使人覺得是以純粹主觀的幻想為依據的呢？理智直觀的這種普遍承認的、無可否認的客觀性，就是藝術本身。因為美感直觀正是業已變得客觀的理智直觀。[①]

謝林這裏所說的"理智直覺"就是儒家的心性工夫之學中的逆覺證會，其所逆覺證會者自身有絕對的客觀性。但謝林以為這個絕對的客觀性如何客觀化為對象呢？他的回答是藝術或美學，而且這乃是美學或藝術的切義。因此，他又說："不直接表現或至少以反映關係表現無限事物的作品，決不是藝術作品。"[②] 本書將謹守藝術之這個規箴，只不過，本書以為，這個無限事物，就是孟子所說的"四端之心"。因此，這裏所說的由"心性學"進入美學不能在康德的意義上來理解"心性"。康德把人的機能分為知、情、意，由"情"的機能即愉快或不愉快的情感來成就美。平常吾人一般"心情"並用，因此，時常也把這種愉快或不愉快的情感作為"心"。顯然，這個"心"是氣質的、形而下的。但這裏的"心性"決不是這個意義上的，這裏的"心性"是唯一的形上實體，超越了知、情、意。所以，由此而進入美學，就不同於康德美學或一切以愉快或不愉快的情感為根基的美學。這裏的"不同"不是形態的不同，乃是根本精神的不同。因此說，"心性學與美學"不是提出一個切入

---

① 謝林:《先驗唯心論體系》，梁志學、石泉譯，商務印書館 1983 年版，第 273–274 頁。
② 謝林:《先驗唯心論體系》，梁志學、石泉譯，商務印書館 1983 年版，第 1 頁。

美學問題的新角度，亦不是構建新的美學流派，而意在表明：四端之心乃是切入美學的惟一進路，在此才能把握美學的真理及其相關之精神實踐。這在美學上也是一種無諍法。謝林嘗說：

> 任何一個體系的真理性的最可靠的試金石都畢竟在於它不是僅僅輕易地解決那些先前無法解決的問題，而是自己提出真正全新的、以前不曾思考過的問題，並全盤動搖過去被認為是真理的東西，從而使一種嶄新的真理出現於世。①

基於此，本書認為心性學就是美學，且只有心性學才是美學。除此以外之美學流派，儘管系統建構得聲光四溢，亦不過空華外道耳。莊子曰：“夫道不欲雜，雜則多，多則擾，擾則憂，憂而不救。”（《莊子‧人間世》）世間的美學理論多矣，或夢中飲酒而旦則哭泣，或夢中哭泣而旦則田獵，靡常而無歸宿，皆不過夢也。② 莊子曰：“且有大覺而後知此其大夢也，而愚者自以為覺，竊竊然知之。”（《莊子‧齊物論》）因此，美學決不應該只是在構建學理，而是在傳道，在弘教。因此，嶄新的東西不只是一個理論形態，更是一種存在的親臨，實踐的召喚。這是本書選擇“心性學與美學”作為論題的基本用心與主旨所在。這是“聖人懷之”的問題，而不是“眾人辯之以相示也”的問題。本來，心性學是一種聖證的實踐工夫，美之空靈、色澤、閒靜乃至真善美合一之聖域皆在這實踐工夫之靈現，無需論說亦不能論說，唯在聖證工夫之深淺耳，且盡之在己。實踐工夫篤實，則必不覺其獨斷與虛妄；但若工夫不到，不免有獨斷懷疑之嫌。因此，為了給工夫不實者指點迷津，對於心性學進行一番哲學的批判與厘清是很有必要的。雅斯貝爾斯在《偉大的哲學家》一書中說：

> 康德一步一步地使他苦心經營的發展能符合科學的方法。測試、駁斥、再測試，這種有系統的工作對那些已提出且已完成的完創性思想概念並不需要，但是要將此種原創性思想轉換成清晰的思想則

---

① 謝林：《先驗唯心論體系》，梁志學、石泉譯，商務印書館 1983 年版，第 275 頁。
② 此處亦化用莊子之言：“夢飲酒者，旦而哭泣；夢哭泣者，旦而田獵。方其夢也，不知其夢也。夢之中又占其夢焉，覺而後知其夢也。”（《莊子‧齊物論》）

需要此種工作。康德並不滿足於用格言式的說明來表達他的深刻洞識，他要求整個體系的清晰性，這種體系一旦完成，可以把一種充分的存有意識傳達給別人。……而在讀者方面也需要長久的努力才能理解這種體系。①

本書後面各章的研究，都類似於康德的方法，希望以哲學系統的清晰性來展示心性工夫中的證悟與所得，以期給讀者指示一個清晰的方向。這只是"眾人辯之以相示也"的工作，但在信仰缺失、娛樂至死的當代社會又是必要做的工作。

在中國傳統文化之心性工夫之學中，因為沒有發展出現代知識形態的科學，故四端之心作為哲學原型之於科學的規範與提撕未能盡其性，但對於美學、藝術、道德與宗教之規範與提撕則至矣、盡矣、蔑以加矣。故徐復觀曰："在人的具體生命的心、性中，發掘出藝術的根源，把握到精神自由解放的關鍵。……中國文化在這一方面的成就，也不僅有歷史地意義，並且也有現代地、將來的意義。"② 在當今系統化美學逐漸遠離哲學原型而沉醉在自己所虛構的美學夢幻的時候，這種研究具有特別的警醒意義與矯正作用。謝林說："客觀世界只是精神原始的、還沒有意識的詩篇；哲學的工具總論和整個大廈的拱心石乃是藝術哲學。"③ 本書將通過慎密的研究表明：美學不但是心性學，而且是哲學，乃至是道德、宗教，諸形態同出而異名。由此，美學不但是"學"，亦是"教"；審美決不只是藝術鑒賞，而是弘道與傳教。誠得乎此，則知美學之為美學也。莊子曰："萬世之後而一遇大聖，知其解者，是旦暮遇之也。"（《莊子·齊物論》）本書之意，如此而已。

---

① Jaspers-Karl, Die Grossen Philosophen, R.Piper & Co Verlag München, 1957, S.591.

② 徐復觀：《中國藝術精神》（自敘），華東師範大學出版社 2001 年版，第 1 頁。

③ 謝林：《先驗唯心論體系》，梁志學、石泉譯，商務印書館 1983 年版，第 15 頁。

第一章 心性學與美的奠基

一、奠基的必要性及其思路

當代美學派別林立，有所謂生態美學、文藝美學、環境美學、身體美學、實踐美學、超越美學等，不一而足。各種美學的研究與創造，不但熱鬧非凡，而且成果迭出，似乎呈現出一派美學大繁榮的局面。然而，這些紛繁殊異的美學派別，要麼是一種技術的建構，要麼是一種視點的執持。這些所謂的美學派別通過技術的建構或視點的執持，往往突破了美自身的界域，美學成為了一種名副其實的科學或技術，而與美自身無關。[①] 這正如維特根斯坦所言："有根基的信念的基礎是沒有基礎的信念。"[②] 所以，儘管有關美學的理論豐碩，但美之所以為美之自身卻是缺如的。這樣，人們之於這些美學理論，除了感覺其義理繁複以外，並未有任何美的覺識與感召。即便有所覺識與感召，亦不過是鑒賞的欣然、生活之輕鬆乃至欲望的放縱，最終成為了審美無功利論乃至審美庸俗論，審美教育在此全然地落空了。之所以出現這種問題，就是因為這些理論沒有捕捉住美的生發點，即美的形而上學或美的奠基並沒有進入其視野。

本章擬對美進行奠基，既而解明美的精神實踐。因為在對美進行奠基以

---

① 　毛崇傑認為，當代美學對於美自身的突破包括四個方面：其一，身體美學以及與人的健康生活關聯的自我呵護；其二，反對精英主義，張揚大眾文化；其三，美學與性學邊界的突破；其四，消費主義的日常生活審美化。參見毛崇傑：《美學：邊界與超越》，《鄭州大學學報》2009 年第 6 期，第 105 頁。

② 　Wittgenstein: Ueber Gewissheit, Suhrkamp Verlag, 1984, s. 170.

前，一切關於美的言說都是假像，儘管萬箭齊發，但它們恰恰沒有擊中美自身，進而美的精神實踐亦隨之落空。本章的思路及其主旨是這樣的：首先，通過揭示兩個主要相互論爭著的派別——實踐美學與超越美學——的理論假像與困境，說明何以必須要對美進行奠基。其次，通過檢討西方中世紀奧古斯丁等人以上帝為形上本體對美進行奠基的失敗，說明對美的奠基必須回歸到人自身的心性之中。再次，著重論述儒家的心性學何以能夠對美進行奠基。

二、實踐美學與超越美學的理論困境

實踐美學與超越美學是當代中國學界影響最大的兩個美學流派，之所以如此，乃因為它們有相對成熟的理論體系，不只是——像生態美學、環境美學那樣——一個純技術的問題。但我們批閱它們繁複的理論體系以後發現，由於缺少美的奠基這一環節，它們的理論體系均有不能自圓其說的假像以及現實困境。

實踐美學肇始於 20 世紀 50 年代的美學大討論，發揚光大於 20 世紀八九十年代，至今仍然有理論闡發者與信奉者。[①] 實踐美學的諸理論家，他們理論儘管亦有差異，但皆揭櫫馬克思的《巴黎手稿》，以"人的本質力量的對象化"與"自然人化"為基本理論依據，在實踐唯物論基礎之上，建立了各自的實踐美學系統。下面，擬從蔣孔陽的實踐美學系統來說明實踐美學的理論假像及其困境。

蔣孔陽的實踐美學——一般認為——是實踐美學內部的一種突破，其主要表現為突破了美學的認識論與主客二分的思維方式。蔣孔陽的美學觀點，大端有二：其一是審美關係說；其二是美在創造中。蔣孔陽之所以要提出這兩點，就是要破除"美是什麼"的形而上學問題，因為這個形而上學的問題容易使"美"的探討成為靜態的觀賞而不是動態的實踐創造。因此，他說：

> 人對現實的審美關係，是美學研究的出發點。美學當中的一切

---

① 實踐美學理論家張玉能說："20-21 世紀之交實踐美學受到後實踐美學的質疑和顛覆，但是，由於實踐美學是符合整個世界美學大趨勢的美學流派，因此，在實踐美學和後實踐美學論爭中，實踐美學非但沒有如某些人所預言的那樣 '終結'，反倒得到了新的發展，進入了新實踐美學的發展階段，顯示出強大的生命力。"張玉能、黃健雲：《中國當代美學的實踐轉向》，《江海學刊》2012 年第 3 期，第 201 頁。

問題，都應當放在人對現實的審美關係中，來加以考察。①

人與現實的關係總是變動不居的，故：

> 人對現實的審美關係的特點也不是固定的、形而上學的。隨著
> 人對現實的審美關係不斷地變化和發展，大千世界的美的東西也不
> 斷地變化和發展。②

在美的問題上，蔣孔陽一直強調"關係在先"。所謂"關係在先"就是
通過實踐把主體與客體關聯起來而創造美的過程。故美不是現成的，而是生
成的，總在實踐的創造中。"美和美感都是人類社會實踐的產物。在實踐的
過程中，它們像火與光一樣，同時誕生，同時存在。"③那麼，實踐中是如何
產生美的呢？蔣孔陽進一步說：

> 人通過製造和使用工具的勞動實踐，把主體的意識如目的、願望、
> 聰明、才智等，灌注到客體的對象中去，從而使對象成為主體意識
> 的自我實踐，或者對象化。就在這對象化的同時，人觀照和欣賞到
> 自我的創造，感到了自我不同於動物並超越動物的本質力量。這時，
> 他所得到的，不僅是物質實用上的滿足，同時也是心理上和精神上
> 的滿足。於是，美感就誕生了。④

既然美在實踐的創造中，而人的實踐能力又與生產力發展水準密切相關，
隨著生產力的發展，人的美感享受也愈加豐富與高級。

> 只有當人類製造的工具進一步發展，提高了征服自然的能力，
> 從自然的必然中解放出來，超越了自我的限制和自然的限制，這時，
> 他方才能夠把生命的創造力量和本質力量，自由地在客觀對象中展
> 現出來，既感到了自我與外界的和諧，又感到了自我的解放和自由。⑤

---

① 蔣孔陽：《美學新論》，《蔣孔陽全集》第3卷，安徽教育出版社1999年版，第5頁。
② 蔣孔陽：《美學新論》，《蔣孔陽全集》第3卷，安徽教育出版社1999年版，第16頁。
③ 蔣孔陽：《美學新論》，《蔣孔陽全集》第3卷，安徽教育出版社1999年版，第270頁。
④ 蔣孔陽：《美學新論》，《蔣孔陽全集》第3卷，安徽教育出版社1999年版，第273頁。
⑤ 蔣孔陽：《美學新論》，《蔣孔陽全集》第3卷，安徽教育出版社1999年版，第277頁。

　　實踐美學的理論莫約如此，儘管實踐美學內部亦有論爭，但只是基於對馬克思的實踐概念內涵之不同理解，且以物質實踐為根本。若如此，則把美的問題下降為了一個物質生產與社會發展的問題，而不是一個精神實踐的問題。正是在這裏，實踐美學遭遇了後實踐美學論（又稱超越美學）者的猛烈批評。

　　　美學是哲學的分支，審美的意義問題與生存意義問題相關聯，因此美學不是經驗科學，而是哲學。如此，就要求美學與哲學有同樣的邏輯起點，要進行邏輯的論證，而不能只進行經驗的說明。在這方面，實踐美學明顯地存在著邏輯上的缺陷，因此它只能求助於歷史敘述，企圖從實踐創造美推導出實踐決定美的本質、實踐的本質就是美的本質。……從發生學也不能推導出本質論，實踐創造了美也不能等同於實踐決定了美的本質、實踐與美有共同的本質等等。①

　　　的確，馬克思意義上的實踐只是解決了美的發生問題，由此為基點對美學進行奠基顯然太空乏了，因為一切社會的、經濟的活動都是依賴這種實踐而發生的。這樣，以這種實踐為基點顯然沒有進入美的問題自身。故有論者指出：“實踐美學肯定的其實是實踐活動本身，並沒有探索審美活動，這就偏離了美學的問題域。”②說實在話，實踐美學的理論家們苟察繚繞地講了一套又一套，但筆者有時不禁要問：這與美到底有何干係？從實踐來論述美，雖然不是毫無干係，但畢竟太空泛了，因為一切法律、政治、經濟與科學都是以實踐為基點的。儘管實踐美學也認為，美的最終目標是實現人的自由，但這種自由是建立在實踐基礎上的對必然王國的認知與把握，所謂從必然王國到自由王國。這樣，就把美的問題轉化為了一個知識問題，也就是說，儘管實踐美學認為美學就是實現人的自由，但它是依賴外在的知識為工具、靠物質的力量而不是精神自身的力量得以實現的。李澤厚說：

---

① 楊春時：《實踐美學是抬高實踐而貶低自由的美學——答徐碧輝研究員》，《學術月刊》2008 年第 2 期，第 23 頁。

② 章輝：《實踐美學——歷史譜系與理論終結》，北京大學出版社 2006 年版，第 146 頁。

自由是什麼？從主體性實踐哲學看，自由是由於對必然的支配，使人具有普遍形式（規律）的力量。因此，主體面對任何對象，便是自由的。①

這樣，美就與社會經濟生產是一回事了。正如有論者指出的那樣："實踐美學的失誤在於，它相信外在活動（認識、實踐）本身就可以達到人的自由，結果以外在的物質必然性取代了內在的精神自由"。②實踐美學的一個必然結論是：最高的美與自由只存在於生產力高度發達的將來，在此以前，人們所體驗到的美與自由皆是不完滿的。這樣一來，我們可以得出一個推論：在實踐美學那裏，美與自由的祈望必然落空，因為我們實在無法知道生產力高度發達將於何時到來。

正是這種認識論性的美與自由遭到了審美超越論者的批判，他們認為，存在著另一種更為根本的美與自由，那就是生存論本體論意義上的美與自由。這種自由不依賴於人類的物質生活實踐，而是依靠人自身的精神實踐超越現實的膠固而可能。後實踐美學即超越美學正是從這種理路來探討人的自由問題，既而探討美的問題的。超越美學代表理論家楊春時說：

審美作為自由的生存方式，同時也是對自由的體驗，因此它獲致了生存的意義——自由。哲學意義上的自由不是現實的規定，不是主體對世界的認識或征服，而是對現實的超越。自由就是超越，只有在超越現實的生存方式中，才能獲得自由，只有在超越現實的體驗方式中，才能獲得自由。③

超越美學把美與自由的祈求不是建基在外在的物質力量上，而是建基在內在的精神超越上。所謂超越，"包括對現實的自我和現實世界的超越"。④正是在這種超越中美與自由得以了可能。這樣，美與自由根本不是像實踐美學所說的那樣，是人的精神對象化地落實在客體中的滿足與愉悅，而是一種

---

① 李澤厚：《美學三書》，安徽文藝出版社1999年版，第482頁。
② 章輝：《實踐美學——歷史譜系與理論終結》，北京大學出版社2006年版，第122頁。
③ 楊春時：《審美是超越的生存體驗》，《瀋陽工程學院學報》2011年第1期，第9頁。
④ 楊春時：《審美超越辨正——兼答趙曉芳〈後實踐美學與審美意識形態〉一文》，《復旦學報》2010年第2期，第62頁。

領悟。楊春時說：

> 我們在審美活動中，除了感到身心的愉悅以外，還有一種大徹
> 大悟，似乎對世界人生有了一種新的理解，新的思考，也許這種理解、
> 思考並不那麼明確，但卻是最高的啟示，它打開了一扇心靈的窗子，
> 讓真理之光照亮塵世。人生的真諦、人生的價值在審美活動中被掌握，
> 存在的意義獲得了顯現的可能。①

在超越美學那裏，審美已不再是對客觀之美的觀賞與愉悅，而是對人生
宇宙的意義之領悟。因此，"美是作為無蔽的真理的一種現身方式"。②所謂"無
蔽的真理"，就是存在者的存在。海德格爾說：

> 在存在者整體中間有一個敞開的處所。一種澄明在焉。從存在
> 者方面來思考，此種澄明比存在者更具存在者特性。因此，這個敞
> 開的中心並非由存在者包圍著，不如說，這個光亮中心本身就像我
> 們所不認識的無（Nichts）一樣，圍繞一切存在者而運行。③

存在是比存在者更為根本的東西，真理就是讓存在顯現而不是讓存在者
顯現，而這種顯現即是美，這是海德格爾存在論的基本立場。超越美學也是
由此而進入其美學建構的。應該說，超越美學以生存論為基點來論述美，從
而彰顯存在的意義與價值，這是其超過實踐美學的地方。然而，由於超越美
學並未真正理解海德格爾存在論的實義，使得這種美學所彰顯的自由只是個
體存在的自由，具有強烈的非理性主義傾向。楊春時說：

> 審美是充分個體化的、獨特的生存體驗，審美對存在意義的領悟，
> 是充分個體化的、獨特的。存在意義不是一個規範性的概念，不存
> 在著統一的解答。審美是自由的生存方式，每個人都可以自由地按
> 照自己的意願生活、創造，因此，每個人都可以有自己的存在意義。
> 生存的個體性、人的個體性在這裏得到了充分的實現。我們說存在

---

① 楊春時：《審美是超越的生存體驗》，《瀋陽工程學院學報》2011年第1期，第8頁。
② 海德格爾：《藝術作品的本源》，孫周興選編：《海德格爾選集》，上海三聯書店1996年版，第276頁。
③ 海德格爾：《藝術作品的本源》，孫周興選編：《海德格爾選集》，上海三聯書店1996年版，第273頁。

意義是自由，自由就是個體選擇的自由。在審美中每個人都創造了自己的意義世界，這個意義世界是最獨特的，每個人都有自己的創造和發現，人的世界的豐富性在這裏得到了充分的展現。①

我們要特別指出的是，如果"審美是充分個體化的、獨特的生存體驗"，如果"自由就是個體選擇的自由"，那麼，美怎麼能夠作為真理的一種現身方式呢？楊春時進一步說："審美體驗具有非真實性，它不是經驗的認識，而是虛幻的想像；它面對的不是一個現實的世界，而是一個審美的幻象。藝術本身就是虛構的世界。而自然成為審美對象時，也被虛幻化，成為審美幻象。"② 審美固然不是經驗性的認識，但也決不是一個虛幻的世界，不然，美要作為真理而現身如何可能呢？

實際上，海德格爾既不是在個體生存的幻象體驗的意義上來理解美，也不是在個體主觀選擇的意義上來理解自由。在此處的誤解，使得超越美學走向了審美至上主義，乃至直接為審美現代性開了通道。③ 基於此，有論者指出，"後實踐美學以個人的生命活動（所謂超主客關係）對抗實踐美學保守的人類理性（所謂主客二分），看似於呼喚個人的解放的吶喊聲中蘊含了豐富的道德情感。然而，這種道德情感太過'超越'了，它可能自己扼殺自己，而讓後實踐美學在沒有了阻力的同時，失去飛翔的動力"。④ 該論者不無形象地指責超越美學帶來的直接後果是：

今天中國人的日常生活，正在加強性地演示著後實踐美學在取消功利興趣之後所能保留下來的東西。"女子十二樂坊"中，"高貴""優雅"的古典音樂與象徵美麗兼性欲客體的女子，竟在後者高度視覺化了的華麗身姿的扭動中達到了一種和諧。"美女配名車"的車展中，美與財富、欲望也以絕對感性的形式結合了起來，沒有任何掩飾地

① 楊春時：《審美是超越的生存體驗》，《瀋陽工程學院學報》2011年第1期，第9頁。
② 楊春時：《審美是超越的生存體驗》，《瀋陽工程學院學報》2011年第1期，第7頁。
③ 劉小楓曾把審美現代性總結為以下三個特徵：一、為感覺正名，重設感性的生存論和價值論地位，奪取超感性過去所佔據的本體論位置；二、藝術代替傳統的宗教形式，以至成為一種新的宗教和倫理，賦予藝術以解救的宗教功能；三、遊戲式的人生心態，即對世界的所謂審美態度（用貝爾的說法，"及時行樂"意識）。見劉小楓：《現代性社會理論緒論》，上海三聯書店1998年版，第307頁。
④ 趙曉芳：《後實踐美學與審美意識形態》，《復旦學報》2009年第2期，第86-87頁。

證明並炫耀著新貴的能力。"重要的不是咖啡，而是富有人文氣息"的"左岸咖啡廳"，販賣著當年飄蕩在巴黎塞納河左岸的咖啡的味道這一"概念"，喋上一小口，仿佛"安靜從容地進行藝術般的生活"便成為可能。"有天有地、獨門獨院、帶私家車庫"的"水岸名居"，則將金錢直接等同於"詩意地棲居"。藝術品拍賣會，更是以高度象徵的儀式，把"美"絕對地握在金錢的手中。而頂級私人物品展的亮相、國際奢侈品牌的盛行等，則把這種金錢化的審美普遍推廣，精致而煽情，撩人心魂……一句話，這裏完成了超越，實現了充分自覺，拒絕了倫理、政治、科學等其他活動的非功利的審美是什麼？它不是別的，就是徹頭徹尾的娛樂和消費。它是自由的（錢的自由），也是頗具詩意外殼的。①

　　的確，超越美學所張揚的體驗的個體性以及選擇的自由，極易下滑為審美庸俗主義或審美消費主義。儘管超越美學的代表理論家楊春時極力彰顯超越美學與審美庸俗主義或審美消費主義的差別與對立②，但這種後果是必須要承認的，儘管這不是超越美學的主觀用心，然其客觀效果定然如此，沒有疑議。

　　為什麼會有這種客觀效果呢？在這裏，超越美學承襲了康德的美學原則，即審美的無功利性與無目的性。楊春時說："現實的意義世界的主觀方面（價值屬性）是有實際的功利標準的，如善與惡是以社會利益尺度來確定的，而美是沒有功利性的，因此也沒有實際的標準，它只是一種超功利的喜好。"③所謂審美無功利，固然沒有了現實的利益觀照，但也沒有了道德的執持與堅守，只有一個沒有收煞的、反理性的自由。這是審美無功利論者、審美超越論者與審美自由論者的一個基本站立點。既沒有現實的顧盼，也沒有道德的執持，這不是審美沉醉主義或審美至上主義又是什麼呢？楊春時說：

　　　　現代哲學克服了理性主義的局限，走向了超理性的審美主義。在現代美學中，審美反叛理性，而訴諸超越性的自由。尼采提出了

---

① 趙曉芳：《後實踐美學與審美意識形態》，《復旦學報》2009 年第 2 期，第 89 頁。
② 見楊春時：《"日常生活美學"批判與"超越性美學重建"》，《吉林大學學報》2010 年第 1 期，第 94–102 頁。
③ 楊春時：《審美是超越的生存體驗》，《瀋陽工程學院學報》2011 年第 1 期，第 8 頁。

反理性的酒神精神和日神精神，海德格爾後期以"詩意地安居"為
掙脫理性羈絆的人找到家園，法蘭克福學派強調了審美的否定性、
批判性，藝術成為反抗現代性（理性）壓迫的武器。①

這些說法其境界貌似很高，但因為它們根本反理性，具體地說就是反倫理道德，故"詩意地安居"落實下來一定是審美快樂主義與享受主義，是以身體為基點的感覺美學，這與以智慧為基點的大徹大悟是有千萬里之遙的。如實說來，超越美學比實踐美學所引起的不良後果更大。因為實踐美學雖然沒有進入美學的問題域，但這只是美的問題討論之不切與空泛，它的問題還只是純學術上的，尚沒有引起社會生活上的混亂。但超越美學因為過分強調體驗的個體性與自由性，為審美無功利、無目的張目，使得超越美學根本反理性、反道德，而引致社會生活的混亂與無序。

實際上，因康德講審美無功利、無目的情感人生，席勒講遊戲般的自由人生，這似乎成為了審美論者的圭臬，乃至成為人們尋求精神解放的最高境界。於是，一說到審美，就必須反理性、反倫理道德。葉朗就認為，"德育不能包括美育"②，說明道德與審美不相容；俞吾金說："這種把美學倫理學化的傾向，在當代中國美學的研究中無處不顯露出來，特別是在討論美育問題時更是如此。……美學家只能在與一個社會的主導性倫理觀念不發生衝突的情況下去探討美的問題。美學的處境真是太可憐了。這種視美學為倫理學附庸的流行觀念，根本不能理解美學本身的獨立性以及它對倫理觀念的校正作用。"③然而，我們始終不能明白的是，如果美是真理的顯現方式的話，那麼，審美為什麼一定要反理性、反倫理道德呢？沒有理性，沒有倫理道德還配得上稱為真理嗎？

超越美學以海德格爾的存在論生存論作為自己的理論出發點，但是對於存在卻沒有深切地理解，以為只是對個人處境的情感體驗，於是，美學總是個體性的、自我性的情感體驗，且這種體驗又不是概念性的知識，邏輯式的推理，因而，美學總是反理性的。但海德格爾的存在論是反理性的嗎？海德

①　楊春時：《審美超越辨正——兼答趙曉芳〈後實踐美學與審美意識形態〉一文》，《復旦學報》2010年第2期，第63頁。
②　葉朗：《美學原理》，北京大學出版社2009年版，第413頁。
③　俞吾金：《美學研究新論》，網路雜誌《學燈》第二十二期。

格爾：

> 情感，即使最精美的情感，在哲學中也是沒有地位的。人們說，情感是某種非理性的東西。相反，哲學不僅是某種理性的東西，而且是理性的真正指導。①

非理性的東西是不能進入哲學的。對於"存在"，海德格爾認為，人們總是邏輯或概念的方式來思，但這種思是不適合於"存在"。這種思"無異於按照魚能夠在岸上乾地生活多久來評價魚的本質與能力。思登在乾地上已經很久了，太久了。"海德格爾的存在論就是要喚回那種適合於存在的思，於是，他反問道："能夠把使思回復其基本成分的努力稱作'反理性主義'嗎"。② 由此可見，無論是就哲學自身而言，還是就海德格爾的存在論而言，都不是非理性主義的，美學作為哲學的一個部門，自然也不能是非理性主義的。超越美學過分地張揚非理性主義，不但誤解了海德格爾，而且也為審美快樂主義開了大門。

我們再來看海德格爾的存在論是不是就是反倫理道德的？的確，海德格爾一生並沒有寫一部專門的倫理學著作，但這並不表明他反對或漠視倫理道德。在《存在與時間》出版以後，有人問海德格爾"何時寫一部倫理學"。海德格爾的回答是：在"在"的澄明之前，即當人的彷徨無計狀態增漲到不可測量的深度的情況下，人們才用盡一切心機去注意用倫理學加以約束，但這種倫理的"保護"可能恰恰沒有保護甚至是傷害了人。何以如此？因為這種倫理學的建構是一種"乾地"之思。在"存在"之思中，並不需要倫理學，但卻是最根源的倫理學，這是作為學科之倫理學所不可比擬的。海德格爾說：

> "倫理學"是和"邏輯"與"物理學"一道第一次在柏拉圖學派中成長起來的。這些學科產生的時代是一個把思變成"哲學"，把哲學卻又變成知識而知識本身又變成學院及學院活動中的事情的時代。在出現如此瞭解的哲學的過程中，知識產生了，思卻消失了。

---

① 海德格爾：《什麼是哲學？》，孫周興選編：《海德格爾選集》，上海三聯書店 1996 年版，第 589 頁。
② 海德格爾：《關於人道主義的書信》，孫周興選編：《海德格爾選集》，上海三聯書店 1996 年版，第 360 頁。

在這個時代以前的思想家們既不知有"邏輯",亦不知有"倫理學",

亦不知有"物理學"。然而他們的思既非不合邏輯的,也非不道德的。①

柏拉圖之前的思想家們之所以不知有邏輯學、倫理學與物理學,乃是因為他們從存在的根基上去思的,一切真理,無論是倫理的、美學的和宗教的皆奠基於此。不特別標舉倫理學,但倫理一定在這裏顯現。這是對人的根源的拯救與保護。"用無論多麼好的補救方法來進行的任何拯救,對於本質上遭受危害的人,從其命運的長遠處看來,都是一種不耐久的假像。拯救必須從終有一死的人的本質攸關之處而來。"② 這樣看來,海德格爾的存在論不但不反對倫理,而且是最根源的倫理學。超越美學由海德格爾的存在論進入其美學建構,最終至於反倫理道德,顯然沒有真正領會海德格爾的真精神。

再來看康德的審美無功利與無目的原則。康德這兩條原則一提出,就被譽為執美學之牛耳,而一般的理解:審美要求人們須去除客觀的目的與道德之希冀,使意志的脫落,在冷漠無趣狀態中的純粹漂浮。海德格爾認為,這是純粹的誤解,他說:

　　這意思就是說:為了感受某物是美的,我們必須讓與我們照面的事物本身純粹地作為它自身、以它本身的等級和地位出現在我們面前。……我們必須使與我們照面的事物本身在它所是的東西中開放出來,我們必須把它本身所含的東西和帶給我們的東西讓與和賜予給它。③

這是表示,讓物回到存在的根基當中,以自身之儀態綻放。這是最高的美,亦是最根本的自由,還是最根源的道德。所謂無功利、無目的就是讓物回到物自身,根本不是指人的審美狀態。

通過上面的論述,實踐美學與超越美學之所以遭遇理論假像與困境,皆因它們對於美之所以為美沒有進行奠基。就實踐美學而言,它們之所以沒有

---

① 海德格爾:《關於人道主義的書信》,孫周興選編:《海德格爾選集》,上海三聯書店 1996 年版,第 396 頁。

② 海德格爾:《詩人何為》,孫周興選編:《海德格爾選集》,上海三聯書店 1996 年版,第 436 頁。

③ 海德格爾:《尼采》上卷,孫周興譯,商務印書館 2002 年版,第 119 頁。

進入美學的問題域，乃因為沒有提出美的本質問題。但本質問題不是一個定義的問題，而是一個奠基的問題。即如何讓本質到來，因為在存在論的意義上，美是不應該被定義的，就如倫理學不應該被定義一樣，美應該是在存在的本質中自然到來。因此，儘管實踐美學家如蔣孔陽認識到了美的本質的重要性，"美的本質問題既無法否定，也無法回避"①，但因為他把本質問題看作是定義的問題，而美的定義——在蔣孔陽看來——古今美學家為美所下的定義"太寬廣了，太豐富了，太複雜了，太多樣了"②，每種定義皆得"一察焉而自好"，未能盡"美"之"全"。這使得蔣孔陽認為美不是現成的而是生成的。即把美奠基在實踐之上，但實踐是一個歷史過程，無法完成對美的本質的奠基。如果沒有對美的本質進行奠基，我們如何知道我們的實踐產物就是"美的"呢？就超越美學而言，它們雖然把美奠基在"存在"之上，但因為它們並未能得海德格爾"存在"的實義，最終它們把美與個人的生存體驗聯繫起來，以個體的精神自由來彌補現實的殘缺。但它們這種美好的願望在現實中打了很大的折扣，甚至走向了反面。故有論者說：

> 今天，藝術審美的價值主要維繫在對人的生存現實的心理補償可能性方面——精神的美學成了"身體的美學"，藝術成了人在"泛審美化"情勢中所獲得的一種心理滿足。藝術在現實文化語境中實際指向了一種非倫理性的價值方向，即藝術、藝術活動既不承擔"救世"的文化義務，也不具有為人的生存進行精神救贖的能力。③

審美與藝術最後走向反理性、反道德，審美的教化功能完全淪喪，成為了現世的沉醉主義、娛樂主義，這是超越美學奠基失誤的必然惡果。

如果我們認可美是真理的現身方式，那麼，必須真、善、美合一，因為沒有一種真理在不真，亦不善，而只是美的情況下有資格配稱真理的。也就是說，美的奠基，必須奠基在真、善、美之合一處，外此別無他途。那麼，這個地方在何處？為此，我們先來弄明白自由的實義，將有助於我們尋找到這個基點。

---

① 蔣孔陽：《美學新論》，《蔣孔陽全集》第 3 卷，安徽教育出版社 1999 年版，第 146 頁。
② 蔣孔陽：《美學新論》，《蔣孔陽全集》第 3 卷，安徽教育出版社 1999 年版，第 138 頁。
③ 王德勝：《試論藝術審美的價值尺度》，《文藝研究》2003 年第 3 期，第 14 頁。

三、自由的實義與美之基點的靈現

實踐美學與超越美學皆雅言自由，自由乃至是整個人類追求的目標。但什麼是自由呢？不但實踐美學不得其實義，就是超越美學亦不清楚其真義。是以有論者說："後實踐美學始終沒有說清楚，那個本真性的自由個體是什麼，它來自何處，個體的自由生存表現在哪些方面。"①正因為對自由的實義不清楚，使得實踐美學與超越美學的系統構建是失敗的。這種失敗主要表現在兩個方面：其一，系統內部的混亂與困境；其二，不能執行美學的教化功能，審美似乎真正成了私人遊戲。

人們對自由最大的誤解是：把自由作為一種功能而不是一種實體。我們常說"人的本質就是自由"，這並不意味著人的本質可以用"自由"這個功能詞來描述，而是意味著人的本質因"自由"這個實體而可能。可見，人的本質奠基於自由，但人的本質不必就是自由。這正如地基並不是房子，但地基使房子成為可能，讓……房子到來。正是在這個意義上，海德格爾才說：

> 人並不把自由"佔有"為特性，情形恰恰相反：是自由……如此原始地佔有著人，以至於唯有自由才允諾給人類那種與作為存在者的存在者整體的關聯，而這種關聯才首先創建並標誌著一切歷史。②

很顯然，自由是先在的，正是自由讓……人成其為人，並由此創建一切歷史。這樣看來，如果讓自由綻開，實現人的自由創造，那麼，人類的創造就不是個人的、任意的，而是自由實體的靈現，但這決不意味著"那種偶爾出現的在選擇中或偏向於此或偏向於彼的任意"③。但美學家們於此並沒有真切的體會與瞭解。楊春時說：

> 在審美中每個人都創造了自己的意義世界，這個意義世界是最獨特的，每個人都有自己的創造與發現，人的世界的豐富性在這裏得到了充分的展現。在藝術活動中，作家和接受者有自己最獨特的理解和創造，而且這種理解和創造越獨特，就越有價值，就越美。

① 章輝：《實踐美學——歷史譜系與理論終結》，北京大學出版社 2006 年版，第 132 頁。
② 海德格爾：《論真理的本質》，孫周興選編：《海德格爾選集》，上海三聯書店 1996 年版，第 224 頁。
③ 海德格爾：《論真理的本質》，孫周興選編：《海德格爾選集》，上海三聯書店 1996 年版，第 223 頁。

所謂"美"是無規範的，古往今來許多美學家都費盡心機尋找美的規範，但都無功而返。①

在楊春時看來，世界就是每個人獨特體會與創造的世界的疊加，那麼，這叫什麼"世界"呢？因為這樣的世界只是"量"的擴展而無"質"的規範，也就是說，世界是無"界"的。須知，"依其本性被匯出的東西不可能通過任何總結方式轉化為依其本性是原處的東西，適如圓周上各個個別的點放在一起不能構成圓周一樣，因為圓周作為整體按照概念必然先於這些個別的點"。②這樣，在超越美學那裏，世界的無"界"導致了美的無規範，但若美無規範，則我們有什麼理由譴責審美沉醉派、娛樂派，乃至審美快樂主義呢？這一切都源於對自由無確解。如果我們讓自由回到自身，則世界決非是無"界"的，美亦決不是無規範的。但是，何為"自由"？這裏，我們有必要回到謝林與海德格爾。

謝林於1809年發表《對人類自由的本質及其相關的對象的哲學探討》一長文，此後直至1854年去世，除了幾個應時的講演外，謝林再也沒有發表什麼著作，但這——依海德格爾的看法——並不意味著謝林思維力量的熄滅，而是"一種雲開始形成。這種雲還懸在我們頭上"。③海德格爾之所以對謝林的這篇長文有如此高的評價，乃在於它表達了如下的經典思想。他說：

> 因為在他那裏自由並非視為人的屬性，而是反過來：人至多視為是自由的所有物。自由是有容括和貫通作用的本質，人反過來置於這一本質，人才會變為人。這乃是要說一點：人的本質建立在自由之中。而自由本身是整個真正的存在的高於一切人性存在的一種規定。就人是作為人，人就必須分有存在的這一規定，而人之是，也是以人完成對自由的這種分有而言。
> 要點是：自由並非人的屬性，而是人是自由的所有物。④

① 楊春時：《審美是超越的生存體驗》，《瀋陽工程學院學報》2011年第1期，第9頁。
② 謝林：《對人類自由的本質及與之相關聯的對象的哲學探討》，海德格爾：《謝林論人類自由的本質》附錄，薛華譯，中國法制出版社2009年版，第268頁。
③ 海德格爾：《謝林論人類自由的本質》，薛華譯，中國法制出版社2009年版，第5頁。
④ 海德格爾：《謝林論人類自由的本質》，薛華譯，中國法制出版社2009年版，第13頁。

綜觀謝林的研究，自由意味著神性實體的靈現，意味著對人的形而上學的開決與形上根基的探尋。因此，自由所直接關涉的是人的形上根基問題，而不是功能性的意義與審美問題。這是謝林自由論最獨特且具啟示意義的地方。

謝林其在自由論中一開始即指出了人們之於自由的一般性的認知與錯誤。他說：

> 儘管自由感在每個人的內心直接地打下了烙印，但自由的事實，絕不能如此停留於表面，似乎只不過也是為了在嘴上說說而已，而竟可以不比這種感覺通常的純真和深沉要求更多的東西。相比之下，對人類自由之本質的哲學研究，一方面會涉及自由的正確概念，另一方面會觸及這個概念與一種科學世界觀之整體的關係。①

自由，似乎每個人都有足夠的信心知道它意味著什麼。但在謝林看來，人們建基於日常感覺上的對於自由的認知，決不是真正的自由。真正的自由比人們的日常感覺所把握到的東西要純真與深沉得多。因此，真正的自由決不是個人內心的一種感覺，而是必然涉及到一種科學世界觀的整體。這樣，謝林說："自由概念同世界觀整體的聯繫，誠然將永遠保持為一個必然的研究課題。不解決這一課題，自由概念本身將是搖擺不定的，而哲學也將會是完全無價值的了。"②自由不是一種不可以事先預知的任意選擇或偶然性，而是出自一種更高的必然性。科學世界觀的整體就是意味著這種必然性。那麼，這種科學世界觀的整體到底意味著什麼？它又為什麼關涉到必然性？而自由又為什麼出自這種必然性呢？這又使我們不得不回到海德格爾對於謝林自由論的詮釋。

在海德格爾看來，如果"自由具有實在性"這一點是中肯的，那麼自由概念就不會是隨意的，自由的這種非隨意性依賴自由體系的建立。那麼，何謂體系呢？海德格爾明確指出，體系並非是一種人為的安排、外在的框架與堆積，而是一種理性形態。他說：

---

① 謝林：《對人類自由的本質及其相關對象的哲學研究》，鄧安慶譯，商務印書館 2008 年版，第 47 頁。
② 謝林：《對人類自由的本質及其相關對象的哲學研究》，鄧安慶譯，商務印書館 2008 年版，第 49 頁。

依據不經選擇和沒有目標地收集的文字設計出一些大圖表和專業領域，整個世界被塞進其中，如果可能的話還配上許多數字、插圖和箭頭。而且有許多的人和地方，認真地看待和促進這樣的東西。……很為不幸的只是，人們以為這樣一種隨意綴聯在一起的條目分佈網可以表現一種"體系"的唯一真實形態，因而自己一般地不去研究體系問題似乎也就是得體的。的確，不真實的體系形態和體系構造不能不一再遭到拒絕，而這只是因為真正意義上的體系乃是一項課題，甚至是哲學的課題。①

正因為一般人多把體系理解為外在的知識系統或概念堆積。這樣，"那種不外是奇思妙想的東西，被作為創造性作品兜售；不慎思被看作是行動力，而科學給人以本質知識的外觀"。②所以，尼采與克爾凱郭爾等人把體系視為虛無主義的表現。因此，尼采說："我不相信任何體系家，並且和他們不同道相逢"；③克爾凱郭爾說："體系哲學家作為人是這樣一個人，他建築宮殿，但卻住在旁邊的倉庫"。④但海德格爾認為，儘管尼采與克爾凱郭爾對體系的批判很有力量，但他依然認為二者並不知何為真正的體系。體系是一種本質性的詞語，是"存在本身的結構，不是單純對存在東西附加的一個框架"。⑤"本質性的詞語不是人為地想出的符號與標誌，不是僅僅爲了識別貼在事物上面。本質性詞語是行動，寧可說是在一些瞬間發生的事件，在這些瞬間一種巨大的明亮的閃電穿過寰宇。"⑥

由康德伊始，在德國唯心論的經典作家中，"體系"成為了整個哲學的主導詞彙，並明確地被理解為絕對知識的要求。依康德的思想，哲學是人類理性的目的論，而理性是那種使我們的一切知性行動"體系化"的東西，是我們在經驗中"見出"一種基本聯繫的能力，是形成視野的能力。康德由此開始形成"體系"，其思路在於"哲學原型"的提出。依康德，人類的一切

---

① 海德格爾：《謝林論人類自由的本質》，薛華譯，中國法制出版社 2009 年版，第 43 頁。
② 海德格爾：《謝林論人類自由的本質》，薛華譯，中國法制出版社 2009 年版，第 37 頁。
③ 尼采：《偶像的黃昏》，周國平譯，光明日報出版社 1985 年版，第 9 頁。譯文參考他譯有所改動。
④ 轉引自海德格爾：《謝林論人類自由的本質》，薛華譯，中國法制出版社 2009 年版，第 40 頁。
⑤ 海德格爾：《謝林論人類自由的本質》，薛華譯，中國法制出版社 2009 年版，第 51 頁。
⑥ 海德格爾：《謝林論人類自由的本質》，薛華譯，中國法制出版社 2009 年版，第 41 頁。

知識都是由理性自身的本性向自己提出來的，所以，"先驗—哲學是一門科學的理念，對於這門科學，純粹理性批判應當依照建築術、即從原則出發，以構成這一建築物的全部構件的完備性和可靠性的完全保證，來擬定出完整的計畫。"① 正因為如此，他的《純粹理性批判》一書就是依據理性的理念來對人類全部先天知識進行詳盡的分析，企圖使其成為一個完備的體系。因此，他說："在理性的統治下，我們的一般知識決不允許構成什麼夢幻曲，而必須構成一個系統，惟有在系統中這些知識才能支援和促進理性的根本目的。但我所理解的系統就是雜多知識在一個理念之下的統一性。"② 也就是說，人類的知識必須是基於一個先天理念的統攝與引領，才能顯示出理性自身的目的來。決不是依據雜多東西的類似性，或知識具體地在所有各種隨意的外部目的上的偶然運用所顯露出來的意圖（這些意圖的數量我們不能預先知道，相反，理性的目的卻可以由理性先天地給出）來勾畫的一種技術性的統一。若如此，科學的研究就不可能有任何確定的目的和任何可靠的準繩，人們對這樣制定出來的計劃所必須採取的道路一無所知，甚至其研究的結果首先是在別人那裏，最後是在自己那裏都遭到了蔑視。因此，康德以為，"沒有人會不以某個理念作自己的基礎就試圖去建立一門科學的。"③ 理念是人類理性的先天理念即形上理念，故康德又說："人類理性自從它進行思考、或不如說進行反思以來，從來都不能缺少形而上學。"④ 由此，康德對形而上學在知識中的作用，甚至在整個人生中的意義做了總括性的說明。他說：

　　正因為如此，形而上學也是對人類理性的一切教養的完成，這種教養即使撇開形而上學作為科學對某些確定目的的影響不談，也是不可或缺的。因為形而上學按照理性的各種要素和那些本身必須為一些科學的可能性及所有科學的運用奠定基礎的至上準則來考察理性。形而上學作為單純的思辯，更多地被用於防止錯誤，而不是擴展知識，這並沒有使它的價值受到任何損害，而是通過它的審查職權使科學的共同事業的普遍的秩序與和睦乃至福利都得到保障，

---

① 康德：《純粹理性批判》，鄧曉芒譯，人民出版社 2004 年版，第 20 頁。
② 康德：《純粹理性批判》，鄧曉芒譯，人民出版社 2004 年版，第 629 頁。
③ 康德：《純粹理性批判》，鄧曉芒譯，人民出版社 2004 年版，第 630 頁。
④ 康德：《純粹理性批判》，鄧曉芒譯，人民出版社 2004 年版，第 636 頁。

防止對這個事業的那些勇敢而富有成果的探討遠離那個主要目的，即普遍的幸福，從而反倒賦予了自身以尊嚴與權威。①

康德的這些構想及對形而上學的認知，充分顯示出了康德理想主義的高致。在他看來，人類理性有一終極目的——最高善，哲學必須為這個終極目的服務。所以，儘管人類理性有兩層立法，即自然與自由，並一開始就把自然法則（關於是什麼者）和道德法則（關於應是什麼者）歸屬於兩個特殊的哲學系統中，但最終必須歸屬於一個惟一的哲學系統中。這個惟一的哲學系統康德把它叫作哲學的世界概念（牟宗三譯為哲學的宇宙性的概念），也叫做哲學原型。在康德看來，惟有哲學的世界概念才涉及到每個人都必然感興趣的東西，並被人必然地可學，從而實現哲學的終極目的，即人人為最高善服務的目標。若不然，則哲學只是被看成一種有關達到某些隨意目的的技巧的科學而成為學院性的概念。這樣的哲學只是少數哲學專家的事情，並不能被人人必然地可學，至多只能歷史地依照哲學家的哲學式樣去作哲學的思考與訓練。這樣的哲學思考與訓練不必必然涉及人類理性的最高目的，故不科學亦不必學。

但因在他的系統中沒有對精神實體的直觀，不能依此精神的辯證發展——如黑格爾然——自上及下地引生出人類的各種知識系統，而是經驗地自下及上地通過對人類鬆散平列的知識收集觀察，技術性地分析，逐漸看出那個理念。他說：

> 只有當我們長時間地按照一個隱藏在我們心中的理念的指示狂亂地收集了許多與之相關的知識作為建築材料之後，甚至只有當我們花了長時間在技術上去組合這些材料之後，我們才第一次能夠更清晰地看到這個理念，並按照理性的目的從建築技術上來構想一個整體。②

---

① 康德：《純粹理性批判》，鄧曉芒譯，人民出版社 2004 年版，第 641 頁。康德在《致莫色斯·孟德爾松》的信中亦有同樣的思想："一段時間以來，我相信已經認識到形而上學的本性及其在人類認識中的獨特地位，在這之後，我深信，甚至人類真正持久的幸福也取決於形而上學。"收入李秋零編譯：《康德書信選》，經濟日報出版社 2001 年版。
② 康德：《純粹理性批判》，鄧曉芒譯，人民出版社 2004 年版，第 631 頁。

從這裏可以看出，康德的理想主義不是純理性主義的，而夾雜著許多經驗主義的成分，他的哲學原型的構想是建築術的，而不是一個可以直觀的存在對象。也就是說，在康德那裏還沒有達到"體系"。何以如此？海德格爾解釋說：

> 上帝、世界、人這些最高的主導概念是一些理念，而且只具有發明學的特性。在這些表像中可得到的和所得到的並不是作為存在東西的被表像的東西。上帝僅僅是被想作與認識秩序相應的主導概念，而且一切理念也都如此。①

我們知道，在康德哲學中，上帝、世界作為整體、人的自由尚只是設準，並不能直觀，這是他的哲學原型的構想落空，進而不能完成"體系"的根本原因。

但隨後在謝林那裏，理性取回了它的原初的意義：察知、直接把握。這樣，哲學被規定為"對絕對的理智直觀"。所謂理智直觀以中國哲學的詞彙說之就是智的直覺，不是經驗直覺而是先驗直覺，是神感神應，是圓覺與智照。因為絕對是可以直觀的，故它不是獨斷論而是存在論、實體論。在這樣的理智直觀之下，"體系"不再是知識材料的框架，不再是什麼著述課題，也不是掌握與製作一種個別的東西，更不是單純"發明學的"救急手段，而是"精神本身在其自身進行勞作"②，是對絕對的直觀與歸趨。只有在這裏，康德所說的哲學原型才能真正落實下來，因為這是體系唯一的體系。因此，體系就意味著絕對實體的存在與靈現。海德格爾說："體系因為屬於存在東西的本質本身而一般地是不可否認的，那麼它至少在存在根據內，在'原本質'內，在上帝內必定是存在的，因為它首先如此。"③這樣看來，體系既是存在論的，也是神學的。也既是說，哲學作為形而上學在本原的和本質的意義上都是神學，是追問存在根據，而這種根據被稱為上帝或神。海德格爾強調說：

> 神——學在此乃是指探問整體中存在的東西。對整體中存在東西的這一探問，這一神學的探問，離開對存在東西本身、對整個存在

---

① 海德格爾：《謝林論人類自由的本質》，薛華譯，中國法制出版社 2009 年版，第 63 頁。
② 海德格爾：《謝林論人類自由的本質》，薛華譯，中國法制出版社 2009 年版，第 73 頁。
③ 海德格爾：《謝林論人類自由的本質》，薛華譯，中國法制出版社 2009 年版，第 77 頁。

本質的探問，是不能進行探問的。這是對存在東西本身的探問，是"本體論"。①

　　哲學的發問既是本體—論的，亦是神—論的，愈是二者原本地一體，哲學愈是真正的哲學。謝林這部自由論之著作之所以深刻且值得關注，就是因為它既是本體論的，也是神學的，故它是自由的本質從而也是人的本質的真正祖露。因此，自由的問題就是一個存在論的問題，也是一個泛神論的問題，亦是人的本質的問題，這三者實質上是一個問題。質言之，自由的問題乃是人的本質問題，而人的本質又關涉到一個更高的神性存在的問題，因為人是內在於這種神性存在的。愈是進入到人之存在的本質，愈是進入到了神性之中，即"通過己內之神理解己外之神"，"己內之神"就是存在本質的澄明，"己外之神"即是上帝，故人是必然而內在地直通於上帝的，自由亦正在這種"直通"之中，外在無所謂自由。因此，謝林說："真正的自由就是與一種神聖必然性的協調一致。諸如此類的東西我們在本質性的認識中感受得到，在那裏精神和心靈，只是系於它自己的規律，才自願地肯定那種必然的東西。"②謝林透過體系來講自由，就是讓自由回到存在—論，亦是回到神—論中，總之是回到泛—神論中。於是，謝林得出了他的自由論之中心意思：

　　　　只有人是在上帝中，並且正是通過這種在—上帝—中—存在（In-Gott-sein），人才有能力自由。③

　　因此，認為自由在絕對無限制的開放體系中的觀點是不可接受的，這會使自由概念與搖擺不定同義，也使得對自由的哲學探討變得毫無價值。基於此，我們必須承認，"內在於上帝與自由並不彼此矛盾，以至於，自由，就其是自由的而言，只是在上帝之內；不自由，就其是不自由的而言，必然是

① 海德格爾：《謝林論人類自由的本質》，薛華譯，中國法制出版社 2009 年版，第 80 頁。
② 謝林：《對人類自由的本質及其相關對象的哲學研究》，鄧安慶譯，商務印書館 2008 年版，第 108 頁。
③ 謝林：《對人類自由的本質及其相關對象的哲學研究》，鄧安慶譯，商務印書館 2008 年版，第 131 頁。

在上帝之外"。① 這意味著自由只存在於靈智的存在者那裏, 而不是開放地存在於任何存在者之中。所謂靈智的存在者是自己決定自己, 它決不受外在的、與其本性相互矛盾的東西規定, 也不是受內在的、由某種純粹偶然的東西或經驗的必然性規定。對於這樣的存在者, 謝林進一步說:

> 靈智的本質只要確實是完全自由地和絕對地行動, 那麼它確實只是按其自己的內在本性行動, 或者說, 這種行動只能從它的內心按照同一性的規律並以絕對必然性做出, 只有這種絕對必然性也才有絕對的自由; 因為自由只是按照其自身本質的諸規律來行動而不受任何其它東西——無論是在它之內的東西還是在它之外的東西——規定。②

因此, 認為自由必然對抗神性必然性是不可思議的。這樣, 通過對人的自由的本質的考察可知, 人的活動本身是"直通"上帝的。海德格爾認為, 如果人的自由這一事實不允廢置, 那麼, 除了認識到人不能是在上帝"之外"和"之旁", 認識到人不是反對上帝, 而是面向上帝, 認識到人只有當自己以某種方式屬於原本質、亦即在原本質之內, 還有什麼別的"出路"嗎? 人內在於上帝才可有自由, 這意味著人是泛—神論意義上的人。海德格爾進一步說:

> 作為自由, 人的自由是某種無條件的東西; 作為人的自由, 人的自由是某種有限的東西。這裏的問題在於人的自由的概念, 它是關於一種有限的無條件性的問題, 更醒目地說, 是關於一種依存性的非依存性("派生的絕對性")的問題。哪裏有自由, 哪裏就要求有泛神論。反過來, 哪裏有泛神論, 哪裏至少並非必然地就是非自由(宿命論), 恰好相反: 哪裏立起正當理解的泛神論, 最終就要求自由。③

---

① 謝林:《對人類自由的本質及其相關對象的哲學研究》, 鄧安慶譯, 商務印書館 2008 年版, 第 59 頁。
② 謝林:《對人類自由的本質及其相關對象的哲學研究》, 鄧安慶譯, 商務印書館 2008 年版, 第 100 頁。
③ 海德格爾:《謝林論人類自由的本質》, 薛華譯, 中國法制出版社 2009 年版, 第 109 頁。

這樣，要證成人的自由，必須承認上帝與人是一而二，二而一的存在。"沒有人，一個上帝是什麼呢？絕對無聊的絕對形式。沒有上帝，一個人是什麼呢？無害形式中的純粹荒謬。"①所以，自由，就意味著一個靈智存在者（人的神性）的出現，而靈智存在者的出現必然擁有自由。"神是人，這意味著人作為自由的人存在於上帝之內，而也只有自由的東西才能夠一般地存在於上帝之內，一切非自由的東西，和一切就其是非自由的而言的東西，是在上帝之外的。"②這是基於存在論上的澄明，而不是一種倫理學之選擇，這是自由的最高意義。

我們通過對謝林關於自由的探討，雖然苟察繳繞，但卻不僅勘正了流行自由觀的根本謬誤，且更重要的是指示與靈現了一個更高的唯一的精神實體，不僅自由維繫於這個精神實體，人類的一切精神實踐亦維繫於這個精神實體，是為哲學原型。其實，只有人才有自由問題，上帝並不需要自由，或者說，上帝無所謂自由不自由，但人的自由因上帝而到來。然而，這裏的"到來"並不是上帝把自由外在的"加給"人，而是人"直通"上帝后的必然結果。美亦必須"直通"這個精神實體，外此無所謂美。所謂"直通"就是人皈依上帝或者上帝威臨於人。可以說，如果精神實體為自由進行了奠基，那麼，這個精神實體也為美進行了奠基。在西方，這個惟一的絕對精神實體不可能有別的存在，只可能是上帝。實際上，像奧古斯丁、狄奧尼修斯等人正是從上帝來論述美的，或者說，在他們看來，正是上帝為美進行了奠基。

四、上帝與美的奠基及其局限

我們知道，柏拉圖在《大希庇亞篇》中討論了美的問題，但他最後的結論卻是"美是難的"。為什麼會有這樣的結論呢？柏拉圖明確指出，他所問的是"美自身"而不是"美的東西"。何謂"美自身"呢？柏拉圖說：

> 這種美是永恆的，無始無終、不生不滅、不增不減的。它不是在此點美，在另一點醜；在此時美，在另一時不美；在此方面美，在另一方面醜；它也不是隨人而異，對某些人美，對另一些人就醜。還不僅如此，這種美並不是表現某一個面孔，某一雙手，或是身體

---

① 海德格爾：《謝林論人類自由的本質》，薛華譯，中國法制出版社 2009 年版，第 189 頁。

② 海德格爾：《謝林論人類自由的本質》，薛華譯，中國法制出版社 2009 年版，第 135 頁。

的某一其他部分；它也不是存在於某一篇文章，某一種學問，或是
任何某一種個別物體，例如動物、大地或天空之美……①

　　顯然，這是指美的理念而言，而不是指具體的美的東西，具體的美的東
西不可能具有這種特性。但是，文中蘇格拉底與希庇亞關於美的討論每次都
落在具體的美的東西之上，這就無怪乎最後得出“美是難的”結論了。

　　“美自身”與“美的東西”不同，不能經驗地直覺之，只能智的直覺之。
所謂智的直覺就是觸動、覺照。美就是覺照那惟一的精神實體既而有所觸動，
不是對外在對象的觀賞而獲得輕鬆的愉悅與享受。與“美的東西”相較，“美
自身”是“非存在的”，但這裏的“非”並不是指不真實，而是指“非存在
是不可思考、不可言說、不可發聲、不可表達的”②。這裏的四個“不可”即
是指不可經驗地直覺觀賞，而是智的直覺地觸動、覺照。也就是說，美的東
西雖然不是美，但美亦不是美自身，對美自身的觸動與覺照方才是美。柏拉
圖由此不但批駁了巴門尼德非存在不存在的思想，而且反而認為非存在是一
種更為真實的存在。在柏拉圖看來，作為非存在的“美自身”為存在的“美
的東西”之美進行了奠基。由此，才真正把美的問題變為了一個哲學問題。
正如有學者指出：

　　　　美本身的存在是人脫離動物界的一個重要的標誌。美學之稱為美
　　學就是因為有一個美本身的存在，而不是因為有各種各樣的美的事
　　物。但是，長期以來，美學界關注的往往是美的事物，而不是美本身，
　　因而產生了一大批所謂唯物主義、形式主義、直覺主義、享樂主義
　　的美學。如果美學討論的不是美本身，而是美的事物，那麼美學還
　　能成為哲學的一個分支嗎？有資格談論美學的還是哲學家嗎？③

　　的確，自鮑姆嘉通把 Aethetic 這種感覺或情感的科學命名為美學以來，美
學多成了一種經驗之學。但顯然，這是違背柏拉圖以來的美學傳統的。柏拉

---

① 《會飲篇》，《柏拉圖全集》第二卷，王曉朝譯，人民出版社 2003 年版，第 254 頁，依據朱光潛的譯文，
　　對此處之譯文有所改動。
② 《智者篇》，《柏拉圖全集》第三卷，王曉朝譯，人民出版社 2003 年版，第 34 頁。
③ 閻國忠：《美是上帝的名字：神學美學的核心命題》，《吉首大學學報》2008 年第 3 期，第 94 頁。

圖講美本身，不但是要講哲學——真善美的合一，甚至是要直通神學。實際上，柏拉圖不但是第一個正式使用"神學"（Theologia）的人①，而且，基督教的上帝在此也就呼之欲出了。為什麼呢？因為無論是"善自身"或"美自身"等理念，雖是一形上存在，但只是一個抽象的概念，一種純形式的存在，這樣的抽象概念不能被智地直覺之，要能被智地直覺之，必然是一種實體性存在，且最高的形上實體只能有一個，顯然，這個實體不是別的，正是基督教所說的上帝。上帝，才可被直覺之，且在上帝那裏，才可真正討論美、善等問題，而不至於再遭遇柏拉圖那種"難題"了，因為這裏有靈智的觸動與覺照。儘管柏拉圖還沒有從上帝處來論美，但他的奧爾弗斯主義的精神特質，必然隱含著這樣的路向與歸趨。實際上，這種路向與歸趨在奧古斯丁、（託名）狄奧尼修斯②、湯瑪斯·阿奎那等人那裏得以開始與完成。雖然這三人的美學觀點在細微處或有不同，但總體上有兩點大致相同。其一，上帝自身是最高的美，且這種美不是經驗的、觀賞的，而是觸動的、證會的；其二，上帝為萬物之美進行了奠基。準確地說，這三人並沒有專門的美學著作③，只是影響巨大的神學家，但他們在對上帝的證會中必然有美的靈現，就如對自由的證會必然有最高實體的靈現一樣。且他們所證會的不是形上的技術性的美，而是形上的"備於天地之美，稱神明之容"（《莊子·天下》）的美。無論是實踐美學還是超越美學，都是技術性的，是一曲之士，雖"皆有所長，時有所用"（《莊子·天下》），但不是美之所以為美的根本。因此，作為神學家的奧古斯丁、狄奧尼修斯與阿奎那在美學史上亦有重要之地位，他們對我們探討真正的美學問題具有莫大的啟示。

為什麼對上帝之美不能作經驗的觀賞，而只可作存在的證會與觸動呢？因為最高的無限存在——上帝，不是一個經驗的對象，不能經驗地直覺之，經驗世界不可能有無限對象被人直觀。由此祂超越了一切語言、概念的描述與限定，只可以人之性靈存在地體會之、證悟之，因為一切概念的規定與語言的描述都只能在經驗世界中。奧古斯丁說：

---

① 陳中梅：《柏拉圖詩學和藝術思想研究》，商務印書館 1999 年版，第 105 頁。

② 狄奧尼修斯實際上是西元 5 世紀的一位基督教柏拉圖主義者，他託名狄奧尼修斯出版了一部神學著作集，對於後世產生了深遠的影響。後文提到此人，不再加"託名"二字。

③ 奧古斯丁曾有一部專門的美學著作《論美與適宜》，但不知怎的亡佚了。見《懺悔錄》卷四第十三。

至高、至美、至能、無所不能、至仁、至義、至隱、無往而不在，至美、至堅、至定，但又無從執持，不變而變化一切，無新無故而更新一切；……行而不息，晏然常寂，總持萬機，而一無所需；負荷一切，充裕一切，創造一切，養育一切，改進一切；雖萬物皆備，而仍不棄置。你愛而不偏，嫉而不憤，悔而不怨，藉怒而仍安；……①

以上所說，不是概念的描述語，而是存在的體會與印證，既而作開權的指點，這並不表示上帝只是奧古斯丁用這些詞所描述的樣子，上帝是"大全""大能"與"無限"，這些指點語只是權用，並非實指，讀者亦需要存在地"開權顯實"。所以，在上帝那裏，"即使這人談得滔滔不絕，還和未說一樣"。②這種理路與中國文化傳統中的——"予欲無言"（《論語·陽貨》），"聖人處無為之事，行不言之教"（《老子》第二章），"終身言，未嘗言；終身不言，未嘗不言"（《莊子·寓言》）——並無二致，都是對最高實體的存在的證會。狄奧尼修斯更為明確地指出，只能由證會而不是言語與概念達到上帝的智慧與美。他說：

當我們想要對上帝有任何言說時，我們"不應當用人的智慧的似是而非的言論"，而應當用"聖靈和大能"對《聖經》著述者的明證來確立真理。通過此種大能，我便能以超乎言語與知識之上的方式達到一種統一，這種統一是我們靠自己的言語和智力的能力或行為所能達至的一切東西都無法比擬的。③

這裏所說的"聖靈與大能"就是吾人生命真切的憤發與靈覺，狄奧尼修斯在他的著作中對此並沒有作詳細的分說，其真實含義只有在儒家的心性之學中才有徹底的解明與交代，後文將有進一步的說明，這裏暫且按下不表。聖靈與大能所證會的就是那個"一""太一"，也就是上帝。只有到這裏，即上帝威臨於人，真善美的合一之於人才是可能的，如果只是以人之機能與情懷環視現象界，由此而求真善美合一是不可能的。因此，康德把審美判斷

---

① 奧古斯丁：《懺悔錄》，周士良譯，商務印書館 1981 年版，第 5–6 頁。
② 奧古斯丁：《懺悔錄》，周士良譯，商務印書館 1981 年版，第 6 頁。
③ （託名）狄奧尼修斯：《神秘神學》，包利民譯，三聯書店 1998 年版，第 2 頁。

（美）與認識判斷（真）、道德判斷（善）作了嚴格的區分，儘管他也說到"美是德性─善的象徵"①，但象徵──按康德自己說法──"不包含任何屬於客體直觀的東西，而只是按照想像力的聯想律、因而在主觀的意圖中用作概念的再生手段"。②正因為如此，黑格爾才說，象徵具有曖昧性。這樣，依"美是德性─善的象徵"這種理路是不可能完成審美教育的宗旨的。但我國當代美學界自蔡元培講"美育代宗教"以來，美學家俱是依這種理路來講審美教育，這是極為無知與失敗的。

《聖歌》第95章云："神臨榮耀與美。"這表示上帝為美進行了奠基。實際上，上帝是最高實體，是絕對的"一"，祂不但為美進行了奠基，且亦為真與善進行了奠基。但上帝自身只是個不可言說只可證會的"一"，並不是真、善、美。真、善、美乃是對人而言的形態，上帝自身只是"一"，無所謂真、善、美，或者說，祂並不需要真、善、美。但人在證會那個絕對的"一"時，依其不同之機能，遂有真、善、美之分說。可見，真、善、美並非只是現象界的存在，它們均來自於人對絕對"一"的證會，這不但確保了真、善、美的根基，且確保了他們絕對的合一。所以，上帝自身是光、智慧與道路，祂並不是知識與學問，但人證會上帝之時，依其光與智慧開出了真、善、美等知識與學問。因此，奧古斯丁說：

> 我並不知道我的理性應受另一種光明的照耀，然後能享受真理，因為理性並非真理的本體。"主啊，是你點燃我的心燈；我的天主啊，你照明我的黑暗"；"你的滿盈沾勻了我們"。因為"你是真光，照耀著進入這世界的每一人"，"在你身上，沒有變化，永無晦蝕"。③

"理性應受另一種光明的照耀，然後能享受真理，因為理性並非真理的本體"表明上帝為人類的一切知識與學問進行了奠基。狄奧尼修斯又說：

> 因為正像無知使無知者四分五裂一樣，心智之光的出現聚集與統一了接受光照者。祂令它們完善。祂令它們回轉向那真實者。祂

---

① 康德：《判斷力批判》，鄧曉芒譯，人民出版社2002年版，第200頁。
② 康德：《判斷力批判》，鄧曉芒譯，人民出版社2002年版，第199頁。
③ 奧古斯丁：《懺悔錄》，周士良譯，商務印書館1981年版，第67頁。

使它們從它們無數錯誤觀念中回轉，用那唯一的統一之光充滿它們，
他把它們相互衝突的幻見彙聚為一個單一的、純粹的、連貫的和真
實的知識。①

　　由人之證會到那個絕對的“一”，方才有真、善、美的出現，方可講真、
善、美的合一。阿奎那說：“美和善是同一的，它們的差異只在體表。因為
善是眾望所歸，善的概念，便在於平息欲望；而美的概念，則是通過所見或
所知來平息欲望。”②這裏的“同一”不是指關係者之間的“相對的同一”，
而是根源處的“絕對的同一”。即不是美與善的事實上的同一，而是奠基上
的同一。事實上，善是善，美是美，如康德之所言。但如果沒有奠基處的同一，
不但善不可能，美亦不可能。可見，並沒有光禿禿的“事實”，所有的“事實”，
無論是真、善、美，都必須有光源的奠基。在西方，這個光源就是上帝。
　　我們現在就美而言，為什麼一定要切就絕對的“一”方有美可言呢？或
者說，為什麼只有證會到絕對的“一”的時候，才有美的靈現呢？美意味著
人對於虛無的克服與超越。那麼，什麼是虛無呢？我們不妨依據海德格爾的
定義：“‘虛無’在此意味著，一個超感性的、約束性的世界的不在場。”③
但海德格爾一再告訴我們，虛無主義不是一種觀點，而是一種歷史性運動。
這種歷史性運動意味著：只有我們一門心思只看見人的無信仰及其表現形式，
那麼，我們對虛無主義的認知還是相對淺顯與貧乏的，甚至根本沒有把握住
這種歷史性運動的本質。人們往往易沉湎於這樣一種有害的癖好當中，“就
是把已經是和僅僅是虛無主義的結果的那些現象看作是虛無主義本身，或者
把結果和作用看作虛無主義的原因”。④依據海德格爾的意思，比“一個超感
性的、約束性的世界的不在場”更為可怕的是，不再去尋求啟示了，即不再
去尋求絕對的“一”的榮耀與光輝對於人生的啟示。可見，不信仰上帝只是
不尋求啟示的一個結果，反過來說，一個人若尋求啟示，其信仰的絕對的“一”

---

① （託名）狄奧尼修斯：《神秘神學》，包利民譯，三聯書店 1998 年版，第 28 頁。
② 阿奎那：《神學大全》，第一編第 27 題第 1 條。
③ 海德格爾：《尼采的話“上帝死了”》，孫周興選編：《海德格爾選集》，上海三聯書店 1996 年版，第
　 771 頁。
④ 海德格爾：《尼采的話“上帝死了”》，孫周興選編：《海德格爾選集》，上海三聯書店 1996 年版，第
　 775 頁。

不一定是基督教上帝的形態，亦可以是別的形態。總之，對於虛無主義來說，不尋求啟示比超越者的缺席更可怕，更"虛無"。美就意味著人去尋求啟示，從而克服人的無覺與沉淪。如果只關注在場者，即意味著沉淪，無論人們是多麼有見地與機智地關注。海德格爾說：

> 每一種對人及其在存在者範圍內的地位的分析，無論多麼有見地、多麼機智，只要它沒有去思考人之本質的處所，並且在存在之真理中經驗這種處所，那麼，它就還是不假思索的，還只是產生一種沉思的假像而已。[1]

同樣，如果不去尋求啟示，只在現象界去觀賞美境，無論這美如何動人，皆是美的假像，皆是虛無主義的。

美就是與絕對的"一"作存在的呼應，從而反抗虛無與沉淪。沉淪與虛無顛倒了人的存在，讓存在從絕對的"一"徹底遠離，從而把現象界的在場設定為人的終極價值，吞噬了人的終極信仰與價值守護。虛無與沉淪以閒談、好奇與兩可為價值饋贈給予存在者。閒談、好奇與兩可是海德格爾說明人的沉淪之基本方式，三者藉以佯充此在之可能性的最迷惑人的方式使存在者徜徉於"美"之中而不能自拔。但一旦從覺悟中躍起，這一切的迷人方式皆掃地俱休，而見其虛無與沉淪之實相。莊子曰：

> 一受其成形，不忘以待盡。與物相刃相靡，其行盡如馳，而莫之能止，不亦悲乎！終身役役而不見其成功，苶然疲役而不知其所歸，可不哀邪！人謂之不死，奚益！其形化，其心與之然，可不謂大哀乎？人之生也，固若是芒乎？其我獨芒，而人亦有不芒者乎？（《莊子·齊物論》）

美，就是讓絕對的"一"威臨生命，使人不至於"芒"。世間之美孰有大於是者。康德講現象界之美，儘管他認為美不是物質性的存在自身，但美依然與形式相關，至少美總是有意象的，稱之曰"審美意象"。審美就是對

---

① 海德格爾：《尼采的話"上帝死了"》，孫周興選編：《海德格爾選集》，上海三聯書店1996年版，第775頁。

這個"意象"的"看"。但我們說上帝是最高的美不是這個意義上的，千萬不要以為上帝似乎也有"形象"，且祂這個"形象"超越了一切"審美意象"、是最美的，果爾，就把上帝之美落實在有"形"的"看"上了，這是實在論的，刊落了其精神性。所以，當神學家說上帝是"全然的美"，超出了一切的美者，且用一些列的排比句加以況喻時①，"美"都不是在"看"的意義上講的——因為"上帝決不與存在者有任何相像，我們對他無法理解的和不可言說的超越性，與不可見性根本就沒有任何知識"②，而是在"證會的"意義上講的。準確地說，上帝的美對於不去尋求啟示，又沒有證會能力的人而言，永遠是個不解之謎。因為這美是光的靈現、智慧的親臨。

如果美是上帝的光與智慧，那麼上帝為萬物之美進行了奠基則是必然的。正如有論者指出的那樣：

> 那麼一個無可避免的邏輯結果，就是必定要將美、要將這個意義上的美從此間世界中褫奪而出，也就是說，此間世界不可能在這個意義上是美的；而另一方面，如果我們在此間世界中還能夠感受到美，或者我們庶幾還能感受到此間世界是美的，甚或如果我們庶幾還能夠在某種程度上將此間世界感受為美、感知為美的話，那麼這並非此間世界所自有的、所私有的、由自身而來的美，而是那獨一的神性之美的反映，是由於參有到那獨一的神性之美中才具有的美的品性。③

可以說，正因為光的靈現與智慧的親臨，萬物之美才到來，萬物之美並非寡頭的無源之物，從這個意義上講，上帝為萬物之美進行了奠基。狄奧尼修斯屢次提到"光"的作用：

> 上帝的美——如此單純、如此美好、如此豐盛地是完滿的泉源——是完全不受不相似的東西浸染的。他向外伸展，根據每個存

---

① （託名）狄奧尼修斯：《神秘神學》，包利民譯，三聯書店1998年版，第28—29頁。

② （託名）狄奧尼修斯：《神秘神學》，包利民譯，三聯書店1998年版，第110頁。

③ 徐龍飛：《美作為上帝的絕對謂項——論（託名）狄奧尼修斯的本體形上美學》，《雲南大學學報》2013年第1期，第68頁。

在物的功德而給予它們一份光，並且通過神聖的聖事而在和諧與寧靜中給予每個已經完全的存在者以他自己的形式。①

上帝創造了萬物，同時給予萬物以形式與秩序，但要感受萬物之"美"，必須要有"光"的照射。居常總以為，形式與秩序自身就是美，實則如果沒有上帝之"光"的照射，這些都只是萬物的屬性，而不是人所感受到的美。正是在這個意義上，阿奎那提出了"明晰"的概念。阿奎那認為，美有三個基本的要素，即比例、整一與明晰。阿奎那使用的是 claritas 這個詞，一般翻譯為明晰。對於"明晰"一詞，阿奎那用得很多，但分析得少，何也？因為"明晰"乃智慧之光，只可證會，不可言傳。在阿奎那看來，智慧之光使得萬物之美明晰起來。他說：

> 所有事物藉此得以存在的形式，是對神聖的明晰的一種分享。偽狄奧尼修斯此外還告訴我們，個別事物為美，乃是因為它們自身的性質，這是說，因為他們的形式。②

這是說萬物固有的形式，但其美要明晰起來，必須有神聖之光的照射與親臨，不然，就是板結的物質形式，這決不是美。其義理猶如王陽明之"南鎮論花"。《傳習錄》下記載：

> 先生游南鎮，一友指岩中花樹問曰：天下無心外之物，如此花樹，在深山中自開自落，於我心亦何相關？先生曰：你未看此花時，此花與汝心同歸於寂。你來看此花時，則此花顏色一時明白起來。便知此花不在你的心外。（《王陽明全集》卷三《語錄》三）

這裏所說的"此花顏色一時明白起來"不只是認識論的，也不只是美感論的，且亦是本體論的，即靈明之心使花之美呈現出來。當然，王陽明這裏所說的人心的靈明之光，而阿奎那所說的是上帝的智慧之光，二者有本質的區別。但切就萬物之美而言，他們都認為必須依賴一個最高實體的親臨則不

---

① （託名）狄奧尼修斯：《神秘神學》，包利民譯，三聯書店 1998 年版，第 114 頁。
② 阿奎那：《〈神名論〉疏證》，第四章第 5 節。

無二致，不然，萬物就只是一堆"沉淪"的物質形式，就如人若沒有最高實體的證會與覺照就只是肉欲的衝決一樣。所以，"明晰"決非只是亮度概念而是指物超越"沉淪"回到自身，這意味著"真"與"善"的到來。因此，"沉淪"並不是人類社會中的一個倫理道德概念，而是一個本體論的概念。"沉淪"意味著一物的"非本真"，這同時又意味著"不善"與"不美"。也就是說，一旦神聖之光熄滅，萬物將墮入一片混沌之中而毫無意義。

然而，必須指出的是，因為上帝是外在於人的實體，對於這樣一個外在的實體，人如何能智地直覺之，這是一個很大的難題。所以，意大利學者柏格裏奧羅說："脫離個別、可感的事物，直接、明確地直觀天主，這樣一種理論顯然有悖於人類經驗。"[①]這就是說，一個外在的對象，人對之不能有經驗，但又可直覺之，這是不可能的。因此，他認為，無論是安瑟爾謨、司各特，還是笛卡兒、萊布尼茨，這些"本體論論證"者，都是從最高觀念推出了上帝的存在及其屬性，但他們都以為"從觀念推出"就是直覺或證會到了上帝，柏格裏奧羅稱之為"誇張的樂觀主義"。柏格裏奧羅由此下結論說：

> 觀念直接呈現給心靈的內容，確實不是天主，而是個別、可感的事物。由天主觀念直接推出他的實在性，乃是武斷的做法。唯有感性的實在才能為我們引出天主的實在。[②]

這就是說，我們只是把經驗中實在物的屬性加以誇張、美化給了最高存在——上帝。如經驗物是有生滅的，就說上帝是永恆的；經驗物總有缺憾，不是完美的，就說上帝是至善的，是完美的等等。顯然，這不是直覺、證會的結果，而是比附、想像的結果，它的根底是實在論。儘管神學不只是停留在經驗物或其想像上。狄奧尼修斯說："我的心智不會停留在如此不充分的想像上，而被促動去超出到物質表像之後，去熟悉跨過現象進入那些不屬於這個世界的上升。"[③]不論如何跨越這經驗物及其想像，不能直覺這"跨越者"，

---

① 魯伊吉·柏格裏奧羅：《形而上學》附《關於"神"的理性思考》，朱東華、詹文傑譯，黑龍江人民出版社 2005 年版，第 106 頁。
② 魯伊吉·柏格裏奧羅：《形而上學》附《關於"神"的理性思考》，朱東華、詹文傑譯，黑龍江人民出版社 2005 年版，第 108 頁。
③ （託名）狄奧尼修斯：《神秘神學》，包利民譯，三聯書店 1998 年版，第 113 頁。

就依然有虛幻性。

正因為基督教神學的根底是實在論的，使得他們對於上帝的直覺與證會嚴重不足。對於上帝的直覺，神學常以"不似的相似性"來表示之。有時用天上的形象況喻之，如："日頭""晨星""清晰的光"；有時則用塵世的東西形象之，如："不會毀壞的東西""永不枯竭的江河"；更有時用什物或動物，如："馨香的膏油""房角石""獅子""鴿子"或"雄鷹"……，不一而足。[①] 儘管神學家們一再表示，這是以否定的形式來況喻上帝的形象，且提醒人們避免作一一對應，但依然說：

> 真正的否定和與它們的最遠回音的不相像的比擬，正是對神聖的事物致以應有的崇敬。因此，用不相似的相似物來表現天界的存在者，並沒任何可笑之處。[②]

儘管神學家一再表示上帝超越了任何語言與形象，但因為不能智的直覺之，一旦要"說"上帝的時候，就只能用經驗之物況喻之，但這只是莫約觸及到了上帝些許精神與影像，決不是直接的直覺與證會。如實地說，在基督教神學中，上帝與人處在主客對立的關係中，人們只能以概念性的語言來定義上帝，或以形象性的圖式來況喻上帝，儘管神學家們也知道這定義之無效、這況喻之徒勞，但也只能如此。這樣，就把精神信仰問題轉化為了一個知識

---

① 以上這些形象均出自《聖經》。《瑪拉基書》第四章第 2 節："但向你們敬畏我名的人，必有公義的日頭出現，其光線有醫治之能"；《彼得後書》第　章第 19 節："我們並有先知更確的預言、如同燈照在暗處，你們在這預言上留意、直等到天發亮，晨星在你們心裏出現的時候、才是好的。"又，《啟示錄》第二十二章第 16 節："我耶穌差遣我的使者為眾教會將這些事向你們證明。我是大衛的根、又是他的後裔。我是明亮的晨星"；《約翰一書》第一章第 5 節："神就是光、在他毫無黑暗。這是我們從主所聽見、又報給你們的資訊。"又，《馬太福音》第五章第 16 節："你們的光也當這樣照在人前、叫他們看見你們的好行為、便將榮耀歸給你們在天上的父"；《出埃及記》第三章第 2 節："耶和華的使者從荊棘裏火焰中向摩西顯現。摩西觀看、不料、荊棘被火燒著、卻沒有燒毀"；《約翰福音》第七章第 38 節："信我的人、就如經上所說、從他腹中要流出活水的江河來"；《雅歌》第一章第 3 節："你的膏油馨香。你的名如同倒出來的香膏。所以眾童女都愛你"；《以賽亞書》第二十八章第 16 節："所以主耶和華如此說、看哪、我在錫安放一塊石頭、作為根基、是試驗過的石頭、是穩固根基、寶貴的房角石、信靠的人必不著急"；《何西阿書》第五章第 14 節："我必向以法蓮如獅子、向猶大家如少壯獅子、我必撕裂而去、我要奪去、無人搭救"；《馬太福音》第三章第 16 節："耶穌受了洗、隨即從水裏上來。天忽然為他開了、他就看見神的靈、彷彿鴿子降下、落在他身上"；《申命記》第三十二章第 11 節："又如鷹攪動巢窩、在雛鷹以上兩翅扇展、接取雛鷹、背在兩翼之上。"

② （託名）狄奧尼修斯：《神秘神學》，包利民譯，三聯書店 1998 年版，第 113 頁。

問題，上帝無論如何令人嚮往，祂只是一個認知的對象，而不是一個實踐的對象，因為人們不能直覺之。所以，當我們翻開阿奎那的《神學大全》時，皇皇十七大冊、幾百個論題，雖然論證精到，啟人思考，但都是在講神學知識，而不是在證會上帝本身。由於絕對的"一"不能直接地在人的生命裏證會，人們尋求啟示的努力終於落空，依然沉淪。正因為如此，神學家對於美的體證有諸多的矛盾。就阿奎那而言，他認為，美這一最高層次的快感，只能屬於理性的人，動物並無美感。如果這樣，那麼，美就是人的一種直覺與證會，直覺那絕對的"一"，證會那智慧的光。但縱觀中世紀基督教神學家，基本上是以客觀精神來詮釋美這種現象的。在他們的相關論述中一再地提到"比例"與"秩序"作為美的本質要素，儘管"比例"與"秩序"亦是最高智慧的創造，但這只是"理"上如此說，因為絕對的"一"不能直觀，其智慧之光亦無法領受，便把"比例"與"秩序"自身作為了美。這是審美中的客觀主義，進而把美的問題作為了知識問題而與人的精神實踐無關。同時，由於最高實體是絕對的"一"，那麼，對最高實體的證會即美一定是虛靈純一的，由此虛靈純一之光照徹萬物，其境界一定是空靈寂靜的。這便是美的色澤問題，但在基督教神學那裏，因為最高實體是一外在的對象，不能證會，因此對於美的色澤，他們是無覺的，於是便把萬物自身的顏色作為了美的色澤，這依然是把知識中的顏色作為了美的色澤，既而美的色澤在基督教神學那裏也是駁雜的。這個問題在第四章還將進一步的討論。

總之，由於不能直覺、證會那絕對的"一"，最高的美之於人依然沒有被觸動，其智慧之光依然沒有普照世間萬物，因而，美的奠基亦隨之落空。要真正觸動那最高的美，進而以之來普照萬物，就不能依靠一個外在於人的絕對實體，這個實體一定要內在於人，在人的精神實踐中直覺之。由此，我們回到中國傳統的心性之學中來。

五、心性學與美的奠基之可能

我們前面說過，美——作為一種人類精神實踐——決非外在憩息式的觀賞，乃是與絕對的"一"作存在的呼應，既而純化自家生命，照亮乾坤、朗澈世界。當然，不唯美如是，真與善如果亦是一種人類精神實踐的話，亦當如是。質言之，作為探求真、善、美的哲學，其旨歸亦不過如是。因此，哲學首先不是認知外在的對象，而是要有內在的觸動。基於此，海德格爾才："哲學所探討的東西是與我們本身相關涉的，觸動著我們的，而且是在我們的本質深處觸動我們的。"① 但這種觸動不是一般的情意之動，海德格爾進一步強調，"這種激動與我們通常所謂的感情和情緒——簡言之，即非理性的東西——是毫無干係的"②，而是天人之動，即人與絕對的"一"作存在的感應與合一。只有在這種感應與合一中，真、善、美方可真正合一，哲學亦成為一種實踐與行動，人亦不只是成為哲學家，而是聖人。海德格爾曾比照了赫拉克利特、巴門尼德與蘇格拉底、柏拉圖的不同，他指出：

> 赫拉克利特和巴門尼德還不是哲學家。為什麼不是呢？因為他們是更偉大的思者。這裏，"更偉大"並不是對一種成就的估價，而是顯明著思想的另一度。赫拉克利特和巴門尼德之所以"更偉大"，是因為他們依然與邏各斯相契合，亦即與"一"相契合。走向"哲學"的一步，經過詭辯論的醞釀，最早是蘇格拉底和柏拉圖完成的。③

赫拉克利特和巴門尼德之所以"更偉大"乃因為他們與"一"契合，既而實踐著、行動著，哲學在他們那裏是聖賢式的靈修。但到蘇格拉底和柏拉圖那裏，哲學因詭辯而成為學問。這樣一來，不但他們由靈修的聖賢下滑為辯論的思想家，而且真、善、美亦散殊成知識形態，分屬不同的領域而不再合一。因此，真、善、美要成為實踐形態，成為人的行動，就意味著人要傾心與回應那絕對的"一"。如果這種傾心與響應為我們所成功，那麼我們就真正回答了"什麼是真？""什麼是善"以及"什麼是美？"的問題。在此，我們總是"感受"到那絕對的"一"的強力與召喚。但"感受"——海德格爾說——"我們如此稱為'感受'的東西，既不是我們的思想行動和意志行為的變幻無常的附帶現象，也不單純是這些行為的起因，更不僅是我們無可奈何地如此這般碰上的現成狀態"。④ 也就是說，"感受"召喚不是一種經驗性的偶然

---

① 海德格爾：《什麼是哲學？》，孫周興選編：《海德格爾選集》，上海三聯書店 1996 年版，第 589 頁。
② 海德格爾：《什麼是哲學？》，孫周興選編：《海德格爾選集》，上海三聯書店 1996 年版，第 590 頁。
③ 海德格爾：《什麼是哲學？》，孫周興選編：《海德格爾選集》，上海三聯書店 1996 年版，第 596 頁。
④ 海德格爾：《形而上學是什麼？》，孫周興選編：《海德格爾選集》，上海三聯書店 1996 年版，第 142 頁。

遭遇，而是人的天命與本質。傾心於這種召喚就是敬畏天命，海德格爾多次談到"畏"的問題。他說：

> 在畏中，存在者整體以離形去智同於大通。①
>
> 畏的呼吸經常使此在渾身震動：為庸碌生活的"唯唯""否否"的"畏首畏尾"未聞大道之輩震動得最少；身體力行者震動得最早；大勇到了家的此在震動得最可靠。但最可靠的震動只有從此在之為耗盡心血以求保持此在之無上偉大者身上出現。②
>
> 原始的畏任何時候都可以在此在中甦醒。它無需靠非常事件來喚醒。它浸透得非常之深，但可能發作的機緣則微乎其微。它經常如箭在弦，但真正發動而使我們動盪不安，則是極其稀少之事。③

同時，傾心於這種召喚，就是讓我們回到自己的本質中。海德格爾說：

> 通過這種傾心，我們的本質也就被佔據了。傾心就是贊同。贊同向我們訴說我們的本質，把我們呼喚出來進入本質，從而把我們維繫在本質之中。④

這樣，通過這種傾心的召喚，人直通"天命"而與"天"合一，從而完成與"絕對的'一'作存在的呼應，既而使其照亮生命"的使命與歷程，不但美由此而靈現，真與善亦在此得以圓成。

海德格爾的這種精神並非孤明獨發，在中國傳統文化中隨處可以找到知音。《詩經·小雅·小旻》有這樣的詩句："不敢暴虎，不敢馮河。人知其一，莫知其他。戰戰兢兢，如臨深淵，如履薄冰。"這裏的意思是：空手打虎、徒步涉河，人們都知道這是很危險的事。但僅知此是不夠的，尚有更值得敬畏與遵從的"上天"。對於這個"上天"人們須終身"戰戰兢兢，如臨深淵，如履薄冰"地敬畏、遵從之，不然，就會有不祥與災難降臨（旻即"秋天"，"秋"

---

① 海德格爾：《形而上學是什麼？》，孫周興選編：《海德格爾選集》，上海三聯書店1996年版，第144頁。
② 海德格爾：《形而上學是什麼？》，孫周興選編：《海德格爾選集》，上海三聯書店1996年版，第148頁。
③ 海德格爾：《形而上學是什麼？》，孫周興選編：《海德格爾選集》，上海三聯書店1996年版，第148-149頁。
④ 海德格爾：《什麼召喚思》，孫周興選編：《海德格爾選集》，上海三聯書店1996年版，第1206頁。

主肅殺之氣，詩人以此來警示不敬畏"上天"之結果）。爾後，敬畏與遵從天命成為了中國文化之根本精神。如孔子曰："君子有三畏：畏天命，畏大人，畏聖人之言。小人不知天命而不畏也，狎大人，侮聖人之言。"（《論語·季氏》）可以說，由敬畏天道而產生內在的震動、迴響與感應，從而照亮自家生命是中國心性工夫之學的根本。這個根本用《周易·繫辭上》的話說就是："默而成之，不言而信，存乎德行"。此種精神為歷代中國文化精神之傳承者所尊奉。如程伊川曰："天地之間，只有一個感與應而已，更有甚事？"（《二程遺書》卷十五）

這裏之所以屢次摘引海德格爾之所說，旨在說明真、善、美的圓成與合一唯有在心性工夫之中，外此皆為知識形態之真、善、美，非但不能講圓成，更無法合一。但海德格爾所講的"畏""震動""回應"等只是對外在的絕對的"一"嚮往，並沒有如實地開出真正的心性工夫，何以故？因為限於西方之文化傳統，海德格爾等哲人只是嚮往一個外在的絕對的"一"，而不能向人自身開發心性大源使其落實下來，這樣，外在獨大而人身空虛無根基。[①]由此，西方始終不講工夫之學，真、善、美的圓成與合一亦隨之落空。若使之不落空，必須扭轉之，落實在天道與性命相貫通的文化精神之中，這正是中國文化的勝場。

中國文化的根本精神就是"天道與性命相貫通"，這是一個既有外在超越，又有內在根基的文化形態。有外在超越，表明中國文化不會只是限於感覺經驗，而有絕對的"一"之嚮往與皈依；有內在的根基，則人之於這個絕對的"一"有切實的把握與直覺，不會像西方文化傳統那樣，或為落入概念的想像與猜度，或為落入經驗事物的比附與誇飾。這種精神在孔子那裏得到了完美的體現，他曾說："不怨天，不尤人。下學而上達。知我者，其天乎！"（《論語·憲問》）通過下學之工夫而上達天道，既而證會而與之合一，是謂"知我者，其天乎"。但孔子是悟道的聖人，他只是以德行來擔負天道，既而在行為中貫徹這種文化精神，而沒有在義理上作進一步的開決。這種文化精神上作義理上的開決

---

① 外在獨大而人身空虛而無根基，則上帝之於人或為知識上的懸設，或為信仰上的對象。前者以康德為代表，後者為基督徒。前者固不必言，後者似乎亦是一種工夫，但因人身空虛無根基，則信仰完全靠外在的儀式與規範促成，從而多下滑為虛浮的形式與格套。因此，在西方像施萊爾馬赫、W.C.史密斯等人分別在其著作《論宗教》《宗教的意義與終結》中把宗教作了一種類似心性學的轉換，本書後面將有所論述。

由子思及孟子來完成的。

一方面，天道下貫至於人之性命。《中庸》開首即云：

> 天命之謂性，率性之謂道，修道之謂教。道也者，不可須臾離也，
> 可離非道也。

這是說天命（天道）下貫而為人之性，人全盡而圓滿這個"性"就是天道（天命），故天道可以在自家生命裏"修"出來，進而以此"修"出來的"道"來提撕生活、照亮人生。故云"道也者，不可須臾離也，可離非道也"，這是說"道"不能離開生活而外在地孤懸，同時，生活亦不能沒有"道"的潤澤而沉淪。這樣看來，天道不可一味地孤懸在外，一定要下貫下來內在於人的生命而由人來體悟證會之。

另一方面，人若能盡"心"實"性"則一定可上達"天道"。《孟子·盡心上》開首即云：

> 盡其心者，知其性也。知其性，則知天矣。存其心，養其性，
> 所以事天也。夭壽不貳，修身以俟之，所以立命也。

"心"是人切實可把握的"大體"。"盡心"就是讓這個大體圓滿而充實起來，由此即可知人之"性"，天之"道"。這樣，人的使命就是存養這個"心"，修習這個"性"，以奉天道。這是人的天職，與貧富窮達無關，亦即是絕對命令。

這樣，通過子思與孟子的剖判把中國文化之天道與性命相貫通的精神在義理系統上給徹底欽定下來。通過上（天道）下（心、性）兩層的契合，既有超越的向度，又有內在的根基。但是這個兩個維度並不是平衡的，因為對於人來說可切實把握的是那內在的根基，而那超越的向度是那內在根基充盡圓實後的必然結果。費爾巴哈就曾經有這樣的思想，他說：

> 屬神的本質不是別的，正就是屬人的本質，或者，說得更好一些，
> 正就是人的本質，而這個本質，突破了個體的，現實的，屬肉體的
> 人的局限，被對象化為一個另外的，不同於它的、獨自的本質，並
> 作為這樣的本質而受到仰望和敬拜。因而，屬神的本質之一切規定，

都是屬人的本質之規定。①

屬神的本質就是人的本質，這裏的"就是"應該是"等同"之意，不應是指：人的本質為真實而神的本質根本為虛妄，以人的本質來消解神的本質。但費爾巴哈似乎有此種意思，他說："每一個存在者，在自身之中和對於自身來說，都是無限的，都在它自身之中有自己的上帝，自己的最高本質。"② 每一個存在者固然有自己的上帝、自己的最高本質，但這個"上帝"、這個最高本質不是殊別的各異的，而是來自那絕對的"一"，吾人不能因為有自己的上帝、自己的最高本質而盲顧或抹殺那個外在的絕對的"一"。吾人只能說，修持靈現吾人自身之上帝、自身之最高本質，才能契悟那個絕對的"一"，不然，就徹底摒棄了宗教。但對於宗教而言，修持與存養內在的根基，在自家生命裏靈現自身之上帝、自身之最高本質比盲目地信仰外在的絕對的"一"更為重要，或者說，只有修持與存養內在的根基，外在的絕對的"一"才是真切圓實的，否則，就是孤懸的冥暗。中國文化特別是儒道釋三家都不反宗教，更不是無神論，但它們都不執著於外在的絕對的"一"，而是用力於內在的根基處，卻是事實。故程明道曰："只心便是天，盡之便知性，知性便知天。當處便認取，更不可外求。"（《二程遺書》卷二上）這裏的"知"是"直覺"之意，非知道、知解之意。即以"心"直覺到那個絕對的"一"——"天"，不可外在的孤懸地求取"天"。盡心而充其極，則一定可契悟"天"。盡心篤實，則"天"亦圓實；盡心虛欠，則"天"亦孤懸。由此，只能使宗教更加堅挺與圓實，若以為它們由此即不是宗教，其至根本反宗教，乃不經之讕言也。

正因為如此，中國文化之大端即落在存養與修持人之內在根基上。這個內在根基由孟子道出"性善"與"四端之心"而徹底表詮出來。孟子與告子爭論，力主"性善"之說，這裏的"性善"不是倫理學意義上的，而是存在論上的。而其"四端之心"之說更表明了其存在論上的意義。孟子說：

> 由是觀之，無惻隱之心非人也，無羞惡之心非人也，無辭讓之心非人也，無是非之心非人也。惻隱之心，仁之端也；羞惡之心，

---

① 費爾巴哈：《基督教的本質》，榮震華譯，商務印書館 1997 年版，第 44 頁。
② 費爾巴哈：《基督教的本質》，榮震華譯，商務印書館 1997 年版，第 36 頁。

義之端也；辭讓之心，禮之端也；是非之心，智之端也。人之有是
四端也，猶其有四體也。有是四端而自謂不能者，自賊者也；謂其
君不能者，賊其君者也。凡有四端於我者，知皆擴而充之矣，若火
之始然、泉之始達。（《孟子·公孫丑上》）

在孟子看來，人之"四端之心"如人之四肢一樣，乃先天地固有，非依
經驗學習而來，若"四端之心"由經驗襲取而來，則不一定人人皆有，那麼，
也就不能說無"四端之心"就一定不是人，因為經驗總是偶然的。故孟子又說：

惻隱之心，人皆有之；羞惡之心，人皆有之；恭敬之心，人皆有之；
是非之心，人皆有之。惻隱之心，仁也；羞惡之心，義也；恭敬之心，
禮也；是非之心，智也。仁義禮智，非由外鑠我也，我固有之也，
弗思耳矣。故曰：求則得之，舍則失之。或相倍蓰而無算者，不能
盡其才者也。《詩》曰："天生蒸民，有物有則。民之秉彝，好是
懿德。"孔子曰："為此詩者，其知道乎！故有物必有則，民之秉
彝也，故好是懿德。"（《孟子·告子上》）

仁義禮智四端，乃吾人天生而固有，只要存養工夫篤實，就一定可以直
覺到這"四端"，而現實中人們之所以"四端"之表現差異如此之大，乃因
存養工夫的差別，非先天地有無"四端"之差別也。"四端"作為人這種存
在者之先天原則，已經給了所有的人，"有物必有則"即此意也。但這個"端"
只是一個稚嫩的"根苗"，若要讓其在生活中全盡地表現出來，則須竭力作
存養工夫，如是，則火始可燃，泉始可達。但無論如何，因"四端之心"之
固有，就給了吾人契悟"天道"的根基，此為人之良知良能。故孟子曰："人
之所不學而能者，其良能也。所不慮而知者，其良知也。"（《孟子·告子
下》）既然先天地有此良知與良能，則人人必應契悟天道，人人必可契悟天道。
由於這個"四端之心"之存在，海德格爾所說的"震動""回應"人人可能，
亦人人必能。孟子曰：

所以謂人皆有不忍人之心者，今人乍見孺子將入於井，皆有怵
惕惻隱之心；非所以內交於孺子之父母也，非所以要譽於鄉黨朋友也，

非惡其聲而然也。（《孟子·公孫丑上》）

"不忍人之心"就是內在根基，其必然有震動，其震動是自身之震動，非外求於他也（"非所以內交於孺子之父母也，非所以要譽於鄉黨朋友也"，即是此意）。所謂"震動"就是直覺自身既而發其大能、業力與行動。故孟子又曰：

舜之居深山之中，與木石居，與鹿豕遊，其所以異於深山之野人者幾希。及其聞一善言，見一善行，若決江河，沛然莫之能禦也。（《孟子·盡心上》）

舜深居山中，看似與野人無異，但因為作為人的舜有內在的根基，故一旦機緣觸發或工夫到家，就能發出無限的業力與能量，此即"若決江河，沛然莫之能禦"者也。前面提到，海德格爾曾說"原始的畏任何時候都可以在此在中甦醒"，這似乎是說"畏"有原始的根基，但海德格爾始終未能點出那個根基，是以工夫之學闕如也。由此，心之大能與業力亦不能真正呈現。但在中國文化中，一切皆維繫於這個根基。孟子說：

廣土眾民，君子欲之，所樂不存焉。中天下而立，定四海之民，君子樂之，所性不存焉。君子所性，雖大行不加焉，雖窮居不損焉，分定故也。君子所性，仁義禮智根於心。其生色也，睟然見於面、盎於背。施於四體，四體不言而喻。（《孟子·盡心上》）

仕孟子看來，這個內在的根基是君子"所欲"的根本、"所樂"的根本，外在的"廣土眾民""中天下而立，定四海之民"根本不能與之相比，因為這種"所欲"與"所樂"有人性的根基，與境遇的貧賤窮通無與，有絕對的普遍性。故孟子又曰："人人有貴於己者，弗思耳矣。"（《孟子·告子上》）此即為"君子所性，雖大行不加焉，雖窮居不損焉，分定故也"之意。同時，這個根基一定會在人自身生發純化生命，復由此而照亮乾坤、朗澈世界的大用。此即是"君子所性，仁義禮智根於心。其生色也，睟然見於面、盎於背。施於四體，四體不言而喻"之意。

我們說過，孟子之"性善"與"四端"之說並不是倫理學上的，而是存在論上的，這意味著"四端之心"不是一個倫理學上的形式概念，而是一個絕對的超越實體，其為超越是內在的超越。所謂"內在"乃指吾人生命所先天固有，所謂"超越"乃至充其極即可與"天道"契合，此同於海德格爾所說的"在畏中，存在者整體以離形去智同於大通"。"四端之心"作為一個內在的超越實體，一定可以在吾人的存養工夫中直覺到，既而顯現出來。故孟子曰："求則得之，舍則失之。"（《孟子·告子上》）此即是說，若吾人在存養工夫中求取，一定可直覺到。孟子復曰：

> 耳目之官不思，而蔽於物。物交物，則引之而已矣。心之官則思。思則得之，不思則不得也。此天之所與我者，先立乎其大者，則其小者不能奪也。（《孟子·告子上》）

"耳目"只有被動地感受外物之能力，但作為具"四端"之大能的心，卻可以直覺到自身。這裏的"思"不是"思考"之意，而是開啟大能而直覺之意。心開啟大能而直覺，不但直覺到自身，而且能直覺到"天道"。此時，"天道"不是一個概念性的形式存在，而是一個質實的實體存在，人們確實實在地"看"到了祂的威嚴、光輝與美境。

因此，在中國天道與性命相貫通的文化精神中，孟子"性善"說出，點出"四端之心"，這不單單是討論人性的問題，且有開宗立教之效驗，可名之曰"宗教動力學"。這可以說是孟子對中國文化作出的"不廢江河萬古流"的貢獻。陽明先生《詠良知》詩有云："人人自有定盤針，萬化根源總在心。卻笑從前顛倒見，枝枝葉葉外頭尋。"（《王陽明全集》卷二十）這是告訴我們人人皆有一個生命之內的"無盡藏"，切勿輕忽錯過或廢棄不用。從此，只要吾人存養篤實，就一定能把握到"四端之心"；只要吾人工夫充盈，就一定要直覺到"天道"。這些皆是真切無妄的證會，惟在吾人之存養工夫如何也。故程子曰："心具天德，心有不盡處，便是天德處未能盡，何緣知性知天？"（《二程遺書》卷第五）因此，最難處在工夫。朱子曰："講學固不可無，須是更去自己分上做工夫。若只管說，不過一兩日都說盡了，只是工夫難。"（《朱子語類》卷十三）明儒吳康齋先生亦曰："日來甚悟中字之好，只是工夫難也，然不可不勉。康節詩云：'拔山蓋世稱才力，到此分毫強得乎？'"（《明儒學案》卷四）工夫雖難，只要竭力做將去，總會有覺悟證會之時，若工夫不到，亦絲毫勉強不得。人有了這個"四端之心"的"無盡藏"，就一定使得人的生命決不只是限於一個六尺之軀的形氣生命，而是直通宇宙造化之根源而無限。《周易·乾文言》云："夫大人者，與天地合其德，與日月合其明，與四時合其序，與鬼神合其吉凶。"並非虛言也。象山先生曰："宇宙不曾限隔人，人自限隔宇宙。"（《象山語錄》卷一）工夫篤實，則人可直通宇宙，不然，自我限隔而為形氣之小我。程子曰："人於天地間，並無窒礙處，大小大快活。"（《二程遺書》卷十五）人有這個"四端之心"就一定是天地間一個"大快活"之人。若"四端之心"靈現，則"天地變化，草木蕃"；若"四端之心"沉寂，則"天地閉，賢人隱"。（《周易·坤文言》）所以，"四端之心"這個超越而內在的實體乃人類精神實踐的根本基點，而不是外在孤懸的絕對實體，無論是上帝還是別的形態的絕對的"一"。

我們現在再回到美的問題上來。上面對中國文化之基本精神的陳述與縷析，乃是為了找到美的基點，從而對美進行奠基。通過上面的分析可知，唯有"四端之心"方可為美進行奠基。《孟子·盡心下》有這樣一段話：

> 可欲之謂善，有諸己之謂信，充實之謂美。充實而有光輝之謂大，大而化之之謂聖，聖而不可知之之謂神。

這裏的"信"即是"真"。孟子從"可欲"說"善"，從"有諸己"說"真"，從"充實"說"美"，這與一般的論真、善、美不同。為什麼"可欲"就是"善"呢？可欲的東西很多，"富貴""爵祿"都是可欲的對象，難道這些東西都是"善"嗎？顯而易見的是，"富貴"與"爵祿"不可能一般地說是善的，有時甚至是罪惡。但孟子為什麼依然說"可欲"就是善呢？"可欲"到底是什麼意思？顯然，"可欲"不可從外在的對象說，須從"四端之心"處說，只有"可欲"那"四端之心"才是絕對的善的，孟子稱之為"天爵"，外在的"富貴"與"爵祿"則稱之為"人爵"。"天爵"為絕對的善，而"人爵"則未必。這正如康德所說："在世界之內，或甚至其外，除一善的意志外，沒有什麼可能被思議的東西它能被稱為善而無限制（或無任何限制而即能被稱為善）。"[①]明顯地，孟子之"可欲之謂善"

---

① 　康德：《道德底形上學之基本原則》，牟宗三譯：《康德的道德哲學》，臺灣學生書局1982年版，第15頁。

之說乃切就"四端之心"而言的，外此，不可曰"可欲之謂善"。同樣地，"有諸己之謂信"與"充實之謂美"亦是切就"四端之心"說"真"與"美"。"四端之心"乃"天之與我"之"大體"，袛確立了"我"的價值與尊嚴，有此，"我"乃為"真"，其餘之"我"皆為"假我"。故"有諸己之謂信"的意思是：從"四端之心"而發者才是"真"。"美"亦如是，它並非是一個外在的觀賞對象，而是讓"四端之心"充實圓滿起來，既而去證會那人生宇宙之"大道"，若"大道"不能在人生中顯現，如何可以說是美的人生呢？故孔子曰："志於道，據於德，依於仁，游於藝。"（《論語·述而》）"游於藝"的美麗人生一定是從"志於道"開始的，外此別無美麗人生。真、善、美作為人的精神實踐一定切就"四端之心"說，但這裏的真、善、美並不是分殊的科學或學問。依海德格爾的看法，科學與學問並不能有真正的精神實踐，但這"不能"正是科學與學問的長處，"正是這一長處確保它有可能以研究的方式進入其對象的領域，並在其中安居樂業"。①也即是說，科學與學問不作精神實踐確保了它們能獲得自身領域內的確定的知識。但人們在獲得確定的知識的同時，精神實踐中的東西即扭身而去。"充實而有光輝之謂大，大而化之之謂聖，聖而不可知之之謂神"皆是就真、善、美的精神實踐而言的，此時的真、善、美不是分殊的科學或學問，而是不知何為"真"、何為"善"、何為"美"？這才是"大而化之"的聖境，這裏才有"不可知之"的神用。這是"不言而信"的"真"，"不勉而行"的"善"，"神明之容"的"美"，這是真、善、美的淳化與合一，是美的極致。但這美不是對象，而是聖人的德行與生活。

　　　　子溫而厲，威而不猛，恭而安。（《論語·述而》）
　　　　夫子之得邦家者，所謂立之斯立，道之斯行，綏之斯來，動之斯和。
（《論語·子張》）

這是聖人的德行。

　　　　子之燕居，申申如也，夭夭如也。（《論語·述而》）
　　　　莫春者，春服既成。冠者五六人，童子六七人，浴乎沂，風乎舞雩，

---

①　海德格爾：《什麽召喚思》，孫周興選編：《海德格爾選集》，上海三聯書店 1996 年版，第 1209 頁。

詠而歸。（《論語·先進》）

這是聖人的生活。明儒羅近溪曰：

> 惟聖人迎其幾而默識之，是能以虛靈之獨覺，妙契大始之精微；
> 純亦不已，而命天命也；生化無方，而性天性也；終焉神明不測，
> 而心固天心，人亦天人也。（《盱壇直詮》上卷）

聖人之能妙契大始之精微，乃在其"四端之心"之靈現，存而養之，擴而充之，則心乃天心，人必天人。這便呼應了吾人前面所說的"美乃是與絕對的'一'作存在的呼應，既而純化自家生命，照亮乾坤、朗澈世界"的根本主旨。美雖是聖人的德行與生活，但因"四端之心"乃人人所固有，故聖人人人皆可能，是以聖人的德行與生活亦即美必能靈現於吾人的精神實踐中，唯在吾人之工夫如何也。由此，美的奠基得以完成。"四端之心"自身不是美，但"四端之心"讓……美"到來"，這"到來"的美就是真、善、美合一的聖域。故美必然在中國傳統的心性工夫精神中，一切觀賞的、想像的、構造的美都是技術性的，只有情趣性的憩息或遊戲，決不會有精神的震動與回應，故皆虛而不實，亦不足以談精神實踐與審美教育。

通過本章之奠基之後，吾人得出的結論就是：中國傳統的心性工夫之學才是美學，且只有這種心性工夫之學才是美學，如果吾人認同美學不是一種技巧之學，而是柏拉圖所說的一種深密教義的話。

以下各章只是為了引證這個結論或者在這個結論的基礎上加以展開的。

第二章　心性學與精神的表現及
美的究竟義

　　"美學"（Aesthetic）作為一門科學，雖然直到 18 世紀後半葉才被當作一個獨立領域進入學人的理論研究中。但"美"（Beauty）的問題卻要古老得多，早在蘇格拉底時代，希臘思想家們就開始對美的問題進行思考和辯論了。然而，遺憾的是："到現在為止，我們還不能說有哪一個美的定義得到了舉世公認。"[①]正是在這個意義上，柏拉圖才說："美是難的。"[②] 也正是在這個意義上，康德才說："沒有關於美的科學，只有關於美的評判；……因為關於美的科學，在它裏面就須科學地，這就是通過證明指出，某一物是否可以被認為美。那麼，對於美的評判將不是鑒賞判斷，如果它隸屬於科學的話。"[③] 不管歷史上關於美的定義或理論如何分殊不一，但有一點是共同的，即都把美的問題與藝術關聯起來。本章不就這種關聯作出研究與評價，只試圖從精神表現的角度獨闢蹊徑，開出理解美的一個新向度。本章之所以拋開藝術而只從精神表現上來討論美的問題，是基於這樣的考慮：即因為藝術——無論就創造或鑒賞而言——需要有特殊的才能，並非人人可行，不具有普遍性，因此它是一種基於能力的技藝學。而精神的表現則是生命內蘊的存潛與涵養，人人可行，具有普遍性，故它是一種基於心靈的實踐。這種精神實踐在中國文化傳統中稱為心性學。這樣，若把美與這種心性學而不是藝術掛搭起來，則即使一個人

---

① 　鮑桑葵：《美學史》，張今譯，商務印書館 1985 年版，第 9 頁。
② 　《朱光潛全集》，安徽教育出版社 1991 年版，第 181 頁。
③ 　康德：《判斷力批判》上卷，宗白華譯，商務印書館 1987 年版，第 150 頁。

無藝術的創造或鑒賞的才能，也並不取消他涵養精神時所體驗到的愉悅。由此，美學亦被當作一種實踐哲學來看待。

本章嘗試依據中國傳統的心性學而從精神表現這一向度來討論美，是受到黑格爾"藝術終結"論的啟發。"藝術終結"是黑格爾卷帙繁浩的《美學》中的一個總括性的結論，他在書中多次提到：

> 藝術創作以及其作品所特有的方式已經不再能滿足我們最高的要求；我們已經超越了奉藝術作品為神聖而對之崇拜的階段；藝術作品所產生的影響是一種較偏於理智方面的，藝術在我們心裏所激發的感情需要一種更高的測驗標準和從另一方面來的證實。思考和反省已經比美的藝術飛得更高了。[①] 從這一切方面看，就它的最高的職能來說，藝術對於我們現代人已是過去了的事了。[②] 因為藝術本身還有一種局限，因此要超越這局限而達到更高的認識形式。這種局限說明了我們在現代生活裏經常所給藝術的地位。我們現在已不再把藝術看作體現真實的最高方式。[③]

對於黑格爾的這個總括性的論斷，就筆者所知，並未引起我國美學界（港臺學者在這一方面的研究，因資料所限，筆者尚未關照到）的足夠重視。講授或研究黑格爾美學的人一般未注意此一問題，即便是偶爾論及，亦多是不相干的誤解，就連黑格爾《美學》的中譯者朱光潛先生和德國古典美學研究專家蔣孔陽先生也是如此：

> 黑格爾卻從資產階級文藝的解體就斷定文藝本身也就必然解體。這種論斷是不能成立的。首先這種論斷就否定了黑格爾本人的辯證發展由低級逐漸上升到高級的觀點。象徵型藝術和古典型藝術不是也都有過解體階段而過渡到較高一級的新型藝術嗎？何以浪漫型的資產階級藝術解體之後就不能過渡到更高一級的新型藝術呢？
> ……他想像不到資產階級文藝解體之後還會有更高一級的社會

---

① 黑格爾：《美學》第一卷，朱光潛譯，商務印書館 1979 年版，第 13 頁。
② 黑格爾：《美學》第一卷，朱光潛譯，商務印書館 1979 年版，第 15 頁。
③ 黑格爾：《美學》第一卷，朱光潛譯，商務印書館 1979 年版，第 131 頁。

主義文藝，……整部世界文藝史已徹底推翻了這種荒謬的悲觀論調。①

　　他（指黑格爾）對藝術的前途悲觀。他認為藝術的黃金時代已經一去不復返了。這就明顯的是反歷史的、錯誤的了。……黑格爾卻從它的客觀唯心主義出發，認為藝術的衰落是絕對理念發展的過程中所必然會帶來的，它是宿命的、不可避免的，因此，帶有濃厚的神秘主義的色彩。那就是說，藝術發展的本身，就註定了它必然衰亡的命運。這就錯誤極了。②

　　然而，問題是：黑格爾"藝術終結"的觀點是說藝術不再有存在或發展的可能性了嗎？非也。黑格爾明說：

　　　　我們儘管可以希望藝術還會蒸蒸日上，日趨於完善，但是藝術的形式已不復是心靈的最高需要了。我們儘管覺得希臘神像還很優美，天父、基督和瑪利亞在藝術裏也表現得很莊嚴完善，但是這都是徒然的，我們不再屈膝膜拜了。③

這就是說，藝術自會日益發展、日趨完善，但儘管如此，對於心靈的最高需要來說，藝術不能再使我們滿足而屈膝膜拜了。可見，黑格爾的"藝術終結"論根本不是在談藝術自身的問題，而是在談精神表現的問題。故所謂黑格爾在藝術上表現出悲觀論、宿命論或神秘主義，根本是不相干的誤解，沒有理解黑格爾"藝術終結"論的實質。真正對這一論斷頗有見地的中國學人是薛華先生，他在《黑格爾關於藝術終結的論點》一文中說："（黑格爾）並沒有否定藝術繼續存在和發展的可能，而只是否定藝術繼續作為人類最高精神需要的可能。因此藝術的終結意味著它作為真理最高表現形式的終結，藝術的過去性意味著它作為民族最高的精神需要成為過去。"④但遺憾的是，薛華先生儘管意識到了黑格爾是在精神的最高需要上來談藝術的終結問題，但他在文中依然在討論浪漫藝術解體後的藝術發展問題，而沒有沿著精神的

① 朱光潛：《譯後記》，黑格爾：《美學》第三卷下，商務印書館 1996 年版，第 354 頁。
② 蔣孔陽：《德國古典美學》，商務印書館 2005 年版，第 269 頁。
③ 黑格爾：《美學》第一卷，朱光潛譯，商務印書館 1979 年版，第 132 頁。
④ 薛華：《黑格爾與藝術終結》，中國社會科學出版社 1986 年版，第 29 頁。

路向來談美的問題。雖然他的這種討論無不具有意義，但正如他自己所言，這只不過是"解釋和運用黑格爾思想"，而不是"黑格爾思想的解釋和運用"。①亦即薛華先生仍然沒有依黑格爾的論斷走出藝術問題而拓展對這種論斷的解釋和運用。

真正拓展這種論斷而作出創造性的解釋和運用的是海德格爾。他在《藝術作品的本源》之"後記"中談到黑格爾的這一論斷時說：

> 儘管我們可以確認，自從黑格爾於 1828 年—1829 年冬季在柏林大學作最後一次美學講座以來，我們已經看到了許多新的藝術作品和新的藝術思潮；但是，我們不能借此來回避黑格爾在上述命題（指藝術終結）中所下的判詞。黑格爾決不想否認可能還會出現新的藝術作品和藝術思潮。然而，問題依然是：藝術依然是對我們的歷史性此在來說決定性的真理的一種基本的和必然的發生方式嗎？或者，藝術壓根兒不再是這種方式了？②

也就是說，在海德格爾看來，黑格爾的論斷並不是在討論藝術自身的變化發展問題，"如果要對黑格爾的判詞作出裁決，那麼這種裁決乃是出於這種存在者之真理並對這種真理作出裁決"③，即黑格爾的論斷是對自古希臘以降西方傳統的真理觀的判詞。這樣，海德格爾扭轉了西方傳統的存在者之真理觀，認為真理是存在之真理，是存在者之為存在者的無蔽狀態，而美是存在之真理的自行發生。由此，美便與存在問題而不是與藝術欣賞關涉起來。這可以說是對黑格爾論斷的一種創造性的開拓。

但本章不取海德格爾的思路——因為這種思路畢竟離黑格爾的思想太遠，有過度詮釋之嫌——而取精神表現這一路向，因為精神乃是黑格爾哲學的中心觀念。但一旦把美與精神表現關聯起來，立見黑格爾從思辯哲學的路數來論說精神表現並不具有這種關聯（因為這裏的精神是思辯性的概念，不具感性特質，故與美關聯不上），由此接上了儒家從道德踐履來談精神表現之境界的路數，而程伊川的"作文害道"說正意謂：藝術並不能表現這種道，即

---

① 薛華：《黑格爾與藝術終結》，中國社會科學出版社 1986 年版，第 42 頁。
② 海德格爾：《藝術作品的本源》，孫周興選編：《海德格爾選集》，上海三聯書店 1996 年版，第 301 頁。
③ 海德格爾：《藝術作品的本源》，孫周興選編：《海德格爾選集》，上海三聯書店 1996 年版，第 301 頁。

不能表現這種最高最美的道德精神境界（因為境界是感性的，可與美關聯得上），而須人通過道德踐履的工夫來表現。也就是說，美學就是心性學。這樣，美不僅可以拋開藝術而只與精神表現相關聯，而且美學作為實踐哲學亦最終得以證成。

一、精神的表現與黑格爾的"藝術終結"論

《黑格爾傳》的作者阿爾森·古留加在論黑格爾的美學時說："不能說黑格爾不懂得他那個時代的新興藝術，但是怎麼也不能使他擺脫根深蒂固的偏見，那個偏見是由一整套觀點所支持的：藝術的世紀已經過去，宗教與科學的時代已經來臨。黑格爾給藝術宣佈了死刑，但這個死刑並沒有執行。"[1] 雖然這依然是對黑格爾的誤解，但卻提出了一個觀點，即黑格爾的這個論斷是"由一整套觀點所支持的"。這就告訴我們，只有解析出了這個論斷的必然性以後，才能真正理解黑格爾這個論斷。所以，要理解黑格爾的"藝術終結"論，必須理解黑格爾美學的中心論題："美就是理念的感性顯現。"[2] 而要理解這個中心論題，必須要理解黑格爾的整個哲學系統，因為在他看來，"在任何一門知識或科學裏按其內容來說可以稱之為真理的東西，也只有當它由哲學產生出來的時候，才配得上真理這個名稱；……如果沒有哲學，它們在其自身是不能有生命、精神、真理的。"[3] 由此可以說，黑格爾的美學是其哲學的重要組成部分，他的美學的所有結論都蘊涵著黑格爾的哲學智慧與洞見，只有弄清了他的這些哲學智慧與洞見以後，才能真正理解黑格爾的美學。然而，要理解黑格爾的哲學，須自《精神現象學》始，因為它是"黑格爾哲學的真正誕生地和秘密"；[4] 是"黑格爾的聖經"。[5] 從這個意義上說，《精神現象學》就不僅僅是黑格爾一部著作的名稱，他的整個哲學都可以說是一種"精神現象學"。他的《哲學史講演錄》是精神在整個哲學世界中的發展歷程；《歷史哲學》是精神在整個人類歷史世界中的發展歷程；《美學》是精神在整個藝術世界中的發展歷程。因此，只有在這種"精神現象學"之內，才能真正

① 阿爾森·古留加：《黑格爾傳》，劉半九、伯幼等譯，商務印書館 1978 年版，第 140 頁。
② 黑格爾：《美學》第一卷，朱光潛譯，商務印書館 1979 年版，第 142 頁。
③ 黑格爾：《精神現象學》上卷，賀麟、王玖興譯，商務印書館 1997 年版，第 46 頁。
④ 《馬克思恩格斯全集》第 42 卷，人民出版社 1979 年版，第 159 頁。
⑤ 《馬克思恩格斯全集》第 3 卷，人民出版社 1972 年版，第 163 頁。

理解黑格爾所說的"美是理念的感性顯現"，既而理解他的"藝術終結"論。我們現在就來看一看，這種"精神現象學"具有怎樣的哲學內蘊？是否必然隱含著"藝術終結"論的因素？

黑格爾認為，哲學是關於絕對真理的學說。但真理是一個科學的體系，不是一種單純的結論。他說："揭露出哲學如何在時間裏升高為科學體系，這將是懷有使哲學達到科學體系這一目的的那些試圖的唯一真實的辯護。"① 顯然，黑格爾的這種哲學思路是針對謝林哲學而言。謝林也認為，哲學在於認識"絕對"，但謝林哲學是一種直觀哲學，認識"絕對"的方法是直觀，無須通過漫長曲折的時間旅程。黑格爾自然對這種獨斷論不滿，他說："如果只作斷言，那麼科學等於聲明它自己的價值與力量全在於它的存在，但不真的知識恰恰也是訴諸它的存在而斷言科學在它看來一文不值的；一個赤裸的枯燥的斷言，只能跟另一個斷言具有完全一樣多的價值而已。"② 如果說，康德是用先驗的批判來反對獨斷論，黑格爾則是用經驗的批判來反對獨斷論。在黑格爾看來，獨斷論中的"絕對"因為沒有展開過程，故只是一種抽象的自在，惟有在時間現象的歷史進程中展現其不同形態的系列，才是自在而自為的存在，才能認識它自己。他說："靈魂在這個道路上穿過它自己的本性給它預定下來的一聯串的過站，即經歷它自己的一系列的形態，從而純化了自己，變成為精神；因為靈魂充分地或完全地經驗了它自己以後，就認識到它自己的自在。"③ 精神通過這一系列的過程以後，才能真正回歸到自己，此時便是絕對精神或絕對知識，這是主體與客體的完全同一。但在此之前，主體與客體總處在既統一又對立之中。之所以能統一，是因為在歷史進程中主體總能找到恰當顯現自己的客體；之所以又對立，乃因為主體是一活的實體，它總是向它的最高存在形成——純粹思想——進發，因此它總是要解除客體的沉重的物質束縛，邁向物質束縛較少的下一站，直至最後這種客體的物質束縛完全解除，實現主客體的完全同一，這便是絕對精神的到達或絕對知識的獲得，人的精神在此臻於最高境界。當精神到達絕對精神時，便不再在時間中了。黑格爾說："精神必然地表現在時間中，而且只要它沒有把握到它的純粹概

---

① 黑格爾：《精神現象學》上卷，賀麟、王玖興譯，商務印書館1997年版，第3頁。

② 黑格爾：《精神現象學》上卷，賀麟、王玖興譯，商務印書館1997年版，第54頁。

③ 黑格爾：《精神現象學》上卷，賀麟、王玖興譯，商務印書館1997年版，第54頁。

念，這就是說，沒有把時間消滅 [揚棄]，它就會一直表現在時間中。……在概念把握住自身時，它就揚棄它的時間形式。"① "到這個時候，精神現象學就終結了。"② 精神現象學的終結，意味著精神發展的完成，絕對知識的到達。前面說過，黑格爾的整個哲學體系是一種精神現象學，則當到達絕對知識時，精神現象學的終結就意味著哲學、歷史、藝術皆終結。因為精神已達到了它的最高階段，不能再有發展了。因此，這裏的 "終結" 意味著最高理想的實現，這不但不是一種悲觀主義，而且是一種高超的理想主義。儘管黑格爾最終沒有擺脫西方思辯形而上學的傳統框架，而把人引向了抽象的概念世界，使得他的這種理想主義變得蒼白枯燥，貧乏無力。③ 但我們應做的是如何救治他的這種蒼白枯燥，貧乏無力，而不是抹殺其中的理想主義因素，更不可以悲觀主義目之而不去正視其中的微言大義。

從上面的論述中我們可以看出，黑格爾的哲學系統中自身即必然隱含著 "藝術終結" 的因素，但這只具有積極的意義，並不具有消極的意義。下面再從黑格爾的美學自身來看，是否必然會導致 "藝術終結" 論。黑格爾美學的中心論題是：美是理念的感性顯現。這個論題與 "藝術終結" 論是二而一，一而二的，亦即 "美是理念的感性顯現" 是 "藝術終結" 論的必然預示。何以會如此呢？這就有必要挖掘一下黑格爾美學所隱含的精義了。

黑格爾反對以 Aesthetic 作為美學的名稱，因為 Aesthetic 是研究感覺或情感的科學，易使人從愉快、驚贊、恐懼、哀憐之類的情感去看待藝術作品。他認為，美學的正當名稱應該是 "藝術哲學"，但 "藝術哲學沒有任務要替藝術家開方劑，而是要闡明美一般說來究竟是什麼，它如何體現在實際藝術作品裏，卻沒有意思要定出方劑式的規則"。④ 這樣，藝術哲學即美學便成了一種認識論。"藝術的真正職責就在於說明人認識到心靈的最高旨趣。從此可知，就內容方面說，美的藝術不想在想像的無拘無礙境界，因為這些心靈的旨趣決定了藝術內容的基礎，儘管形式和形狀可以千變萬化。"⑤ 如果說，哲學的目的在於認識和把握絕對（即心靈的最高旨趣）的話，那麼作為其分

---

① 黑格爾：《精神現象學》下卷，賀麟、王玖興譯，商務印書館 1997 年版，第 268 頁。

② 黑格爾：《精神現象學》上卷，賀麟、王玖興譯，商務印書館 1997 年版，第 24 頁。

③ 張世英：《自我實現的歷程——解讀黑格爾〈精神現象學〉》，山東人民出版社 2001 年版，第 217 頁。

④ 黑格爾：《美學》第一卷，朱光潛譯，商務印書館 1979 年版，第 23 頁。

⑤ 黑格爾：《美學》第一卷，朱光潛譯，商務印書館 1979 年版，第 17 頁。

支的藝術哲學自然不能逸出於此目的之外。正是在此基礎上，黑格爾對藝術的"摹仿自然說"和"激發情緒說"予以了猛烈的批評，進而提出了"更高的實體性的目的說"。對於"摹仿自然說"，黑格爾認為，如果藝術是為了摹狀出一個酷肖自然的表像，即便是相當成功，它也是落在自然的後面。"靠單純的摹仿，藝術總不能和自然競爭，它和自然競爭，那就象一隻小蟲爬著去追大象。"[①] 因此，藝術的目的決不是單純對自然的摹仿，因為它在一切情況下都只能產生技巧方面的巧戲法，而不能產生真正的藝術作品。此時藝術的唯一判准就是看是否有精湛的技巧使摹仿正確酷肖，而藝術本應承載的嚴肅內容卻被看成毫不重要了。對於"激發情緒說"，黑格爾認為，如果藝術的目的是——為了喚醒各種本來睡著的情緒、願望和情欲，使它們再活躍起來，把心填滿，以其四方八面的豐富內容去彌補我們生活經驗的缺失，進而使我們對人生經驗中的一切現象有靈敏的感受力——的話，那麼，"藝術拿來感動心靈的東西就可好可壞，既可以強化心靈，把人引到最高尚的方向，也可以弱化心靈，把人引到最淫蕩、最自私的情欲，所以上述見解替藝術所規定的任務仍然完全是形式的，藝術還是沒有一個確定的目的，對一切可能的內容和意蘊就只能提供一種空洞的形式"。[②] 從黑格爾的批判中可知，若藝術僅限於上述兩種目的，則藝術的內容是飄搖不定的，完全聽命於偶然現象。這樣的藝術當然不會終結，因為偶然現象層出不窮。但問題是：這樣的藝術能在黑格爾的藝術哲學中佔有一席之地嗎？同表現心靈的最高旨趣（絕對）的藝術相比，這樣的藝術只是一些意見的展覽。"無論我們從這類的博學和思想活動裏能夠得到多少益處。還有什麼東西能夠比學習一系列的單純意見更為無用嗎？還有什麼東西比這更為無聊嗎？"[③] 這樣，黑格爾提出了藝術的"更高的實體性的目的說"。他認為，在這裏，能使我們轉到藝術的真正概念本身。所謂"實體性的目的"並不是指淨化情欲和教訓人類這些窄狹化的教益，儘管"藝術是各民族的最早的教師"。[④] 但黑格爾並不一般地反對淨化情欲和教訓人類這些教益性的道德目的，而是認為要從更高的觀點來看待這個問題。

---

① 黑格爾：《美學》第一卷，朱光潛譯，商務印書館 1979 年版，第 54 頁。

② 黑格爾：《美學》第一卷，朱光潛譯，商務印書館 1979 年版，第 58 頁。

③ 黑格爾：《哲學史講演錄》第一卷，賀麟、王太慶譯，商務印書館 1996 年版，第 17 頁。

④ 黑格爾：《美學》第一卷，朱光潛譯，商務印書館 1979 年版，第 63 頁。

因為在他看來，"一個德行好的正派人並不一定就是一個道德的人，因為道德要靠思考，要明確地認識到什麼才是職責，要按照這種認識去行事。"① 黑格爾的這段話，可以用孟子的"由仁義行，非行仁義也"（《孟子·離婁下》）來加以解釋，即真正的道德行為並不是依外在的仁義而行，而是認識到（準確地說是覺悟到）自家的本善之性之後依此性而行，這顯然是從一個更高的觀點來看待道德問題。（《朱子語類》卷十五有："某嘗謂，物格、知至後，雖有不善，亦是白地上黑點；物未格，知未至，縱有善，也只是黑地白點。"亦是著眼於更高之觀點）那麼，黑格爾所說的要明確認識的職責到底是什麼呢？當然不是指一些外在的倫理規範，這裏體現出了黑格爾理想主義的高致，因為他把對精神最高境界的認識作為了人類的職責，從這種精神最高境界來看人類的教訓問題，目光自然要高遠得多。這種精神的最高境界就是黑格爾所說的"和解了的矛盾"。② 因為一方面，人囚禁在現實和塵世的有時間性的生活裏，受情欲衝動的支配和驅遣，物質欲望的糾纏和束縛；另一方面，人又希望把自己提升到永恆的自由領域。這樣就構成了分裂與矛盾，哲學的任務就在於對這種矛盾的本質加以思考與洞察，尋求一個自在自為的真實。在這種真實裏，矛盾解決了，但所謂解決並非說矛盾和它的對立面不存在了，而是說它們在和解裏存在。同樣，"藝術的使命在於用感性的藝術形象的形式去顯現真實，去表現上文所說的那種和解了的矛盾，因此藝術有它自己的目的。"③ 但黑格爾認為，在藝術哲學史上，真正認識到藝術的這種使命，使美學成為一門科學卻經歷了漫長的過程，直至席勒時才真正完成。"藝術雖然早已在人類最高旨趣中顯出它的特殊性質和價值，可是只有到了現在，藝術的真正概念和科學地位中被發現出來，人們才開始瞭解藝術的真正的更高

---

① 黑格爾：《美學》第一卷，朱光潛譯，商務印書館1979年版，第65頁。

② 黑格爾所說的"和解了的矛盾"就是精神回歸到它的最高存在形式，實現了它的自由。相似的提法在《論語》也有，即孔子所說的"七十而從心所欲，不逾距"（《為政》）。這是人類徹底的自由解放，不只是把人類提高到一般的倫理的、政治的善的水準。當然，孔子是在道德的踐履中證悟到，黑格爾是從思辯哲學中解說到，此聖人與哲人之不同也。

③ 黑格爾：《美學》第一卷，朱光潛譯，商務印書館1979年版，第48頁。這順便提一下，朱光潛先生的譯本中在此有一條注釋："黑格爾在批評藝術目的在道德教訓說的基礎上，從辨證的觀點提出了他的基本論點：藝術自有內在的目的，即在其具體感性形象中顯現普遍性的真實，亦即理性與感性的矛盾統一，這是'為藝術而藝術'論。"依本章的理解，朱先生顯然是誤解，黑格爾是"為人生而藝術"論者。

的任務。"①這個真正的更高的任務就是顯現理念，於是，"美是理念的感性顯現"遂成了美學的中心論題。這樣，藝術與哲學（當然還有宗教）便處在了同一境界，②此時藝術才算盡了它的最高職責。只不過，哲學用思想觀念去"盡"，而藝術用感性因素去"盡"。所以，"藝術作品中的感性因素之所以有權存在，只是因為它是為人類心靈而存在的，並不是僅僅因為它是感性的東西而就有獨立的存在"。③但藝術作品之所以用此種感性形式而不用彼種感性形式亦決不是偶然的，乃是因為具體的內容本身就已含有外在的，也就是感性的表現作為它的一個因素。因此在理念發展之系列中，總能找到適合的感性形式來表現它自己。但黑格爾一再強調，"藝術的感性化雖不是偶然的，卻也不是理解心靈性的具體的東西的最高方式。比這種通過具體的感性事物的表現方式更高一層的方式是思想"。④亦即藝術作品雖然也能表現理念，但理念總是向最能表現它的方式——思想——回歸。藝術的發展史總體上正體現了這種趨勢，即感性因素逐漸減少，思想因素逐漸增加。這種趨勢在藝術從象徵型到古典型再到浪漫型的發展過程中得到了有力的驗證。對於象徵型藝術（以建築為例），黑格爾認為，此時是憑知解力依機械規律（如對稱關係）為主而來塑造形象，這種素材和形式未為理念所滲透，故與精神只是外在的抽象關係。這種藝術給人總的感覺是一種笨重的物質堆。對於古典型藝術（以雕刻為例），黑格爾認為，雕刻不是按照笨重的物質堆的機械性質去處理，而是依人體的理想把心靈性的內容用身體形狀呈現於知覺的，此時精神第一次呈現出它的永恆的靜穆。這種藝術給人總的感覺是：心靈與身體融合一起，安靜而幸福地站在那裏。對於浪漫型藝術（以詩為例），黑格爾認為，詩所保留的最後的外在物質是聲音，但聲音在詩裏不再是聲音本身所引起的情感，而是一種本身無意義的符號，目的在於標示觀念和概念，因此詩的適當的表現形式是想像或心靈性的觀照本身。這種藝術給人總的感覺是觀念性的。從

---

① 黑格爾：《美學》第一卷，朱光潛譯，商務印書館 1979 年版，第 78 頁。
② 這裏所說的"同一境界"是指：藝術與哲學皆表現理念。但因理念是發展的，藝術與哲學處在表現理念的不同階段，依黑格爾，哲學的境界要高於藝術的境界。中國文化所說的最高的藝術與最高的道德和最高的宗教是同一的，這是道德踐履所至的化境，是內容與表現境界上的真正同一。但黑格爾由思辯哲學的路數不能至此，故黑格爾所說的"同一境界"尚不是真正同一。
③ 黑格爾：《美學》第一卷，朱光潛譯，商務印書館 1979 年版，第 45 頁。
④ 黑格爾：《美學》第一卷，朱光潛譯，商務印書館 1979 年版，第 89 頁。

這種考察中可知，藝術是從物質性的東西重於精神性的東西開始，到物質性的東西與精神性的東西的完滿統一，再到精神性的東西重於物質性的東西結束。最後，藝術到了詩的階段，黑格爾說：

> 詩藝術是心靈的普遍藝術，這種心靈是本身已得到自由的，不受為表現用的外在感性材料束縛的，只在思想和情感的內在空間與內在時間裏逍遙遊蕩。但是到了這最高階段，藝術超越了自己，因為它放棄了心靈借感性因素達到和諧表現的原則，由表現想像的詩變成表現思想的散文了。①

"由表現想像的詩變成表現思想的散文了"，即藝術超越了自身而進至哲學，亦即"藝術終結"而被哲學所取代。對於藝術這種發展過程與其最終結果，黑格爾說："藝術作品的這種抽象的差別，正如感性材料一樣，固然可以按照它的特點來加以貫串的研究，但是它們不能看作最後的基本規律，因為任何這樣的 方面本身須根據一個更高的原則，所以就要受那個更高的原則統制。"② 顯然，這個更高的原則便是理念，或者更準確地說，是理念的發展成為了藝術發展乃至最後終結的內在推動力。故"美是理念的感性顯現"與"藝術終結"是二而一，一而二的，前者是後者的必然預示。

以上從黑格爾的哲學體系及美學理論自身兩個方面說明了"藝術終結"的必然性。這種論斷自然不是所謂悲觀主義或宿命論，因為這不是個人人性的情緒表達。也無所謂"錯極了"的問題，除非推翻黑格爾整個哲學體系。本章之所以不怕費篇幅來證明這種必然性，並不是想維護黑格爾這個論斷自身，而是欲挖掘其中所隱含的洞見與慧識，進而闡發其微言大義。若我們只著眼於藝術自身的發展乃至繁榮的表面境觀，便粗暴地否定黑格爾的論斷，這種膚淺之見不但失去了真正理解黑格爾的機會，也失去了從黑格爾的"微言"中得其"大義"的機會。那麼，黑格爾的"微言"中到底隱含有怎樣的"大義"呢？

---

① 黑格爾：《美學》第一卷，朱光潛譯，商務印書館 1979 年版，第 113 頁。
② 黑格爾：《美學》第一卷，朱光潛譯，商務印書館 1979 年版，第 113 頁。

二、藝術的終結與美的消失

黑格爾哲學的中心觀念是"精神"，故他的哲學是一種精神哲學，而精神哲學則是關於人的學問，準確地說是關於人的自由的學問。但什麼是自由？黑格爾認為，歷史上雖然確立了不依賴於人的出身、地位和文化程度這樣的一些原則，但仍然還沒有達到認自由為構成人之所以為人的概念的看法。"多少世紀，多少千年以來，這種自由之感曾經是一個推動的力量，產生了最偉大的革命運動。但是關於人本性上是自由的這個概念或知識，乃是對於他自身的知識，這卻並不古老。"① 依黑格爾的看法，雖然"人本自由"在古希臘羅馬時期已經被提了出來，但這只是一個抽象渾沌的口號，至於它究竟意味著什麼，柏拉圖、亞里士多德、西塞羅及羅馬的立法者都不知道。在黑格爾看來，意識到人的自由不是最重要的，意識到如何才是人的自由方是最重要的。在他看來，人的自由只在於與他的本質的合一，即精神經過漫長的時間旅程，克服客體的桎梏與束縛，回歸到它的最高存在形式——絕對精神那裏。由此可知，黑格爾之所以說古希臘羅馬時期的自由是抽象的，是因為那時尚未看到自由乃是主體與客體對立而統一的過程，即尚未把自由置於一種精神現象學中來加以考察。精神現象學的整個過程，即從主觀精神（"感性確定性"為啟始）到客觀精神最後到絕對精神（"絕對知識"為結束），就是人從不自由到絕對自由的實現過程。也就是說，在整個過程中，任何一種精神現象對實現人的自由都有價值和意義，但只要這種精神現象不是最後一站——絕對知識，則它們必然要被下一站所取代，因為人尚未實現絕對的自由。從這裏，我們便可以理解黑格爾"藝術終結"論的實質了，即藝術這種精神現象在實現人的自由之過程中自有其價值與意義，但因為它不是精神現象學的最後一站，隨著精神的能動的發展，這種精神現象必須被取代，即藝術必須終結，因為精神已向更高的自由邁進了。這不但不必悲傷，而且值得欣喜，因為"從這個精神王國的聖餐杯裏，他的無限性給他翻湧起泡沫。"②

精神邁進至絕對精神時，藝術之所以必須終結，是因為藝術尚有物質性

① 黑格爾：《哲學史講演錄》第一卷，賀麟、王太慶譯，商務印書館 1996 年版，第 52 頁。
② 黑格爾：《精神現象學》下卷，賀麟、王玖興譯，商務印書館 1997 年版，第 275 頁。這是黑格爾引用席勒《友誼》一詩的最後一句，作為《精神現象學》的結束語。

因素，即便是浪漫藝術中的詩也還沒有完全消除掉其中的物質性因素，這就決定了藝術並不是表現這種作為純粹思想或概念的絕對精神的適合形式，“因為用感性的方式去表達概念總是包含有不相適合的成分的，在想像的基礎上是不能很真實地表達理念的。這種基於歷史的或自然的情況產生出來的感性形式，必須從各方面去予以規定。這種外在的特性必是或多或少地不能與理念相符合的。”① 這樣，絕對精神必然要超越藝術，回到它最適合的形式，以實現它的絕對自由。黑格爾說：

> 思想必須獨立，必須達到自由的存在，必須從自然事物裏擺脫出來，並且必須從感性直觀裏超拔出來。思想既是自由的，則它必須深入自身，因而達到自由的意識。哲學真正的起始是從這裏出發：即絕對已不復是表像，自由思想不僅思維那絕對，而是把握住絕對的理念了。②

也就是說，絕對精神在哲學裏找到了它的適合的形式，並且實現了它的自由。精神何以能在哲學裏實現它的自由呢？因為一方面，絕對精神的本質是純粹思想、概念；另一方面，哲學所研究的是形式，是內容發揮成思想的形式，也就是說，哲學就是思想，普遍的思想。這樣，根據黑格爾所說的“自由就在於與它的本質的合一”的原則，則絕對精神在哲學裏必定是自由的了。黑格爾說：“只有在思想裏，而不在任何別的東西裏，精神才能達到這種自由。……只有在思想裏，一切外在性都透明了、消失了；精神在這裏是絕對自由的。”③ 精神經過漫長的旅程，最後終於在思想裏，亦即在哲學裏回歸到了自己，實現了人的自由本質。這裏，可以用黑格爾的下面一段話來作一總結：

> 精神的過程即在於單一的主體取消其直接方式，把自己提高到與實質物合一。人的這樣的目的被宣稱為最高的圓滿。④

也就是說，人的最高圓滿在藝術中不能實現，但在哲學中卻能之。然而，

---

① 黑格爾：《哲學史講演錄》第一卷，賀麟、王太慶譯，商務印書館 1996 年版，第 82 頁。
② 黑格爾：《哲學史講演錄》第一卷，賀麟、王太慶譯，商務印書館 1996 年版，第 93 頁。
③ 黑格爾：《哲學史講演錄》第一卷，賀麟、王太慶譯，商務印書館 1996 年版，第 28 頁。
④ 黑格爾：《哲學史講演錄》第一卷，賀麟、王太慶譯，商務印書館 1996 年版，第 105 頁。

問題是：這是一種怎樣的"圓滿"呢？黑格爾最後以無時間性的絕對概念作為他的精神現象學的收結，儘管精神現象的時間旅程體現了他的歷史感與現實感，但卻最終把人生引向了無時間性的抽象偏枯的概念領域，因此，他的理想主義高致是沒有生命的，孤寂的。也就是說，他所說的人的最後圓滿是邏輯推演的，概念形構的，人生在此圓滿中沒有真正的覺悟與愉悅，總之，這種圓滿是一種沒有詩意的圓滿。這就意味著，在達到這種最高圓滿時，不但藝術消失了，美亦消失了，人存在於空寂的概念領域。藝術因需要有特殊的才能，它在人生中未必為必然，故可以消失。但問題是：美必須消失嗎？詩意（是詩意，非詩本身）必須消失嗎？若如此，則人生的價值必大為減殺。人畢竟是一種感性的存在，不能總停留在空寂的概念領域而沒有美的愉悅與詩的禪戀。總之，若沒有一種和融醇默的境界，還能算人的最高圓滿嗎？黑格爾講藝術終結、歷史終結乃至哲學終結，只不過是為了追求人的最高圓滿，但他的追求只是到此偏枯空寂的境地，不能不令人遺憾。現在的問題是：我們如何沿著黑格爾的思路並救治他的這種偏枯與空寂，使美與詩意降落人間，使人臻於真正的最高圓滿。但在進入這個問題之前，先來討論一下黑格爾的哲學致思理路，從其限制與不足中接上中國心性學的理路，看中國的心性學是如何解決這一問題的。

筆者在《論現代新儒家探討文化的方式》一文中曾指出：哲學的致思理路有兩種，一種為外在的觀解式，一種為內省的證悟式。前者為西方哲學所取，後者為中國哲學所取。[①] 黑格爾的精神現象學正是在主—客對立的模式下，以外在的觀解，即思想或概念來描述或解析具體的精神現象。黑格爾純粹是一個概念性的心靈，這種心靈使他沉陷在思辯哲學的機括中，以思想的俊逸與純淨為精神的最高境界。黑格爾之所以沉陷在思辯哲學中不能自拔，乃在於他把思想作為了人的本質："人之所以比禽獸高尚的地方，在於他有思想。"[②] 既然人的本質是思想，則人的一切文化之所以是人的文化，乃是由於思想在裏面活動並曾經活動。其結果是心靈依思考用概念來把握自己活動的一切產品，因為"真正的思想和科學的洞見，只有通過概念所作的勞動才能獲得"。[③]

---

① 張晚林：《論現代新儒家探討文化的方式》，載（香港）《毅圃》2006年第2期。

② 黑格爾：《哲學史講演錄》第一卷，賀麟、王太慶譯，商務印書館1996年版，第10頁。

③ 黑格爾：《精神現象學》上卷，賀麟、王玖興譯，商務印書館1997年版，第48頁。

應該說，黑格爾的這種外在觀解的科學思維模式對於人類文化的產品，如科學知識、政治原則、法律制度等是相當有效的，因為它依概念的形式功能，解析出了這些產品的邏輯結構和普遍必然性。但問題是：黑格爾把這種模式推向了所有的領域。在他看來，即便是人類對神聖的祈求、永恆的嚮往，這些心靈的光芒，亦必須依賴概念才能照亮這最崇高最圓滿的穹蒼。而所謂最崇高最圓滿的穹蒼只不過是思想追求自身的活動。"我們必須認為，惟有當思想不去追尋別的東西而只是以它自己——也就是最高尚的東西——為思考的對象時，即當它尋求並發現它自身時，那才是它的最優秀的活動。"① 正是在這種最優秀的活動（即哲學）中，人的精神臻於圓滿，但這種圓滿，我們前面已解析過了，只不過是一種偏枯空寂的概念推演。然而，即使是這種圓滿，在黑格爾的模式下也不具有普遍性，因為達到這種圓滿，需要有思辯哲學的涵養，無知無識的人根本不具有這種可能。黑格爾說："事實上，當我們注意到，有些根本不能思維一個抽象命題更不能思維幾個命題的相互關聯的人，他們的那種無知無識的狀態，他們的那種放肆粗疏的作風，竟有時說成是思維的自由和開朗，有時又說成是天才或靈感的表現，諸如此類的事實，是很令人不快的。"② 正因為如此，黑格爾認為所有的人都應該學習哲學或至少學習哲學的初步："如果有人想知道一條通往科學的康莊大道，那麼最簡便的捷徑莫過於這樣的一條道路；信賴常識，並且為了能夠跟得上時代和哲學的進步，閱讀關於哲學著作的評論，甚至於閱讀哲學著作裏的序言和最初章節。"③ 不學哲學就不能達到人的最高圓滿，這樣，人的最高圓滿只是少數哲學家的事，這就相當可笑了，也不是一個真正的理想主義的哲學家所本有的情懷，更非仁者所能心安。

因為黑格爾企圖用概念來描述和解釋一切，所以他對儒家基於生命實感而來的學問根本不能入，一概斥為天才靈感的自負或神諭的密窟。我們知道，儒家的內聖之學是關於生命的學問，具有常道性格，人人能知能行，故孔子曰："道不遠人。人之為道而遠人，不可以為道。"（《中庸》）但這裏的"知"並不是黑格爾的那種依概念或思想來解析或描述"道"，而是由生命的實感

---

① 黑格爾：《哲學史講演錄》第一卷，賀麟、王太慶譯，商務印書館 1996 年版，第 10 頁。
② 黑格爾：《精神現象學》上卷，賀麟、王玖興譯，商務印書館 1997 年版，第 46 頁。
③ 黑格爾：《精神現象學》上卷，賀麟、王玖興譯，商務印書館 1997 年版，第 48 頁。

實悟來體證"道"，若有此實感實悟，自可體道，若無，則"道"自為密窟。故程伊川云："天地之間，只有一個感與應而已，更有甚事？"（《二程遺書》卷十五）這正像黑格爾所說的："對那種在自己內心裏體會不到和感受不到同樣真理的人必須聲明，它再也沒有什麼話好說了。"[1]但這種情況，正是黑格爾所極力貶斥的，認為這踐踏人性的根基，因為人性的本性正在於追求和別人意見的一致，而這恰恰否定了這種一致的可能性。但事實是如此嗎？夫子曰："仁遠乎哉？我欲仁，斯仁至矣。"（《論語·述而》）又曰："為仁由己，而由人乎哉？"（《論語·顏淵》）這正是依各人自己的覺悟而把生命提升至"仁"的境界，這豈是對人性的踐踏而否定了其一致性的可能？黑格爾依外在的觀解之路，在思辯哲學的機括中，於此生命境界根本不能入。儘管他也美言人的最高境界，但他的這種最高境界不過是條理分明的知識宇宙，而不是和融醇默的詩性宇宙，人在此只覺有冰涼的清醒，而沒有和悅的溫情。張世英先生說："一個不能超越主客關係階段的人是根本沒有詩意的人。"[2]此正一針見血地指出了黑格爾的限制與不足，如何超越這種限制與不足呢？這就要到中國心性學中來尋找資源了。

三、心性學與美學境界之靈現

在黑格爾那裏，一切都須用思想和概念來解析清楚明白，故他認為哲學的關鍵"本在於不讓最好的東西繼續隱藏在內部，而要讓它從這種礦井裏被運送到地面上顯露於日光之下"。[3]此固然也。然"顯露於日光之下"何以必只限於知識宇宙的條理明晰？何以不可是詩性宇宙之"虛室生白，吉祥止止"（《莊子·人間世》）耶？黑格爾企圖用概念來統攝一切，而不像康德那樣對思辯理性的能力進行批判，甚至對這樣的批判加以譏諷，可見他根本不能懂"道可道，非常道"（《老子·一章》）思維模式下所包藏的精神內蘊。

後於黑格爾的維特根斯坦顯然不像黑格爾那樣對思想與概念如此之自信樂觀，而是意識到了其中的界限，但他卻說我的語言的界限就意味著我的世界的界限，這雖然沒有否定概念解析之世界之外尚有別的世界之可能，但它

---

① 黑格爾：《精神現象學》上卷，賀麟、王玖興譯，商務印書館 1997 年版，第 47 頁。
② 張世英：《自我實現的歷程——解讀黑格爾〈精神現象學〉》，山東人民出版社 2001 年版，第 223 頁。
③ 黑格爾：《精神現象學》上卷，賀麟、王玖興譯，商務印書館 1997 年版，第 47 頁。

卻成了人類的"密窟"，"對於不可說的東西我們必須保持沉默。"① 但語言之外的世界一定是人類的"密窟"嗎？中國哲學從來不如此認為，那麼，中國哲學取什麼通向如此語言之外的世界呢？

道可道，非常道。名可名，非常名。（《老子·一章》）

子貢曰：夫子之文章，可得而聞也，夫子之言性與天道，不可得而聞也。（《論語·公冶長》）

子曰：予欲無言。子貢曰：子如不言，則小子何述焉？子曰：天何言哉？四時行焉，百物生焉，天何言哉？（《論語·陽貨》）

夫知者不言，言者不知，故聖人行不言之教。（《莊子·知北遊》）

上述諸條，皆否定了思想概念等語言媒介在把握"性""天道""教"中的功能與作用，但"性""天道""教"並沒有由此成為人類之"密窟"，這在中國文化中將如何可能呢？這裏，我們來看一下牟宗三先生對"性與天道，不可得而聞也"之故的解釋，或可明白其中的關要。

無論對"性"字作何解析，深或淺、超越或實然（現實）、從生（從氣）或從理，其初次呈現之意義總易被人置定為一客觀之存有，而為一屬於"存有之事"。凡屬存有，若真當一客觀問題討論之，總須智測。事物之存有與內容總是複雜、神秘而奧秘。何況人、物、天地之性？天命天道是超越的存有，其為神秘而奧秘（不說複雜），自不待言。……明夫此，則知孔子所以不常正式積極言之，縱或言之，而亦令人有"不可得而聞"之歎之故矣！因孔子畢竟不是希臘式之哲人，性與天道是客觀的自存潛存，一個聖哲的生命常是不在這裏費其智測的，這也不是智測所能盡者。因此孔子把這方面——存有面——暫時撇開，而另開闢了一面——仁、智、聖。這是從智測而歸於德行，即歸於踐仁行道，道德的健行。……他在這裏表現了開朗精誠、精通簡要、溫潤安安、陽剛健行的美德與氣象，總之他表現了"精神"、生命、價值與理想，他表現了道德的莊嚴。……他的心思是向踐仁而表現

---

①　維特根斯坦：《邏輯哲學論》，賀紹甲譯，商務印書館1999年版，第105頁。

其德行，不是向"存有"而表現其智測。他沒有以智測入於"存有"之幽，乃是以德行而開出價值之明，開出了真實生命之光。……在德性生命之朗潤（仁）與朗照（智）中，生死晝夜通而為一，內外物我一體咸寧。它澈盡了超越的存有與內在的存有之全蘊而使它們不再是自存與潛存，它們一起彰顯而挺立，朗現而貞定。這一切都不是智測與穿鑿。故不必言性與天道，而性與天道盡在其中矣。……原來存有的奧秘是在踐仁盡心中彰顯，不在寡頭的外在的智測中若隱若顯地微露其端倪。此就是孔孟立教之弘規，亦就是子貢所以有"不可得而聞"之歎之故了。[①]

依此處的解釋，"性"與"天道"是在聖者的踐仁盡心中彰顯，而不是在哲人的窮探力索中智測。這就在外在的觀解（即窮探力索之智測）之哲學思路外，開出了另一條哲學（實則不能叫哲學，而應叫精神實踐之學，如果哲學是黑格爾意義的哲學的話）思路——內省的證悟（即踐仁盡心中彰顯），這就是心性工夫之學。內省的證悟模式下所成就的是"道""德性之知"，即精神實踐之學，它與外在的觀解之模式下所成就的"學""見聞之知"，即知識實用之學相對。故有"為學日益，為道日損"（《老子·四十八章》）之論，有"見聞之知乃物交而知，非德性所知。德性之知，不萌於見聞"（張載：《正蒙·大心篇》）之說。中國哲學雖不廢"學"與"見聞之知"，但其用力處卻在"道"與"德性之知"。所謂"為道日損"，所謂"德性之知不萌於見聞"，就是剝落或拉掉外在現象的牽連，在精神涵養的工夫中使道德實體在生命中顯露乃至擴充而去印證那個"天道"。故孟子曰："盡其心者，知其性也。知其性，則知天矣。"（《孟子·盡心上》）此即是超越的體證。但此"天道"並非真是一外在的實體，它只不過是因道德實體（孟子所說的"心"或陽明所說的"良知"）之充其極而顯現的泰山岩岩的道德意識，精誠惻怛的宗教情懷，溫潤安安的美學境界。由此可知，從"盡心"到"知天"並不是黑格爾的主客對立下的"合一"，而是"盡心"即是"知天"。故程明道曰："只心便是天，盡之便知性，知性便知天。當處便認取，更不可外求。"（《宋元學案·明道學案》）"天道"既是在道德踐履中顯現，非在強探力索中智測，

---

① 　牟宗三：《心體與性體》上，上海古籍出版社 1999 年版，第 187–188 頁。

則踐履多一分，"天道"亦隨之多顯現一分，直至充其極。此時，於其人也，則為聖人；於其知（德性之知）也，則為滿證；於其境也，則為化境。此為即宗教（聖人）即道德（德性之知）即美學（化境）之境，此為人之最後圓滿。然要至此境，須以"身知"，不當以智測，故朱子之師延平先生嘗曰："讀書者知其所言莫非吾事，而即吾身以求之，則凡聖賢所至，而吾所未至者，皆可勉而進矣。若直以文字求之，悅其詞義，以資誦說，其不為玩物喪志者幾希。"（《朱熹集》卷九十七《延平先生李公行狀》）此即是說，此等即宗教即道德即美學之境界惟在人的實踐中方能朗現，這就超越了黑格爾，黑格爾說當精神達到絕對之境時，藝術已不能表現，但哲學卻能之。然在這裏，不僅藝術不能表現此等境界，哲學（如果哲學只是系統性哲學而不是前面講到的哲學原型的話）亦不能，惟人自身能之。這是一種實踐性境界，具有感性的美學境觀，即夫子所謂之"成於樂"（《論語·泰伯》）也，這才是詩意的人生，圓滿的人生。而黑格爾所說的境界則是一種思辯性境界，不具感性的美學境觀，這是概念的人生，偏至的人生。由此，我們可以進而論述程伊川所說的"作文害道"所包藏的精神內蘊了。

四、精神的契悟與程伊川"作文害道"說

"作文害道"之說，由宋代理學家之代表人物程伊川所發：

> 問："作文害道？"曰："害也。凡為文，不專意則不工，若專意則志局於此，又安能與天地同其大也？書曰：'玩物喪志'，為文亦玩物也。呂與叔有詩云：'學如元凱方成癖，文似相如始類俳；獨立孔門無一事，只輸顏氏得心齋。'此詩甚好。古之學者，惟務養性情，其他則不學。今為文者，專務章句，悅人耳目。既務悅人，非俳優而何？"曰："古者學為文否？"曰："人見六經，便以謂聖人亦作文，不知聖人亦攄發胸中所蘊，自成文耳。所謂'有德者必有言'也。"曰："游、夏稱文學，何也？"曰："游、夏亦何嘗秉筆學為詞章也？且如'觀乎天文以察時變，觀乎人文以化成天下'，此豈詞章之文也？"（《二程遺書》卷第十八）

此說既出，贊同者有之，批評者亦有之。贊同者（多為理學中人）於此雖有實感，然卻不大費言辭辯解其實，批評者則視為妄語讕言。辯解其實俟後，今先看批評者之論：

> 今之君子固多靳儒，至於布衣閭巷，尚曰賢者行而已，不必文也。彼顏、閔氏時，夫子在，蓋無可復言，非為有德行不著書也。游、夏之徒，不在德行科，亦不措一辭。子思、孟軻，豈無德行乎？是皆不才子無功於文，而雷同此說，以自慰耳。（《四部叢刊》本《直講李先生文集》卷二十五《延平集序》）

李覯以子思、孟子為例，以表示對"賢者行而已，不必文"的不滿，並說為此論者不過是"不才子無功於文"而自慰罷了。世間或有以此而自飾的庸人，然儘管如此，這與程伊川之說為不相干者。爾後之學者碩彥，其反對之理由或有不同，然皆為不得其實的誤解，這裏不必盡舉。再來看現代批評者之論：

> 二程提出的中心問題是"為文害道"，……由此而一概排斥文，看不到文章詩歌的巨大作用，認為它只是玩物，從而加以排斥，這恰恰深刻地暴露了道學家的無知、傲慢和深刻的偏見。如果說，這種見解是針對那種把藝術當作消遣或藝術至上主義而發，或許還是有可以理解之處的，用之於對待一切詩文，這就是可笑和荒謬的了。[1]

二程是一概排斥一切詩文嗎？其"作文害道"是在談藝術自身的內容問題嗎？不能深悟理學家精神的高致，而妄斥其無知、傲慢，可乎？類似的言論在諸如"文學批評史""文學理論史"中不勝枚舉。然此等言論於伊川之說，皆為不相干的遁辭。

"文"與"道"之關係，在先秦時代的荀子那裏即已肇其始，中經揚子雲、劉彥和，至唐宋古文家終顯發為一重大之問題。然儘管古文各家對"道"之界定與分疏容有差異，但皆是探討文章之內容與形式的關係問題。雖然大多數的古文家能自覺地以儒家的倫理道德與政治理想作為"道"的內容，但

---

[1]　敏澤：《中國文學理論批評史》，人民文學出版社1981年版，第497頁。

他們只把儒學理解為一種思想，一種學說。而不像理學家那樣依內聖之學把儒學理解為一種修養踐履之學，一種精神境界之學。實際上，在理學家看來，先秦儒學就是一種內聖之學，而不是一種思想學說，他們也正是以力圖恢復先秦內聖之學為己任的。故理學家常因此而對古文家提出批評：

> 學本是修德，有德然後有言，退之卻倒學了。（《二程遺書》卷第十八）

> 予謂老蘇但為欲學古人說話聲響，極為細事，乃肯用功如此，故其所就亦非常人所及。如韓退之、柳子厚輩，亦是如此。其答李翔、韋中立之書，可見其用力處矣。然皆只是要作好文章，令人稱賞而已，究竟何預己事？卻用了許多歲月，費了許多精神，甚可惜也。（《朱熹集》卷七十四《滄洲精舍諭學者》）

由對儒學內蘊的不同理解，古文家與理學家所說的"道"自不相同。郭紹虞先生曾就此而指出："蓋古文家之所謂道，猶是理學未成立前一般人之所謂道，所以重在用而不是講道體。這種態度與政治家所言為近。"[①] 此即是說，理學家的"道"並不是古文家的那種思想學說，而是依"體"而充其極的精神境界，它是一種感性的存在，而不是一種抽象的存在，這種存在——依前面的疏解——只可在踐履中證悟，而不可在思辯裏智測。若人只在思辯裏把儒學理解為一種思想，而不能在踐履中升進至內聖之學的精神境界，必不能臻於人的最高圓滿，此即是"作文害道"。在這裏，時文（即四六文）與古文皆無區別，故朱子曰："所喻學者之害莫大於時文，此亦救弊之言。然論其極，則古文之與時文，其使學者棄本逐末，為害等爾。"（《朱熹集》卷五十六《答徐載叔》）不過，理學家之批評古文與古文家之批評時文不同，古文家之批評時文乃在其不宣揚儒家的思想，這是在同一層級的內容爭論問題。而理學家之批評古文乃在其由思想學說的宣揚解說的進路根本不能深得儒學的精神內蘊，這是異層的學問進路之爭的問題。因此，理學家之批評古文根本不是說古文家所宣揚的思想不對，而是說古文家以此路不能得儒學之實。人若限於此路中，至多只成通曉儒家思想的學問家，而不能成踐履的聖

---

① 郭紹虞：《中國文學批評史》下卷，百花文藝出版社 1999 年版，第 18 頁。

人。這在理學家看來，與先儒的理想是有距離的。因此，理學家提出“作文害道”，是在更高的精神層次上說的，其切義應是：低層次的行文以說道皆有意義，但人不可只限於此，必須依踐履躍於精神之圓滿境界。若能至此，則作文不作文皆可，故作文只有助緣之意義，並無究極的意義。若以作文為究極義，則為“害”，但此“害”只為“妨礙”義，即妨礙了人的精神的進一步升進，並非如異端（如理學家所貶斥的佛老）之為“害”也。故“文”與“道”並非絕對對立，但若要領悟儒家精神的深層內蘊，“文”在此失效，此有類於黑格爾的“藝術終結”。但與黑格爾不同的是：黑格爾的“藝術終結”論是一種理論解說，而理學家的“作文害道”說則是一種實踐證悟，即“作文害道”是在精神生活的覺悟中來，並非一種學說的繼承與理論的發揚。而有論者謂：“程頤的這些觀點從深層上說，是受了禪學‘不立文字，教外別傳’和道家‘大音希聲’‘大道無言’觀念的影響，其實是對傳統儒學文學觀的偏離，因而它在後世遭到批評和拋棄是不可避免的。”[①]此豈是見道之言哉？！“不立文字，教外別傳”固為禪學自其精神生活所悟之境，“大音希聲”“大道無言”亦固為道家自其精神生活所悟之境，何以必不許儒家自其精神生活之所悟而說“作文害道”耶？精神生活之最高境界，在儒家講“化”，在道家講“無”，在佛家講“如”，實則皆為破執蕩相的圓融之境，此為共法，在此並不能決定教路的不同。道家固講“無”，然儒家豈不講“無”耶？“無體之禮，無服之喪，無聲之樂”（《禮記·孔子閒居》）即是也。故這裏的“無”不是意義僵硬的概念，而是精神生活的晶瑩剔透。“作文害道”說的批評者多是站在古文家的立場，執著於概念或理論，完全不能仰視理學家精神的高致。這樣的批評對於理學家不但不公平[②]，且把理學家視為白首窮經的學究，而不是力行篤實的仁者，此豈能得理學之實，發精神之蘊。其實，理學家皆能在其踐行的化境中表現圓滿的美學境界。黃山谷曾贊周濂溪曰：“人品甚高，胸中灑落，如光風霽月。”（《宋黃文節公全集·正集》卷第十二《濂溪詩並序》）濂溪之弟子程明道曾自語曰：“詩可以興。某自再見茂叔後，

---

① 查洪德：《宋元人對理學文弊的批判和理學文學觀的演變》，《殷都學刊》2004 年第 1 期，第 67 頁。

② 之所以說不公平，可類比黑格爾的說法。在黑格爾那裏，哲學高於宗教，因此他說：“我們從哲學出發去責備哲學之反對宗教，對於哲學常常還算不得不公平；但如果我們從宗教觀點出發去責備哲學之反對宗教，對於哲學則常常是很不公平的事。”黑格爾：《哲學史講演錄》第一卷，賀麟、王太慶譯，商務印書館 1996 年版，第 80 頁。

吟風弄月以歸，有‘吾與點也’之意。”（《二程遺書》卷第三）“吾與點也”
雖出自孔子之口，然其所表現的精神境界理學家皆可覺悟到。朱子曾釋其義曰：
“曾點之學，蓋有以見夫人欲盡處，天理流行，隨處充滿，無少欠闕。故其
動靜之際，從容如此。”（《四書集注‧論語》卷之六）此番境界是孔子最
為傾慕和嚮往的，因此，理學家以此境界之學來契悟孔子的精神，可以說把
握住了孔子精神的高致與精蘊。最能表現理學家此種精神高致的為下面一段
文字：

> 孟子曰：“仁義禮智根於心，其生色也，睟然見於面、盎於背。
> 施於四體，四體不言而喻。”予有一事，可實其說。遊定夫訪龜山，
> 龜山曰：“公適從何來？”定夫曰：“某在春風和氣中坐三月而來。”
> 龜山問其所之，乃自明道處來也。試涵泳“春風和氣”之言，則仁
> 義禮智之人，其發達於聲容色理者，如在吾目中矣。（《宋元學案‧明
> 道學案》下引張橫浦語）

從這裏可知，理學家講“作文害道”根本是要恢復孔子的精神，因為孔
子的學生從不把孔子作為一個思想家，而只嘆服其精神之高，境界之美。如：

> 顏淵喟然歎曰：仰之彌高，鑽之彌堅。瞻之在前，忽焉在後。……
> 雖欲從之，未由也已。（《論語‧子罕》）
> 子貢曰：譬之宮牆，賜之牆也及肩，窺見室家之好。夫子之牆數仞，
> 不得其門而入，不見宗廟之美，百官之富。得其門者或寡矣。夫子之云，
> 不亦宜乎！
> 他人之賢者，丘陵也，猶可逾也；仲尼，日月也，無得而逾焉。
> 夫子之不可及，猶天之不可階而升也。（《論語‧子張》）
> 曾子曰：不可（指人欲以事孔子之禮事曾子）；漢江以濯之，
> 秋陽以暴之，皓皓乎不可尚已。（《孟子‧滕文公上》）

以上諸條，皆是對孔子精神境界傾慕之情的流露，以感性之物（宮牆、
丘陵、日月等）類比之，烘托之，而非以抽象思想解析之、規定之。然此類
比也、烘托也，不過是自家生命的警覺，即道德實體在生命中震動而上達天

德後之契悟，故《中庸》曰："苟不固聰明聖知，達天德者，其孰能知之？"此"知"是證悟，是存在的呼應與感通，這是生命與生命的直接印證，完全不需要思想概念這道橋樑，以是孟子曰："觀於海者難為水，游於聖人之門者難為言。"（《孟子·盡心上》）"難為言"意味著在精神境界的無限性中，一切概念與思想必須止息（即終結）。所以，"作文害道"雖為理學家所提出，但其包藏的精神內蘊則為一切體悟至精神之最高境界者所共許，決非理學家所新創，更不是奇辭怪論。《莊子·田子方》中就載有下面一個故事：

> 溫伯雪子適齊，舍於魯。……
>
> 仲尼見之而不言。子路曰："吾子欲見溫伯雪子久矣；見之而不言，何邪？"
>
> 仲尼曰："若夫人者，目擊而道存矣，亦不可已容聲矣。"

夫子見溫伯雪子之所以不言，乃是在溫伯雪子高超的精神境界中，依其常覺不足的敬畏之心在無言中超拔自己、提升自己。唐君毅先生對於這種語言的止息，頗有見地地指出：

> 人在體驗一無限者時，人的思想語言，常要歸於停息。因為人的思想與語言，總是對對象，加以特殊的規定。而對象之無限性，使我們覺一切特殊的規定，都不能窮竭之時；我們即要停息一般的思想與語言，譬如我們在自然界中，當我們接觸一無盡之廣漠平野，茫茫大海，或覺山水之無窮的美妙變幻時，我們即停止我們一般的思想與語言，而感一無言之美。我們在一有無限性之偉大人格之前，我們亦將同樣停息我們之一般的思想語言。然而此時與在自然界中之感觸又不同，在自然界之無限體驗中，我們之心情，是一往平鋪的。因為自然之本性，是平鋪地開展的。而在一有無限性之精神人格之前，我們之無限之體驗，是一往向上的。因為精神之本性，是向上超升的。表現無限性之精神人格，使我們停息用一般之思想語言加以規定，而又使我們感到一引我們向上超升之力量。[1]

---

① 唐君毅：《人文精神之重建》，廣西師範大學出版社 2005 年版，第 161 頁。

　　可見，理學家倡"作文害道"之說是要實踐地恢復儒家內聖境界之道，而使其不思想地向理論傳承之學發展。的確，孔子以後，儒家逐漸向理論建構的方向發展。孔子本不言"性"，而孟子則在理論上言"性善"，荀子則在理論上言"性惡"，兩漢儒者則企圖建構儒學的政治理論，直至唐宋時期的儒者或古文家，此種情形殆無改變。儒家的這些理論建構，當然有意義，至少"聖人懷之，眾人辯之以相示也"亦為必要，但有何必要之意義，不是這裏所要討論的問題。這裏只是說：若這樣一條鞭地理論建構（即辯之）下去而不回頭，忘掉其精神實踐（即懷之）的根本大義，則亦是儒學根本精神的喪失，使儒學成為"無頭學問"（即莊子之說的"辯也者有不見也"）。理學家的"作文害道"之說就是要人從紛繁膠固的理論解說中收束回來，在自家生命中立定根基，以重證儒學最高的精神美境。

　　我們再從二程對孔子、顏淵、孟子的人格品鑒中，看看由踐履的實踐之路與由思辯的解說之路，對於臻至最高的精神境界有何不同。

　　　　仲尼，元氣也；顏子，春生也；孟子，並秋殺盡見。仲尼，無所不包；顏子示"不違如愚"之學於後世，有自然之和氣，不言而化者也；孟子則露其才，蓋亦時然而已。仲尼，天地也；顏子，和風慶雲也；孟子，泰山巖巖之氣象也。觀其言，皆可以見之矣。仲尼無跡，顏子微有跡，孟子其跡著。（《二程遺書》卷第五）

　　類似的品鑒在《二程遺書》中很多，總的來看，精神境界以孔子為最高，顏淵次之，孟子再次之。何以有此不同？從"無跡""微有跡""其跡著"之區別來看，乃因為踐履之路所得之精神之實與夫解說之路之所得不同故也。孔子純由踐履之實而臻於精神之最高境界。其自語曰："予欲無言"；子貢曰："夫子之文章可得而聞也，夫子之言性與天道不可得而聞也。"此已透露此種旨蘊。顏淵最能傳孔子之道，亦為孔子所最愛，其所以能如此，即在顏淵自能得夫子踐履之實。《論語》中很少有顏淵之言論，即透露了此中消息。孟子曾自稱其好辯，雖是不得已，然一"辯"即與踐履之實遠矣。孟子當然不是黑格爾式的哲人，故其辟告子、誅楊墨，自有其真儒道德生命之豪氣。然而其好辯總是落在講道理的層次，這種道理雖然於內聖之學亦有功（陸象山曰：

"夫子以仁發明斯道，其言渾無罅縫。孟子十字，更無隱遁，蓋時不同也。"此即肯定其功也），但與純由踐履以得精神之實已有距離。因為道理有時很難講清。孟子執持"性善"論固可講出一番道理，然告子之"性無善惡"論亦非全無道理，即便荀子的"性惡"論亦有道理存焉。這就是莊子所說的"是亦彼也，彼亦是也。彼亦一是非，此亦一是非"。（《莊子·齊物論》）這樣，爭論似乎很難解決，除了由踐履之路去證悟外，故莊子曰："是以聖人不由，而照之於天。"最高的精神境界除了"照之於天"以外，是不能由別的路去湊泊的。所以，孟子總是在"辯"中顯露其"跡"，有"跡"即有限制，有圭角，即不能臻於圓而神的化境。此是孟子之不及孔子處。此"不及"即示：最高的精神境界須由實踐之路入，不可由辯解之路入。亦即示：要入最高的精神境界，不但要消弭一切外在形式，而且要止息所有言語概念，只剩下一個仁者生命的如如證悟。這是"作文害道"所包藏的精神內蘊之全盤展露。由此，我們便可以探討美的究竟義及美與藝術的分際問題了。

五、心性學與美的究竟義

由實踐之路臻於最高的精神境界，其外在表現即是"文"，所以朱子即以"德之見乎外者"訓"夫子之文章，可得而聞也"中之"文"。在儒家看來，惟有這種"文"，即由實踐而開出的最高精神境界，方是天下之至文。

> 君子寬而不慢，辯而不爭，察而不激，寡立而不勝，堅疆而不暴，柔從而不流，恭敬謹慎而容：夫是之謂至文。《詩》曰："溫溫恭人，惟德之基。"此之謂矣。（《荀子·不苟》）

理學家認為，若要說"文"，只能繼承儒家的這個傳統，所以程伊川曰："游、夏亦何嘗秉筆學為詞章也？且如'觀乎天文以察時變，觀乎人文以化成天下'，此豈詞章之文也？"同樣的意思，朱子說得更為清楚明瞭：

> 夫古之聖賢，其文可謂盛矣；然初豈有意學為如是之文哉！有是實於中，則必有文於外。如天有是氣，則必有日月星辰之光耀；地有是形，則必有山川草木之行列。聖賢之心既有是精明純粹之實

以旁薄充塞乎其內，則其著見於外者，亦必自然條理分明，光輝發越而不可揜。蓋不必托於言語、著於簡冊，而後謂之文；但自一身接於萬事，凡其語默動靜，人所可得而見者，無所適而非文也。（《朱熹集》卷七十《讀唐志》）

之所以其動靜語默"無所適而非文"，乃是因為有精明純粹之實充塞乎其內。此即是說，此"文"乃由踐履而至者。故孔子曰："有德者必有言。"（《論語·憲問》）其所以如此，乃因"和順積於中，英華發於外也。故言則成文，動則成章。"（《二程遺書》卷第二十五）由此可見，這裏的"文"完全不是詞章之文，若以專意於工的秉筆詞章之文來代替乃至抹殺踐履之實的光輝發越之文，則必"作文害道"。因此，理學家從內聖之學的傳統出發，自有其心中之"文"，而對於詞章之文而發為"作文害道"之說，不算是對文學藝術的偏見。他們光大儒家"有德者必有言"之傳統，並不是說有德者詞章之文即可不學而能，而是說有德者自有其光輝發越之風姿。知此分別以後，則以下論說純屬誤解：

> ……程頤就變本加厲地提出了"作文害道"，並發揮了"有德者必有言"的主張，認為文是可以不學而能的，於是道學家所謂文，只成為講義語錄的文字紀錄，而與文學絕緣了。[1]

理學家所說之"文"與文學不同，此固然也。然此豈即可說理學家之文即為"講義語錄的文字紀錄"耶？若此，則理學家只為訓詁家或注解家，其精神踐履之實與境界之美完全被扼殺淹沒。此誤解也，於文學自身無損，卻大有損於儒家的內聖之學，其精蘊不得被闡發出。由此便失去了這種機會，即把精神實踐的最高境界作為美的究竟義，進而與藝術——如果藝術只是作為技巧製作之學的話——分開的可能性之機會。

儒家之所以把由踐履所至的最高精神境界稱為"至文"，就是因為——在儒家看來——由充實不可已的道德意識而充其極至圓而神的化境，方才是最高最有價值的美。故孟子曰："充實之謂美，充實而有光輝之謂大，大而

---

[1]　郭紹虞主編：《中國歷代文論選》第二冊，上海古籍出版社 1979 年版，第 284 頁。

化之之謂聖，聖而不可知之之謂神。"（《孟子·盡心下》）《易傳·坤文言》
有："君子黃中通理，正位居體，美在其中，而暢於四支，發於事業，美之
至也。"這種美，不是依靠技藝的製作，利用外在的物質質料來表現精神之美，
而是精神自身的光暢與圓融即是美，它完全消弭了外在物質的縛累，純依精
神自身的如如呈現、沛然莫之能禦。正是在這個意義上，儒家講"大樂必易，
大禮必簡"，（《禮記·樂記》）簡易之至，必然是"無聲之樂"，此為最
高最美的音樂。那麼，什麼才是"無聲之樂"呢？孔子曰："夙夜基命宥密，
無聲之樂也。"（《禮記·孔子閒居》）所謂"夙夜基命宥密"就是指人不
斷地進德修業。很顯然，"無聲之樂"作為最高最美的音樂，在儒家那裏只
能由踐履之路入，或者說就是踐履的最高境界。徐復觀先生在解釋"無聲之樂"
時說：

> 人的精神，是無限的存在。……無聲之樂，是在仁的最高境界
> 中，突破了一般藝術性的有限性，而將生命沉浸於美與仁得到統一
> 的無限藝術境界中。這可以說是在對於被限定的藝術形式的否定中，
> 肯定了最高而完整的藝術精神。①

在仁的最高境界中，精神之美要突破藝術形式的限制。此即意味著：藝
術已不能表現最高的精神之美了。也意味著，在儒家那裏，存在著一種美，
可以與藝術分開。這種美是精神實踐之學，而藝術則是技巧製作之學。理學
家對於儒學的這種根本區分把握得很緊，故周濂溪曰："不知務道德而第以
文辭為能者，藝焉而已。"（《周敦頤集·通書·文辭》）把這種根本區分
及其意義說得更為清楚明白的是程伊川。

> 或曰："詩可學否？"曰："既學時，須是用功，方合詩人格。
> 既用功，甚妨事。古人詩云'吟成五個字，用破一生心'；又謂'可
> 惜一生心，用在五字上'。此言甚當。"先生嘗說："王子真曾寄藥來，
> 某無以答他，某素不作詩，亦非是禁止不作，但不欲為此閒言語。
> 且如今言能詩無如杜甫，如云'穿花蛺蝶深深見，點水蜻蜓款款飛'，

---

① 徐復觀：《中國藝術精神》，華東師範大學出版社 2001 年版，第 19 頁。

如此閑言語，道出做甚？某所以不常作詩。今寄謝王子真詩云：'至
誠通化藥通神，遠寄衰翁濟病身。我亦有丹君信否？用時還解壽斯
民'。子真所學，只是獨善，雖至誠潔行，然大抵只是為長生久視之術，
止濟一身，因有是句。"（《二程遺書》卷第十八）

　　程伊川這段話包含有二層意思：其一，詩作為一種技藝，有其自身的格
套規範，詩人須依此而行，故要有技巧的磨練。然技巧只是做詩的基本功夫，
一首靈性的詩最終依賴於天才的靈感與稟賦，而天才的靈感與稟賦又來自於
一個人特殊的心理素質，此為"天之就也，不可學，不可事"。（《荀子·性
惡》）所以，詩似乎人人可做，但要把詩做成美的藝術，卻並非人人能行，
只是少數藝術家的事，不具有普遍性。故程伊川把做詩稱為"術"，止濟一
身。其二，由於詩只如對症之藥般，獨善一身，只少數人自家享用。故程伊
川開出另一"丹"，顯然，這個"丹"就是道德踐履，由此而臻於詩意般的
人生境界，它適用於任何人，此即是"我亦有丹君信否？用時還解壽斯民"
之意。從程伊川的區分中，我們可以得出這樣的結論：美——即詩意般的精
神境界——作為一種精神踐履之學，具有普遍性，人人可作。而藝術——作
為技巧製作之學，不具普遍性，特別是美的藝術，則只屬於少數天才。康德
即非常明確地把藝術歸屬於天才的名下，他認為："天才是天生的心靈稟賦，
通過它自然給藝術制定法則。"[1] 既然天才是天生的心靈稟賦，則他依此稟賦
所達到的藝術製作技巧不能傳達，天才直接受之於天。"因而人亡技絕，等
待大自然再度賦予另一個人同樣的才能。"[2] 這樣，天才是神秘的，不可思議
的，且這種不可思議不同於精神之最高境界之不可思議，精神之最高境界雖
在言語中不可思議，卻可在踐履中證悟，一旦證悟，則洞然敞亮，並不神秘。
而天才之不可思議為純粹的"密窟"。正因為如此，康德才以為除了美的藝
術外，無規無矩的神秘的天才活動只能壞事，造不出適用的東西來。在這個
意義上，程伊川說他不欲作詩，即便是杜甫那二句詩亦是閑言語，則伊川之
論並非妄論也。儘管杜甫並不是純粹的藝術家，而是具有悲憫情懷的詩人。
但他的踐履之功確不及理學家篤實，故程伊川從其最高的修養境界來批評杜

---

① 　康德：《判斷力批判》上卷，宗白華譯，商務印書館 1987 年版，第 152 頁。
② 　康德：《判斷力批判》上卷，宗白華譯，商務印書館 1987 年版，第 155 頁。

甫的形下構造（即藝術創作），亦是可理解的。如果說，藝術的法則來自天才，那麼美的法則——至少在儒家那裏——則來自精神踐履。一方面，只有通過踐履才能達至最高最美的精神境界；另一方面，也只有通過踐履才能欣賞領悟此種境界。這是美的究竟義，亦是美作為一種實踐哲學的完成。

　　本章通過對黑格爾的"藝術終結"論和程伊川的"作文害道"說作詳細縷析，並對其義理涵蘊作全盤展露以後，認為：這兩種學說其意都在強調精神的表現與人生的圓滿。但因為黑格爾把人的最高精神表現規定為純粹的哲學思辯，故他把人生帶進了空寂乾冷的沒有詩意的境地。只有依儒家的道德踐履之路，才能真正把人生帶入到吉祥止止的詩意境界。這是人生的真正圓滿，此既可以說是人的希望與嚮往，亦可以說是人的使命與天職，是人人可為且必須為者。所以，本章把這種由道德踐履而至的詩意境界——依儒家的根本精神——稱為美或美的究竟義，而與藝術之美分開。之所以要作這種區分，決無意於貶低藝術在人類精神發展史中的意義與作用，而只想提出理解美的一種新途徑，從而把美作為一種實踐哲學來看待。本章的這種區分，當然可以討論，但筆者以為，這種區分有兩點好處為顯然者。其一，由於中國古代藝術精神尤重人格修養，這招致了現代藝術家或理論家的批評，以為這是放棄藝術所必須的技巧工夫訓練過程，這種過分強調空疏的精神踐履、人格修養的理論，滋長了藝術中的"便宜主義"傾向，其結果必然是藝術的頹廢。① 作此區分以後，則此種爭論可休矣。因為藝術作為一種技藝之學，自不可無技巧之磨練，而美作為一種精神踐履之學，幹技巧何事耶？！更重要的是，其二，由於不把美——其法則為人人可行的精神踐履，和藝術——其法則為少數天才，掛搭起來。這樣，即便是一個沒有製作或欣賞藝術的天賦才能，也不失去享受美即詩意人生的機會，甚至可以說，一個人可以不進行任何藝術的活動，但他能夠、應該而且必須行走在詩意人生的踐履之路與涵養之途中。

---

① 　詳見鄒元江：《必極工而後能寫意——與徐復觀 "釋氣韻生動" 辯難》，載《"徐復觀與20世紀儒學發展" 海峽兩岸學術研討會論文彙編續冊》（未正式出版），第28頁。

第三章　心性學與藝術的"詩藝"與
"詩性"之區分

　　本章站在教化的立場上，把藝術分為"詩性的"與"詩藝的"。前者是精神教化的，後者是純粹美感觀賞的。其大義證成擬揭櫫黑格爾與牟宗三的藝術理論為研究對象。因為黑格爾美學中的中心命題——"美是理念的感性顯現"，特別是"詩"，惟有在"詩性的"藝術立場上才得以理解。而一旦如是，則其限度亦被檢定出。而牟宗三的藝術理論則通過對"詩藝的"藝術與"詩性的"藝術的內蘊之闡發，探討"詩藝的"藝術之限度和"詩性的"藝術之所以可能的精神根基，這個精神根基就是中國傳統的心性學，只有建立在心性學之上的"詩性的"藝術才能達成藝術的教化功能，美學作為一種深密教義始可能。

一、"詩藝的"與"詩性的"區分

　　一般的看法是，藝術之基本原則乃是塑造一感性之美的形象，給人以無功利和無目的的輕鬆與愉悅，也就是說，乃是純粹美之原則。"無功利性"與"無目的性"（準確地說是"無目的的合目的性"）是康德為純粹美所確立的兩大基本原則。"無功利性"是指人不可以功利之目的來對待美之對象；"無目的性"是指美之形式表像契合了人之想像力與知性的自由遊戲。這是一種無關心的輕鬆、愉悅與怡情，企圖以此把人從現實的紛雜纏繞中暫時地解放出來。藝術之功能只限於此，其餘則不可多求。依此而論，藝術就只是人之情思、興趣、風致、巧慧之遊戲式的抒寫與表達。自然，人人皆有其情思、興趣、風致與巧慧，但其遊戲式的抒寫與表達要達至美的程度，則須天才之創造。故藝術以天才為創造原則。天才之創造除了美的藝術以外，不能在別處活動，若企圖僭越，則必壞事。此種天才之創造即得所謂純粹的藝術。這種純粹的美學精神是否存在？或者說，純粹的藝術是否存在？在學界是有爭論的。文藝批評家馬克·愛德蒙森即認為這種精神和藝術"使我們走出人類信念與欲望的領域，進入一個穩固的平靜的世界"，他進一步說：

> 可能有人會說康德把藝術從粗俗的佔用中拯救出來，他的理論可以使藝術免遭各種意識形態的借用。然而做到這一點也要付出代價，它使人類對藝術的任何使用都變得不可能了。康德的美的世界至少就理論而言，允許藝術表現新鮮的甚至有威脅性的體驗，但是得有一個附加條件：這些表現不能跟日常生活有絲毫干係。藝術可以教給我們有關認知與理性的形式，但它跟生活之間必須保持它應當保持的距離。[1]

從愛氏的批評中即可知，康德的理論為我們開啟了一種純粹的先驗美學，這種美學的純正性與先驗性使得龐大的藝術世界裏完全沒有人類的精神實踐。加達默爾則直接批評說："'純粹的審美趣味判斷'這一概念是一種方法上的抽象"，[2]"'自在的藝術作品'就表現為一種純粹的抽象"。[3]所以，對於藝術，我們必須超越純粹之審美趣味的立足點。這樣，加達默爾認為："藝術的萬神廟並非一種把自身呈現給純粹審美意識的無時間的現時性，而是歷史地實現自身的人類精神的集體業績。所以審美經驗也是一種自我理解的方式。"[4]顯然，這是在更高的精神教化立場上來觀照美與藝術。不過，我們一般更傾向於黑格爾的觀點，雖然在他的藝術哲學中把純粹的自然美給開除了，但他並不一般地不承認其存在。的確，我們似乎很難說一朵自然開放的鮮花有什麼功利與目的。所以，黑格爾認為，我們可以說：美的河流、美的天空、

---

① 馬克·愛德蒙森：《文學對抗哲學》，王柏華等譯，中央編譯出版社 2000 年版，第 8 頁。

② 加達默爾：《真理與方法》，洪漢鼎譯，上海譯文出版社 1999 年版，第 57 頁。

③ 加達默爾：《真理與方法》，洪漢鼎譯，上海譯文出版社 1999 年版，第 205 頁。

④ 加達默爾：《真理與方法》，洪漢鼎譯，上海譯文出版社 1999 年版，第 124 頁。

美的花卉、美的動物乃至美的人。由此，我們似乎不能否定純粹的美與藝術之存在。只不過，這種美與藝術不及體現精神的美與藝術那樣具有感人的魅力。這樣，我們把黑格爾與加達默爾站在精神教化的立場上所說的美與藝術稱為“詩性的”，而與——無功利、無目的的純粹的美與藝術，被稱為“詩藝的”——區以別。實際上，黑格爾美學中的中心命題——“美是理念的感性顯現”，特別是“詩”，惟有在“詩性的”立場上理解，其包藏的內蘊才能被揭示出。而一旦作如是之理解，則其限度亦被檢定出。本章的主旨是：通過對“詩性的”內蘊之闡發，站在精神教化的立場上，依據牟宗三的檢定與概說，來探討“詩性的”藝術之可能的精神根基——中國傳統的心性學。

二、黑格爾美學之內蘊揭示

美，若按其純正性（假使我們暫時可承認這種純正性）而言，乃是：在藝術品中體驗到瞬間的審美愉悅，然後從中抽離出來，復歸到紛擾繁雜的現實中去。若如此，則康德對美的論定——對象契合了主體想像力與知性的自由遊戲——為不可疑者。但若我們依康德的定義來理解黑格爾美學的中心觀念——“美是理念的感性顯現”，則此觀念難董其理。這難即在：精神性的理念如何能被質實整全地展現在固定的藝術品上呢？康德只是說：理想的美是道德的象徵。但象徵不必是顯現，因為象徵——依黑格爾的看法——具有模糊性與曖昧性，而顯現則是明確而整全地寄寓於一物之上。但精神性的理念要感性地顯現，這將如何可能呢？其實，我們應換一種理路來理解黑格爾的這個中心觀念。即：如果說，康德的論定是以美為主導，則黑格爾的觀念是以精神為主導；康德是在鑒賞的立場上論謂美，而黑格爾則是在教化的立場上論謂美。這樣，我們可以如此說：康德所說的美可以用眼來“觀賞”“品鑒”，適合大眾的閒情逸致與輕鬆自在，而黑格爾所說的美只可用心去“體悟”“契接”，若無精神的高致，則根本無從理解和把握。此即是“以意逆志”（《孟子·萬章上》），“精神還仗精神覓”（汪藻《浮丘集·贈丹丘僧了本》），故這裏自有精神工夫之蘊藉與感應在，不只是人的一種自然的自在地“看”。正因為如此，加達默爾給予了黑格爾這一思路以積極的評價：“無論如何，我們不能從審美意識出發，而只能在精神科學這個更為廣泛的範圍內去正確對待藝術問題。"①我們把可用眼"觀賞"的美稱為"詩藝的",而把只可用心"體悟"的美稱為"詩性的"。

因為黑格爾對美的論定以精神為主導,所以,在他看來,真正屬於"美"的藝術的是古希臘以雕塑為代表的古典型藝術。"古典型藝術是理想的符合本質的表現,是美的國度達到金甌無缺的情況。沒有什麼比它更美,現在沒有,將來也不會有。"②之所以如此,乃因為希臘精神是以各神祇英雄般的個性為原則。這樣,精神還"不是自由的,自己決定自己的'精神性',而是純粹的自然性形成的'精神性'——'精神的個性'"。③用中國傳統文化術語說之,即是:材質的英雄個性作為了精神的全部,即把"現身看作是神的存在的最高方式——神的總和與實體,一切的一切"。這種作為材質的英雄個性之現身,在黑格爾看來,是可以用人體雕塑恰如其分地表現出來的,故"希臘'精神'等於雕塑藝術家",此即是美,更準確地說,就是"'美'的個性",美的精神。總之,古典型藝術之所以是美的代表,就是因為其美可以被"觀賞"到。也就是說,古典型藝術是"詩藝的"。但黑格爾認為,儘管古典型藝術之美至矣、盡矣、無以加矣,然以此表現形式或載體的精神只是精神的一個很低級的階段。因為"在所表現的事物中,美的悅人的魔力所占的比重愈大,它們的秀美也就愈遠離普遍性以及唯一的能滿足真純趣味的那種深刻內容"。④可見,古典型藝術雖美,但並不適合精神的自性,精神必須在發展中找到適合表現自己的形式。所以,藝術必須由"詩藝的"走向"詩性的"。作為浪漫型藝術代表的詩即是精神的更高的表現形式,是一種"詩性的"藝術。與古典型的雕塑所表現的材質的英雄個性之現身之美不同,浪漫型的詩所表現的美"變成精神的美,即自在自為的內心世界作為本身無限的精神的主體性的美"。⑤若個性之現身尚可用美的藝術來表現的話,則內在之精神如何用美的藝術來表現呢?所以,黑格爾所說的浪漫型的美與古典型的美不同,實則是精神的崇高、博大,也可以說是"一種通過我們完善自我和完全實現自我的方向或目的而

① 加達默爾:《真理與方法》,洪漢鼎譯,上海譯文出版社 1999 年版,第 127 頁。
② 黑格爾:《美學》第二卷,朱光潛譯,商務印書館 1996 年版,第 274 頁。
③ 黑格爾:《歷史哲學》,王造時譯,上海書店 1999 年版,第 247 頁。
④ 黑格爾:《美學》第二卷,朱光潛譯,商務印書館 1996 年版,第 250 頁。
⑤ 黑格爾:《美學》第二卷,朱光潛譯,商務印書館 1996 年版,第 275 頁。

實現的一種自我肯定。這意味著在不夠完善時的探尋和在達到完善時的一種歡欣"。① 是精神的更高形態之實現，這只可以"心"悟，不可以"眼"觀。"所以任何人以觀賞者的身份去接近這種理想，他都無法把這種理想的實際存在看作與他自己有關聯的外在顯現，移植到自己身上來。……浪漫型藝術的無限的主體性或絕對卻不是沉浸到它的外在顯現裏去的，而是就沉浸在它本身裏。"② 正因為如此，黑格爾說："古典美不能表現崇高。因為產生崇高印象的只是抽象的普遍的東西，這種東西本身沒有明確的定性，對個別特殊的東西一般只持否定的態度，因而對任何具體的體現也持否定的態度。"③ 在黑格爾看來，詩所用的文字符號是抽象的普遍的東西，因為它是用來標示觀念與概念的。故浪漫型的詩最能抒發人類的這種普遍的崇高精神，"抒情仿佛是浪漫型藝術的基本特徵"。④ 這種特徵使得浪漫型藝術超越了藝術自身。在黑格爾看來，藝術的宗教只在希臘，"至於後起的浪漫型藝術儘管還是藝術，卻顯出一種更高的不是藝術所能表現的意識形式。"⑤ 特別是詩更是超越了藝術自身進至了精神的更高形態了。黑格爾說：

> 詩藝術是心靈的普遍藝術，這種心靈是本身已得到自由的，不受為表現用的外在感性材料束縛的，只在思想和情感的內在空間與內在時間裏逍遙遊蕩。但是到了這最高階段，藝術超越了自己，因為它放棄了心靈借感性因素達到和諧表現的原則，由表現想像的詩變成表現思想的散文了。⑥

"表現思想的散文"就是哲學，在黑格爾那裏是精神的最高形態。也就是說，在黑格爾看來，詩不可以庸眾所認可的"美的"藝術來衡定，詩必須被看作是"詩性的"藝術，甚至超越藝術自身而去表現人類最高最普遍的精神。故詩亦可曰不是藝術，即便認定其為藝術，亦是崇高的藝術。基於此，黑格

---

① 喬治·麥克林：《傳統與超越》，幹春松、楊風崗譯，華夏出版社 2000 年版，第 99 頁。
② 黑格爾：《美學》第二卷，朱光潛譯，商務印書館 1996 年版，第 291 頁。
③ 黑格爾：《美學》第二卷，朱光潛譯，商務印書館 1996 年版，第 227 頁。
④ 黑格爾：《美學》第二卷，朱光潛譯，商務印書館 1996 年版，第 287 頁。
⑤ 黑格爾：《美學》第二卷，朱光潛譯，商務印書館 1996 年版，第 170 頁。
⑥ 黑格爾：《美學》第一卷，朱光潛譯，商務印書館 1996 年版，第 113 頁。

爾給予詩以高度的評價，他認為"詩過去是，現在仍是，人類的最普遍最博大的教師"。"人必須認識到推動他和統治他的那些力量，而向他提供這種認識的就是形式符合實體內容的詩。"①通過上面的解析，黑格爾的美學以精神為主導，以"美是理念的感性顯現"為線索，則作為藝術之最後形態的詩必須包含以下義蘊：內容上，詩須表現那惟一的實體——絕對精神；進而在形式必超越藝術自身之形態而進至近似於哲學形態。詩須超越藝術自身而近似於哲學形態，即是在"詩性的"立場而不是在"詩藝"的立場上論詩。然必須指出的是：黑格爾所說的哲學形態是一種抽象普遍的思想。這樣，當詩向哲學形態逼近時，雖然有了精神之深邃與高致，但卻無形中扼殺了詩之美。所以，"美是理念的感性顯現"雖然有其深刻的精神內蘊，但鑲嵌在黑格爾的精神哲學中卻又有其不可避免的限度。這限度即在：因為"詩性的"藝術依然要表現感性的美，但由黑格爾所說的思辯哲學不能盡此責。若要盡此責，須依據中國傳統的心性學開出精神實踐的工夫路數，牟宗三的藝術理論即依此而論的。

三、美的"分別說"與"合一說"

與黑格爾頗相似，牟宗三亦不一般地否定純粹美的存在。牟宗三把美分為"分別說的美"與"合一說的美"。"分別說的美"即是純粹的美，這種美是"由人之妙慧之直感那'在認知與道德以外而與認知與道德無關'的氣化之光彩而凸起。這一凸起遂顯美之為美相以及'愉悅於美'之愉悅相。這一愉悅相既無任何利害關心，亦無混於'義理悅心'，且亦遠離於激情與嫵媚，自是一純美之愉悅，妙慧靜觀中直感於氣化之光彩之自在閒適之愉悅。"②顯然，這是在康德的理路上說的，即"分別說的美"既不是感官快適（遠離激情與嫵媚），復不是知識與道德，是一種純粹自在閒適之愉悅。亦可說，"分別說的美"是"詩藝的"美。儘管他所說的"妙慧靜觀"之直感到底是人的一種怎樣的心靈能力，並沒有像康德那樣說得如此之明確，但他並不否認人之此種精神能力之存在。然而，牟宗三像黑格爾一樣，希望在更高的精神立場

---

① 黑格爾：《美學》第三卷下冊，朱光潛譯，商務印書館 1996 年版，第 20 頁。
② 牟宗三譯注：《康德判斷力之批判》上冊，臺灣學生書局 1992 年版，第 80 頁。

上來觀照美，於是，他復提出了 "合一說的美"。之所以提出此 "合一說的美"，乃因為此妙慧靜觀之直感須有 "提得起放得下" 之通化作用，儘管 "妙慧審美本是一閒適的靜觀之'靜態的自得'，它本無'提得起放得下'之動態勁力"，但由妙慧靜觀之直感所得的 "分別說的美" 欲圓成其自己，則必須調適通化妙慧靜觀之直感而至道心之精進不已，因為 "道心之精進不已與圓頓之通化到'提得起放得下'而化一切相時即顯一輕鬆之自在相。"① 由道心之精進不已而顯之輕鬆自在相即是一 "美" 相，然是 "合一說的美"，為 "分別說的美" 的通化與圓成。牟宗三提出美的 "分別說" 與 "合一說"，是希望把所謂純粹的美由精神之內在之辨證發展而提升至精神之美、道德之美之境界上，美之圓成必須在精神與道德之 "化境" 上顯，即 "合一說的美" 上顯。此種美是即真即善即美，亦真亦善亦美，此方為美的真正通化與圓成。《莊子・天下》所謂 "天地之美，神明之容" 即是此種美之切義。據此，牟宗三批評了康德以反思判斷力之 "合目的性原理" 來溝通美與善的思想，他認為，康德的 "美是道德的象徵" 是硬說。此種理路 "固是一個巧妙的構思，但卻是一種技巧的湊泊，不是一種實理之直貫，因而亦不必真能溝通得起來"。② 牟宗三的意思非常明確，即所謂純粹的美要通化圓成其自己，不能依康德那種依一原理來溝通，而須依一精神實體內在之辨證發展。儘管這精神實體內在之辨證發展，其所成雖不只是藝術性的美，而是萬有俱在，所謂 "百家騰躍，終入環內"（《文心雕龍・宗經》）者也，但藝術性的美必入此環內方可得其正面之價值。從這個意義上看，牟宗三更欣賞黑格爾所說的 "美是理念的感性顯現" 之總括語與終攝語。他認為，這句話所表現的理境在中國雖早已由古之聖賢先哲所說出了，如孔子所說的 "依仁遊藝"《論語・述而》，莊子所說的 "天地有大美而不言"（《莊子・知北遊》），孟子所說的 "大而化之之謂聖"（《孟子・盡心下》）等皆是。但在藝術已被專業化的西方由黑格爾說出，自是不同凡響，他說出了藝術所應有的最高境界。問題是：藝術要達到這種境界，其精神依據何在？ "分別說的美"，或者說， "詩藝的" 美為何不能達到呢？這種美之精神內蘊又如何？

① 牟宗三譯注：《康德判斷力之批判》上冊，臺灣學生書局 1992 年版，第 81 頁。
② 牟宗三：《心體與性體》上冊，上海古籍出版社 1999 年版，第 150 頁。

四、"詩藝的"藝術之精神內蘊及其限度

要理解"詩藝的"藝術何以達不到高度的精神之美，則須了悟"詩藝的"藝術之精神內蘊。牟宗三認為，文學藝術之精神主體為一質實渾全的材性生命。"說到藝術和文學，它的主體一定是生命主體。生命有獨立的意義，上而它不是理性。下而它又不是物質。就單單拿這種有獨立意義的生命，才是真正的藝術主體。"① 這質實渾全的材性生命有其獨特性、惟一性，其表現即是生命姿彩的花爛映發。把這花爛映發之姿彩復表現在具體的藝術品上，即是天才的創造。因此，對於藝術，牟宗三基本上同於康德，是以天才為原則的。天才生命之花爛映發是藝術創造的精神底色。既然文學藝術是盡天才生命之花爛映發，則能盡到何處？盡到何種程度？皆是沒有一定的。此即示此種精神的主觀性、歧異性乃至神秘性。所以，牟宗三說："這個生命主體，這個生命發的時候是不自覺的（Unconcious）。所以，這裏說天才，一發洩完就沒有了，就是'江郎才盡'。按照理性講，當該沒有盡，但是從生命上講，他是'有盡'的時候。當他發的時候，不是理性所能控制的，所以李白斗酒詩百篇。他一喝酒，詩都出來了。藝術就是這樣創造出來的。所以藝術的主體是生命，不是理性。"② 然藝術既是生命的事，而生命總不只是一先天既定之事實，而是可被塑造的（即變化氣質）。故生命自可覺解覺悟而臻於絕對之客觀理境。而藝術用來表現此一覺解覺悟之精神開顯過程，正是藝術"任重而道遠"（《論語·述而》）的責任。所以，牟宗三說："文章到了這最後的境界即能永恆而普遍，勿論作者的個性是特殊的，作者的材料與環境是常變的；但到了神化的境界則是永恆而普遍。吾人必須瞭解這種境界，始能言變與常，殊與共的問題，不然徒自暴其無學而已。"③ 這正是儒家詩教或黑格爾所說的美學境界。然而，既然牟宗三以天才之渾全的材質生命為藝術之主體，何以必要求藝術必須回復到儒家詩教或黑格爾的傳統呢？這當然與牟宗三對天才之渾全的材質生命所蘊涵的內在精神之價值評判相關，亦與變化氣質的儒聖之教相關。我國自魏晉以來所謂的"生命的自覺"以後，確實開始重視

① 牟宗三：《美的感受》，載（香港）《鵝圃》1996年第5期，第46頁。
② 牟宗三：《美的感受》，載（香港）《鵝圃》1996年第5期，第46頁。
③ 《牟宗三先生全集》卷26《牟宗三先生早期文集》（下），臺北聯經出版事業公司2003年版，第1059頁。

人的材質生命，特別是材質生命之英特者，更是以此自恃。而由此帶來的"文學的自覺"以後，復有以純文人之浪漫精神名世者，"竹林七賢"即其選也。對於這種盡文人浪漫之情之生命精神，牟宗三作如是之概觀：

> 以浪漫文人之生命為底子，則一切禮法皆非為我而設。……依此，它必沖決一切藩籬，一直向上擊，直向原始之洪荒與蒼茫之宇宙而奔赴。這是一個無掛搭之生命，只想掛搭於原始之洪荒與蒼茫之宇宙。不但世俗之一切禮法不能掛搭，即任何"教"之系統與"學"之系統亦不能掛搭。……此即所謂"逸氣"，所謂"天地之棄才"。①

依此，文人浪漫之盡情生命惟顯"美"之"逸氣"，除此以外，別無所成，故曰"天地之棄才"。何也？因浪漫之盡情生命只欲以其原始的諧和直線地往下滾，盡其質實的生命光輝，平鋪於世界。故其"盡情"之時，即欲拆除一切的限制與障礙。這種欲拆除一切的限制與障礙之精神，其境界似乎很高，也是嚮往那"天地與我並生，而萬物與我為一"（《莊子·齊物論》）的靜默淳化之境，但道家說此境乃由修養實踐工夫而至，非徒然質氣生命之一體平鋪，進而拆除一切，否定一切也。故生命之原始諧和只是氣稟之天定，屬形氣之形而下者，非價值之形而上者。這樣，若只以生命原始的諧和直線地往下滾，則必上無掛搭，下無收煞，即生命精神完全是主觀的。雖可成就一時的美之煥發，但就人類之精神歷程中，並無真實之價值。是以浪漫之盡情生命必須客觀化其自己以求貞定住價值。所謂客觀化就是"立於禮"。（《論語·泰伯》）然須指出的是：生命之圓成固須進至靜默淳化之境，不能只停於概念性與規範性之"立於禮"，但此一步暫時的坎陷為必不可少。但文人之浪漫精神全不明乎此，只知渾淪天成之生命往下滾，而倡"禮豈為我設邪"（《晉書·阮籍傳》）。其實，禮一旦形成，即有其社會之膠固性與價值之堅實性，自非文人以其浪漫生命之逸氣所能拆除與掃蕩的。故文人浪漫之生命在現實上常不能盡其情，因而常有傷感之情與怨憤之氣。此傷感之情與怨憤之氣欲遊戲般地排遣之，求一時之舒緩與解脫，此即是詩的抒寫，分別形成婉約的詩與豪放的詩。但在牟宗三看來，具有精神教化的詩必須是"詩性的"而不是"詩

---

① 牟宗三：《才性與玄理》，臺灣學生書局 1974 年版，第 292 頁。

藝的”，二者之內在精神根本不同。而我們常把詩只看成“詩藝的”而不是“詩
性的”，婉約的詩與豪放的詩之分，即是“詩藝的”。婉約的詩是傷感而幽怨的，
豪放的詩是怨憤而放浪的。總之，皆為生命原始之情的一體平鋪，是平面的、
廣度的。只是情的抒展，氣之舒緩，而精神自身並無辨證的開顯與轉進。但“詩
性的”詩卻不同，它是在傷感之情與怨憤之氣的基礎上，內斂、潛存而自得
生命精神之大道，使精神自身得以辨證的開顯與轉進，由主觀進至客觀乃至
絕對之境，非只是情的一體平鋪。故是立體的、深度的。“詩性的”詩超越
了詩藝術本身，向精神的更高之境即精神教化中邁進了。

五、“詩性的”藝術之精神內蘊及其可能

在牟宗三看來，中國漫長的詩歌史上，大部分的詩作皆是“詩藝的”，
而不是“詩性的”，即便是被韓昌黎譽為“光焰萬丈長”的李太白與杜子美，
亦不可說是“詩性的”。儘管從“詩藝”的角度看，他們已“至矣，盡矣，
蔑以加矣”。但這只是純藝術之美的，在精神理境上，李太白與杜子美尚相
當欠缺。對於李太白，牟宗三認為，“謫仙”本放浪不羈之天才，徒顯氣之
飄逸與情之爽朗，而未能濟之以學。對於杜子美，牟宗三認為，子美讀書萬卷、
顛沛流離，然徒顯學問之富與識見之廣，而未能養之以天。從牟宗三的論述中，
我們似乎可以這樣說：李太白乃詩中之豪傑與浪子，杜子美乃詩中之蘭台與
學究。“李才大而輕，未能濟之以學，動以甯之徐生，故有時調雖美而格不高。
杜性重而濁，未能養之以天，濁以靜之徐清，故有時調雖老而格亦不高。”①
也就是說，李、杜之詩皆為“詩藝的”，非“詩性的”，因精神內在涵養之
工夫不足，故其詩皆為形式的、純美的，而一以貫之之高明之道則缺焉。由此，
我們即可知，在牟宗三的藝術詩學中，“詩性的”即意味著有“一以貫之之
高明之道”。這“一以貫之之高明之道”，實乃一精神實體之流貫也，猶如
黑格爾精神哲學中的“理念”，在詩中即形成其“格”與“調”。

何謂“格”？牟宗三說：

---

① 《牟宗三先生全集》卷26《牟宗三先生早期文集》（下），臺北聯經出版事業公司2003年版，第1103頁。

推明政治，莊語得失，謂之雅，理也。刺美風化，緩而不迫，謂之風，事也。憂幽憤悱，寓之興比，謂之騷，情也。采摭事物，摛華布體，謂之賦，景也。理、事、情、景，交織綿密，精神關注，無過不及，是謂之格。格者，詩之所以為詩之道也。①

何謂"調"？牟宗三說：

調暢其氣，動盪其態，聲韻鏗鏘，八音克偕，是謂之調。調者，詩之所以為詩之才也。格以正之，氣以充之。氣之呈在乎才。才之呈則調也。氣有暴氣，有正氣，有平旦之氣，有浩然之氣。呈暴氣者，調之下也。氣之正者則調高，氣之平者則調雅。②

依牟宗三之意，作為詩之"格"，有其堅實不移的價值客觀性，此即"詩之所以為詩之道"，有其不因人而異的客觀價值標準。此客觀價值標準因生命精神之貫注，在詩中形成一精神性的氛圍、色澤，此即是"調"。故"詩性的"以其"格"與"調"定。格高調雅則詩性具，格卑調俗則詩性無，詩性無則詩藝也。詩藝也者，不見"格"之堅實與價值，不知以"格"正氣，惟寓情於氣，氣以使才之謂也。故"詩藝的"詩因無"格"之標準，惟有人文浪漫生命寡頭的飄蕩。其傷感之情、怨憤之氣，美則美矣。然無客觀之價值提撕之、潤澤之，則此美終成玩弄光景、風花雪月之虛妄，無精神史上的價值與意義。基於此，牟宗三說："邏輯的真，藝術之美，皆不是最後的也。外重內輕，自己空虛。"③可見，詩性之所以為詩性乃因精神之博大與高遠，非氣質之飄忽、技藝之精美所能盡也。何謂"大"？"充實之謂美，充實而有光輝之謂大，大而化之之謂聖，聖而不可知之之謂神。"（《孟子·盡心下》）此即為"大"。何謂"遠"？"其稱名也小，其取類也大。其旨遠，其辭文。其言曲而中，其事肆而隱。"（《周易·繫辭下》）此即為"遠"。故精神之博大與高遠則必具神韻。"聖而不可知之謂神，神者妙萬物而為言，

---

① 《牟宗三先生全集》卷26《牟宗三先生早期文集》（下），臺北聯經出版事業公司2003年版，第1093頁。
② 《牟宗三先生全集》卷26《牟宗三先生早期文集》（下），臺北聯經出版事業公司2003年版，第1093頁。
③ 牟宗三：《寂寞的獨體》，新星出版社2005年版，第104頁。

圓通之謂也。韻者事理通達，無過不及，不偏激之謂也。"① 故具神韻必具詩性，具詩性則必溫柔敦厚之詩教得以成。

精神之博大高遠，妙物之神，情采之韻，皆為內的，可云"內"的詩性。然詩性尚有外的。這"外"的詩性——在牟宗三看來——須具以下特性：一曰表人類之靈魂；二曰顯時代之精神；三曰見一己之智慧。牟宗三所說的詩性的三個方面："人類之靈魂"即是指儒家系統中"心""性"等常住不變的道德實體；"時代之精神"即是指依道德實體而成的文化建構來對現時代的文化各層面作自覺的、反省的理性批判與開導；"一己之智慧"即是養此道德實體而來的對人生宇宙之覺解。此三者，不僅關乎詩之格是否高，調是否雅，亦關乎詩之精神博大高遠與否。同時，此三者所包藏的精神理境與黑格爾之"美是理念的感性顯現"之說、加達默爾之"藝術的萬神廟並非一種把自身呈現給純粹審美意識的無時間的現時性，而是歷史地現實自身的人類精神的集體業績"之論，可謂異曲同工。與黑格爾和加達默爾一樣，牟宗三此論亦是欲以客觀普遍的人類精神而使詩客觀化，不只是主觀之情的四無依傍之飄灑，從而使詩成為精神歷程中不可或缺的一階段。若文章誠如魏文之所言，乃"經國之大業，不朽之盛事"（曹丕《典論·論文》），則必須以牟宗三之所說為原則，不可純唱"文以氣為主"也。這樣，詩便超越了藝術自身而上升到與宗教、哲學為同一層次的東西，故詩亦為"經"也。"經"也者，闡道翼教，復人道之大常也。是以劉彥和《文心雕龍》冠《原道》《徵聖》《宗經》三篇於卷首，以確立文藝之規範，不妄也。此是"詩性的"藝術與"詩藝的"藝術在精神境界上的不同，由是之不同，則其間之藝術境界固亦不可同日語也。

現在的問題是：若"詩藝"源於材性生命天才般的花爛映發與技藝之心匠獨具，則"詩性"如何可能呢？牟宗三認為："對於宇宙人生的慧解，對於真、善、美的希求與憧憬，便是'詩意'。""有靜覺與慧解就是有'詩意'與'詩境'。"② 而靜覺與慧解又來自學養。"夫吾所謂學養，非必腦肥滿腸

---

① 《牟宗三先生全集》卷26《牟宗三先生早期文集》（下），臺北聯經出版事業公司2003年版，第1096頁。
② 《牟宗三先生全集》卷26《牟宗三先生早期文集》（下），臺北聯經出版事業公司2003年版，第1115頁。

之謂也。學問昇華而為氣象，即為學養。不酸腐，不癡迷，則氣象高。"① 由
是可知，牟宗三所謂學養，實乃存養也。"存"者，"成性存存，道義之門"
（《周易·繫辭上》）之謂。"養"者，"我善養吾浩然之氣"（《孟子·公
孫丑上》）之謂。故存養即是化氣質之性的偏至而呈現天命之性的主宰，靜
覺與慧解即從此中來。由此，靜覺與慧解即所謂德性之知。"詩性"即因德
性之知而可能。因此，"詩性的"之所以超越"詩藝的"，乃因為"詩性的"
不是徒關涉藝術自身的技藝問題，根本上乃是一個精神實踐的問題。筆者在《論
中國詩學的實踐性》一文中的一段話，或許可以作為"詩性的"藝術之精神
歸結：

　　這樣，人格修養的最高境界便是藝術的最高境界，藝術風格的
不同不是審美趣味的不同，而是修養工夫的高下。審美趣味可以有
爭論甚至衝突，但修養工夫不能有爭議更無衝突，你達不到更高層
次的藝術風格，只是你修養的工夫不到。因此，你欲在藝術上更上
一層樓，便不能只在藝術本身上去強探力索，非得老老實實地做修
養的工夫不可，這便是劉彥和"真宰弗存，翩其反矣"之說（《文
心雕龍·情采》），亦是陸放翁"汝果欲學詩，工夫在詩外"（《劍
南詩稿》卷七十八《示子遹》）之謂。你若以審美趣味的不同為藉
口而在藝術上故步自封，這決不只是一個藝術上的追求問題，更是
一個實踐的問題，因為你甘願生命沉淪，境界低下。這便是中國詩
學實踐性的究竟了義。②

　　以上通過牟宗三的檢定與概說，可知："詩性的"藝術實際上就是"精
神實踐"的藝術，"工夫修養"的藝術，而"詩藝的"藝術，乃天才卓絕之
生命之情加上其獨特的雕鑿技巧而產生者，雖具有"美"與"詩性"。但因
為這種"美"與"詩性"只是文人自然之浪漫生命四無依傍的流射與揮灑，
尚差精神涵養的一段工夫，故只能說是"詩藝的"，與真正的"美"與"詩

---

① 《牟宗三先生全集》卷26《牟宗三先生早期文集》（下），臺北聯經出版事業公司2003年版，第1134頁。
② 張晚林：《論中國詩學的實踐性》，載（臺北）《孔孟學報》第82期，第314頁。

性"相去甚遠。更勿論"備於天地之美，稱神明之容"（《莊子·天下》）了。真正的"美"與"詩性"，必須濟之以學，養之以天，開精神實踐的工夫路數，此為"詩性的"藝術所以可能之精神根基也。而這種根基，只能在中國傳統的心性學之中。

第四章　心性學與美的色澤及
藝術之意境

　　美是否有一定的色澤呢？這似乎是一個很奇怪的問題，一般的美學家不會提出這樣的問題。因為在一般的美學家看來，美之所以為美，正乃在於色澤的多樣與變化，一定的色澤總是令人審美疲勞而不美。但是這種所謂的鑒賞的審美只不過是在外在對象之姿態萬千與色彩繽紛中尋求好奇心的滿足，進而獲得一時的激動與愉悅。這種一時的激動與愉悅不唯不能使精神得到教化與提撕，亦可能恰恰是人類狂歡乃至墮落的開始。柏拉圖把藝術家及詩人排斥在理想國之外，康德把魅力刺激（色彩）排除在審美之外而標舉素描，這都是對這種審美保持一種警惕態度。欲通過鑒賞這種美獲得審美教育，不但不可能，可能還適得其反。如果要獲得真正的審美教化，那麼審美就決不是"在外在對象之姿態萬千與色彩繽紛中尋求好奇心的滿足"，而是"與絕對的'一'作存在的呼應，既而純化自家生命，照亮乾坤、朗澈世界"。既如此，則美之色澤就不會是多樣與變化的，因為直通大道的朗朗乾坤、明澈世界之聖域不是靠形式的多樣與色彩的繽紛而為美，乃是依道而行而為美。如果吾人承認美學就是心性學，則美一定有個固定的色澤。那麼，這種美當是什麼色澤呢？這種色澤與心性修養有什麼關係呢？

一、素樸恬淡與精神存養

　　前面提到過《論語》的兩條語錄以表徵聖人的生活。"子之燕居，申申如也，夭夭如也。"（《論語‧述而》）"莫春者，春服既成。冠者五六人，童子六七人，浴乎沂，風乎舞雩，詠而歸。"（《論語‧先進》）從生活自身來看是安和嫻靜的，但從其色澤來看，則一定是素樸恬淡溫和的，決不顯示色彩的華麗與繽紛。因此，從色澤上就可以看出一個人的德行與生活。《論語》有下面三條記載：

> 子曰："巧言令色，鮮矣仁！"（《論語‧學而》）（曾子曰）"君子所貴乎道者三：動容貌，斯遠暴慢矣；正顏色，斯近信矣；出辭氣，斯遠鄙倍矣。"（《論語‧泰伯》）
> 子夏曰："君子有三變：望之儼然，即之也溫，聽其言也厲。"（《論語‧子張》）

第一句說，一個在言語上巧佞、顏色華麗的人，決不是一個仁者。這意味著，一個仁者決不在色澤上表現絢麗。第二句須與第三句合起來看，"動容貌"就是要"望之儼然"，"正顏色"就是要"即之也溫"。"望之儼然"乃指"貌之莊"，"即之也溫"乃指"色之和"，都與色澤相關，且這種色澤不是華麗濃郁的顏色，乃是指素樸恬淡的顏色。何以見得？《論語》尚有下面一條語錄：

> 子曰："色厲而內荏，譬諸小人，其猶穿窬之盜也與？"（《論語‧陽貨》）

一個人內心柔弱空虛，於是只有外表上裝出一派威嚴之容貌與濃郁之色澤，以掩飾其根基之缺失，這正是小人之所為。作為君子決不是這種色澤與容貌，故子曰："君子坦蕩蕩，小人長戚戚。"（《論語‧述而》）"坦蕩蕩"是指和融舒泰、平淡自然，"長戚戚"是指患得患失，憂樂形於色。因此，荀子曰："夫盡小者大，積微者著，德至者色澤洽，行盡而聲聞遠。小人不誠於內而求之於外。"（《荀子‧大略》）君子修德到最高境界時，其儀表色澤一定顯得溫潤如玉，恰到好處，這是由內至外的自然結果；但小人因無內在之修德工夫，僅人為地求外在的儀表色澤鮮美動人，卻往往適得其反。這正道出了君子與小人因修養之別而來的外在色澤上的差別。故"富潤屋，德潤身"之說，豈妄言哉？！

另外，《荀子》裏還有如下一條記載，儘管未必是歷史事實，但一定表現了聖人的生活態度與色澤容儀：

> 子路盛服見孔子，孔子曰："由，是裾裾何也？昔者江出於岷山，其始出也，其源可以濫觴，及其至江之津也，不放舟，不避風，則不可涉也，非維下流水多邪？今汝服既盛，顏色充盈，天下且孰肯諫汝矣！由！"子路趨而出，改服而入，蓋猶若也。子曰："志之，吾語女。奮於言者華，奮於行者伐，色知而有能者，小人也。"（《荀子·子道》）

孔子之所以批評子路"盛服裾裾""顏色充盈"，乃因為這種容儀色澤在人與人之間無形間建立了一道屏障，阻礙了人們之間的精神提撕與德性潤澤，從而無法生成舒泰安樂的生活美境。子路聽到乃師的批評以後，立即換了一套服裝。"猶若"是指舒和平淡之色澤容儀。孔子見了以後，再次告誡子路，在能力上誇飾、在色澤上華麗的人，都是小人，吾人切不可如此。因此，子思在《中庸》總結曰：

> 《詩》曰：衣錦尚絅。惡其文之著也。故君子之道，暗然而日章；小人之道，的然而日亡。君子之道：淡而不厭，簡而文，溫而理。知遠之近，知風之自，知微之顯，可與入德矣。

"錦"上面之所以要披一層淡雅的輕紗，乃是避免顏色太著，而這種色澤是根本違背君子之道的。君子之道在色澤上是"淡""簡""溫"，若在精神上表現出如此之色澤，就可以入德悟道了。"淡""簡""溫"是人盡了性分之德後的容儀。劉劭《人物志》云：

> 故曰物生有形，形有神精。能知精神，則窮理盡性。性之所盡，九質之征也。然則平陂之質在於神；明暗之實在於精；勇怯之勢在於筋；強弱之植在於骨；躁靜之決在於氣；慘懌之情在於色；衰正之形在於儀；態度之動在於容；緩急之狀在於言。其為人也，質素

平淡，中叡外朗，筋勁植固，聲清色懌，儀正容直，則九征皆至，
則純粹之德也。（《人物志·九征》）

一個真正能純化自家生命而盡性之德的人，該"勇強""剛正"時一定
"勇強""剛正"，然在色澤上一定是簡淡和融、自然嫻靜的。不唯孔子如是，
有存養修持之賢達皆如是。

春陵周茂叔人品甚高，胸中灑落，如光風霽月。（《山谷集》卷一《濂
溪詩並序》）

明道先生坐如泥塑，接人則渾是一團和氣。（《二程外書》卷
十二）

遊定夫訪龜山，龜山曰："公適從何來？"定夫曰："某在春
風和氣中坐三月而來。"龜山問其所之，乃自明道處來也。試涵泳"春
風和氣"之言，則仁義禮智之人，其發達於聲容色理者，如在吾目中矣。
（《宋元學案·明道學案》下引張橫浦語）

上面幾條史料都說明了理學家存養修持後、人之精神境界在色澤上的表
現，大體來說，皆具平淡素樸之色，和樂安靜之顏。這是存養後自然而至的結果，
決非外在光景之虛映。朱子曾語陳同甫曰：

樓臺側畔，楊花過簾幕，中間燕子飛。只是富貴者事，做沂水
舞雩意思不得，亦不是躬耕隴畝，抱膝長嘯底氣象。卻是自家此念
未斷，便要主張將來做一般看了。竊恐此正是病根。（《晦庵集》
卷三十六《答陳同甫》）

"沂水舞雩"是孔子與弟子遊樂之故事，"躬耕隴畝"是諸葛亮閒居隆
中耕讀吟詠之故事，此皆精神修為之事，可刻意以外物裝飾打點出來，以為"樓
臺側畔，楊花過簾幕，中間燕子飛"即是此等氣象，則非也。人間之生活美
境正是通過存養，以這種色澤之遍潤世間之結果。孟子曰："霸者之民，驩
虞如也；王者之民，皞皞如也。"（《孟子·盡心上》）"霸者之民"，喜
怒哀樂形於色，"王者之民"，則淡然自處，不露神色於外。故王陽明以為

這種生活圖景是 "全是淳龐樸素，略無文采的氣象" (《王陽明全集》卷一《語錄一》)。也就是說，如果 "王道" 真正實現在人間了，在色澤上一定淡然素樸而無文采之景象，但這並非民生凋敝之慘澹，而是真正的人間美境之靈現。這當如何理解？為了便於釐清個中之問題，我們暫且回到老子的一段話中來：

> 小國寡民。使有什伯之器而不用；使民重死而不遠徙。雖有舟輿，
> 無所乘之，雖有甲兵，無所陳之。使民復結繩而用之。甘其食，美其服，
> 安其居，樂其俗。鄰國相望，雞犬之聲相聞，民至老死，不相往來。
> (《老子》第八十章)

這裏呈現出一派荒遠、蕭疏，甚至是貧瘠之景象，沒有大都市物質的競奢、車馬之喧囂、燈火之輝映、色彩之絢麗，但人們安居其間，"灌園鬻蔬，供朝夕之膳；牧羊酤酪，俟伏臘之費" (潘嶽《閒居賦》)，這種素樸恬淡而有靈性之生活，遠甚於在物質的豐饒中放縱、器物之便利中享樂與色彩之絢麗中沉醉。這是老子的 "理想國"。十八世紀的盧梭亦沉迷於這種 "理想國"，他說：

> 我們對風尚加以思考時，就不能不高興地追懷太古時代純樸的
> 景象。那是一幅全然出於自然之手的美麗景色，我們不斷地向它回
> 顧，並且離開了它我們就不能不感到遺憾。那時候，人們清白而有德，
> 並願意有神祇能夠明鑒他們的行為，和他們一起都住在同一個茅
> 屋裏。[1]

但歷來人們對這種 "理想國" 詬病甚著，以為這是倒退的歷史觀、反科學與進步。如果我們只是從物質的豐饒、器物的便利與色彩的絢麗來看進步，那老子的理想誠然是反動的。但問題，進步就是意味著物質的豐饒、器物的便利與色彩的絢麗嗎？這種進步觀含有怎樣的危險？它在怎樣的意義上褫奪了人間真正美境的到來？這些問題解答清楚以後，我們便可知道，真正的美為何一定是素樸恬淡的。

尼采曾說："一切偉大之物，總是遠離了市場與榮譽才能發生；新價值

---

① 盧梭：《論科學和藝術》，伍蠡甫主編：《西方文論選》上冊，上海譯文出版社 1979 年版，第 332 頁。

之發明者總住在市場與榮譽很遠的地方。"^①一切認為老子的上述思想乃反科學、反進步的人，一定是基於市場原則，既而以功利思維為主導。海德格爾把這種功利思維稱之為計算性思維，而與沉思之思相對，後者海德格爾以一個很詩意的詞——"泰然任之"——表示之。二者的區別對於我們理解老子的話有何意義呢？我們不妨來研究一下海德格爾的"泰然任之"。

二、泰然任之與素樸恬淡

我們要理解"泰然任之"的意義，先必須認知計算性思維的特徵及其後果。對於計算性思維，海德格爾說：

> 當我們進行規劃、研究和建議一家工廠時，我們始終是在計算已給定的情況。為了特定的目標，出於精打細算，我們來考慮這些情況。我們預先就估算到一定的成果。這種計算是所有計劃和研究思維的特徵。這種思維即使不用數來運行，不啟用計算器和大型計算設備，也仍然是一種計算。計算性思維權衡利弊。它權衡進一步的新的可能性，權衡前途更為遠大而同時更為廉價的多種可能性。計算性思維唆使人不停地投機。^②

居常以為，科學反映客觀事物之真理，但科學亦不過是一種計算性思維，科學在原因—結果之間計算與預測。海德格爾說：

> 現代科學作為在觀察意義上的埋論是對現實之物的一種極端干預性的加工。……科學調節著現實之物。它使現實之物自身在各種情況下各自展示為受作用物，即展示在被設定的原因所造成的各種可預測的結果之中的受作用物。現實之物在其對置性中被確定了。^③

說到底，科學所面對的現實之物乃是一種原因—結果之關係，科學就是要處理這種關係，儘管科學的處理相當成功與有效，但這依然是一種計算。故海德格爾說："所有現實之物的理論所進行的追蹤—確定的過程都是一種

---

① 尼采：《查拉斯圖拉如是說》，尹溟譯，文化藝術出版社1987年版，第74頁。
② 海德格爾：《泰然任之》，孫周興選編：《海德格爾選集》，上海三聯書店1996年版，第1233頁。
③ 海德格爾：《科學與沉思》，孫周興選編：《海德格爾選集》，上海三聯書店1996年版，第965-966頁。

測算。"①在科學面前，現實之物確實是一種成功之物，其之所以"成功"乃是由一個原因"帶來"的。所以，科學就是這樣一副座架，不但把世界促逼於其中，人亦隨之被促逼於其中。海德格爾說：

> 人類如此明確地處身於座架之促逼的後果中，以至於他沒有把座架當作一種要求來覺知，以至於他忽視了作為被要求者的自己，從而也不去理會他何以從其本質而來在一種呼聲領域中綻出地生存，因為決不可能僅僅與自身照面。②

在科學的促逼之下，人不再安居在自身之中，亦成為了一種成功的"關係"。比如，護林為纖維素所訂造，纖維素為紙張所訂造，紙張為報紙或畫刊所訂造，報紙則為公眾意見所訂造。同樣，空氣為氮料所訂造，土地為礦產所訂造……如此等等，不一而足。海德格爾進一步說：

> 每個鐘點，每一天裏，他們都為廣播電視所迷住。每週裏，電影都把他們帶到陌生的，通常只是習以為常的想像區域，那裏偽裝出一個世界，此世界其實不是世界。到處唾手可得"畫報"。現代技術的通訊工具時刻挑動著人，攪擾和折騰人。③

就這樣，人的根基便在物質的豐饒、器物的便利與色彩的絢麗中被連根拔起。就連耕作也成為了擺置著自然的訂造。而原先，"耕作"——海德格爾說——意味著："關心與照料。農民的所作所為並非促逼耕地。在播種時，它把種子交給生長之力，並且守護著種子的發育。"④這就是"泰然任之"。如果人類要找回自己的根基，不再在技術的促逼中漂浮，那麼，唯有在"泰然任之"中安居於世界。海德格爾曾借用約翰·彼德·海貝爾之言曰："我們是植物，不管我們願意承認與否，必須連根從大地中成長起來，為的是能夠在天穹中開花結果。"⑤吾人應像植物那樣，安居在故鄉，守護著大地。

---

① 海德格爾：《科學與沉思》，孫周興選編：《海德格爾選集》，上海三聯書店1996年版，第967頁。
② 海德格爾：《技術的追問》，孫周興選編：《海德格爾選集》，上海三聯書店1996年版，第945頁。
③ 海德格爾：《泰然任之》，孫周興選編：《海德格爾選集》，上海三聯書店1996年版，第1235頁。
④ 海德格爾：《技術的追問》，孫周興選編：《海德格爾選集》，上海三聯書店1996年版，第933頁。
⑤ 海德格爾：《泰然任之》，孫周興選編：《海德格爾選集》，上海三聯書店1996年版，第1241頁。

應該說，在老子的時代，科學並不發達，海德格爾所見之情形在老子那裏並未出現，但人類以欲望之心、享樂之能為主導的社會發展的趨勢必然是依此方向而走，以老子的智慧必然有所預見，故他寫下了"小國寡民"那段話，其精神主旨為二千年之後的海德格爾所默契，這並不是一種過度詮釋，因為這不是文字訓詁的問題，而是思想問題、精神問題，所謂"先聖後聖，其揆一也"（《孟子·離婁下》）。老子之所以呼喚什伯之器不用，安居樂俗，就是讓人回到"泰然任之"之中，在這裏，天、地、神、人共處一域，而科學之計算性思維則以人之欲望宰製天地萬物，從而驅趕了神靈。故莊子曰：

> 有機械者必有機事，有機事者必有機心。機心存於胸中，則純白不備；純白不備，則神生不定；神生不定者，道之所不載也。（《莊子·天地》）

科學性的物事或思維與"道"是根本相背離的，真有存養的人對此有真切的體悟。所以，老子之所說的"有什伯之器不用"根本不是一種倒退的歷史觀，乃是讓人回到"道"的生活中，只有在這裏才有真正的美，且是一種大美，即是就"天、地、神、人共處一域"言。這是真正的至德之世。莊子又曰：

> 吾意善治天下者不然。彼民有常性，織而衣，耕而食，是謂同德。一而不黨，命曰天放。故至德之世，其行填填，其視顛顛。當是時也，山無蹊隧，澤無舟梁；萬物群生，連屬其鄉；禽獸成群，草木遂長。是故禽獸可系羈而遊，鳥鵲之巢可攀援而窺。夫至德之世，同與禽獸居，族與萬物並。惡乎知君子小人哉！同乎無知，其德不離；同乎無欲，是謂素樸。素樸而民性得矣。（《莊子·馬蹄》）

這種美乃依"見素抱樸，少思寡欲"（《老子》第十九章）之工夫而來，其色澤必是素樸恬淡的，其境界必是空靈幽靜的，而且真正的大美必如此。這種人間大美，在工業化社會之前的農耕社會是常有的，辛稼軒在他的筆下就曾向吾人展示過：

茅簷低小，溪上青青草。醉裏吳音相媚好，白髮誰家翁媼？大
兒鋤豆溪東，中兒正織雞籠。最喜小兒無賴，溪頭臥剝蓮蓬。（《清
平樂·村居》）

這種安居鄉里，逍遙於天地間之素樸恬淡之美，被科學所帶來的物質之
富麗、財富的堆積所破壞。那麼，華麗濃郁之色澤何以一定不美呢？這不是
一個外物的表像問題，而是一個精神的提撕與砥礪問題。因為華麗濃郁的色
澤常"重"且"深"，給人以壓迫感，使人止步退卻，拉遠了人與人之間的
距離，使得精神的提撕與砥礪成為不可能。因此，華麗濃郁之色澤一定與"德"
之作用是相左的。

三、心性學與素樸恬淡

《中庸》結句曰：

《詩》曰："予懷明德，不大聲以色。"子曰："聲色之於以化民，
末也。"《詩》曰："德輶如毛，毛猶有倫"；"上天之載，無聲無臭"，
至矣！

由此可以看出，一個人在色澤上表現華麗濃郁，那麼，他的生命一定是"重"
而"濁"的，並未純化。同時，在聲色上顯示華麗濃郁，以其"重"且"深"
禦民，不但是有違德性原則，亦是有悖於天道的，因為天道是"無聲無臭"的。
天道是最高的原則，亦是素樸恬淡之美的原則。

莊子在其著作中多次提到天道之色澤，簡要摘錄如下：

夫恬惔、寂漠、虛無、無為，此天地之平而道德之質也。（《莊
子·刻意》）

夫虛靜、恬淡、寂漠、無為者，天地之平而道德之至，故帝王
聖人休焉。（《莊子·天道》）

素樸恬淡不但是天道的色澤，而且更是萬物的本色，故莊子又曰："夫虛靜、
恬淡、寂漠、無為者，萬物之本也"。（《莊子·天道》）管子亦曰："素也者，

五色之質也；淡也者，五味之中也。"（《管子·水地》）既然天地萬物之色澤皆以素樸恬淡為本，那麼，人當然要就天地萬物而任之。管子曰：

> 君子恬愉無為，去智與故，言虛素也。其應非所設也，其動非所取也，此言因也，因也者，舍己而以物為法者也。感而後應，非所設也，緣理而動，非所取也。過在自用，罪在變化，自用則不虛，不虛則忤於物矣。變化則為生，為生則亂矣。（《管子·心術上》）

人於天地間只須"感"與"緣"，即因物而任之，違此而"自用"、而"變化"，皆為逆大道、忤萬物。科學就都是"自用""變化"。莊子亦曰：

> 純素之道，唯神是守；守而勿失，與神為一；一之精通，合於天倫。……故素也者，謂其無所與雜也；純也者，謂其不虧其神也。能體純素，謂之真人。（《莊子·刻意》）

從管子與莊子的論述中可知，只要人於天地之間泰然任之，則其生活色澤亦必是素樸恬淡的，如此，才是"真人"，才能夠"不虧其神"。但人之所以追求如此之色澤，並非是一種主觀愛好，乃是依天道而行。前面說過，人自身有一個與天道相契合與呼應的內在根基。這個根基若充盈篤實，則不但"不虧其神"而成為"真人"，且其色澤必定素樸恬淡。因為這個根基自身之色澤亦是素樸恬淡的。故明儒聶雙江曰："素者，本吾性所固有而豫養於己者也。"（《明儒學案》卷十七《聶雙江學案》）這個根基，這個本性所固有而可豫養者，就是孟子所說的"四端之心"，如果存養修持工夫到家，則心必呈現素樸之色澤。中國傳統儒者有切實之證會，如：

> 存諸心者，素矣。（宋·吳高：《雲莊集後序》）
>
> 所以澡雪其心者，素也。（明·陳第：《尚書疏衍》卷三）

"四端之心"雖是一個質實的"大體"，但它卻不可能被外"觀"，而只可能被內在地直覺之，因心之大能而直覺之。因而，吾人對於"四端之心"的直覺常不是其色澤之素樸恬淡，而是其大能之虛靈明覺，因後者更易於被直覺故。所以，中國文化傳統多從虛靈明覺處論心之大能：

> 是以聖人之治，虛其心，實其腹，弱其志，強其骨。（《老子》第三章）唯道集虛。虛者，心齋也。（《莊子·人間世》）
>
> 不見不聞只是虛。虛者，心之本；實者，心之質可見者也。心也者，虛而實；君子之道費而隱。（《明儒學案》卷五十三《李谷平學案》）

以上所云之"虛"皆從心之本與心之能立論，但心之虛亦來自天道，"唯道集虛"即是明示，張橫渠亦論曰："太虛者，天之實也。萬物取足於太虛，人亦出於太虛。太虛者，心之實也"（《張載集·語錄中》）。這便說明了作為本體的心一定是虛靈的，且這虛靈來自天道。只要存養修持工夫篤實，這虛靈之本心是一定可直覺到的。明儒湛甘泉曰：

> 吾常觀吾心於無物之先矣。洞然而虛，昭然而靈。虛者，心之所以生也；靈者，心之所以神也。吾常觀吾心於有物之後矣。窒然而塞，憒然而昏。塞者，心之所以死也；昏者，心之所以物也。其虛焉靈焉，非由外來也，其本體也；其塞焉昏焉，非由內往也，欲蔽之也。其本體固在也，一朝而覺焉，蔽者徹虛而靈者見矣。（《明儒學案》卷三十七《甘泉學案》）

這一段話由本體，通過工夫進而說到心之大能。心之本體固"虛"，但若工夫不篤實，則亦不能生"靈"之大能，進而其"虛"之本體似亦閉塞而不可見。所以，宋明儒多從工夫處見本體，特別是陽明以後，儒者雅好良知之學，良知固然是本體，但更是工夫。從良知論心，更顯其虛靈明覺之本體及其大能。陽明後學多有所論：

> 良知之教乃從天命之性指其精神靈覺而言，惻隱、羞惡、辭讓、是非，無往而非良知之運用。（《明儒學案》卷十六《鄒謙之學案》）
>
> 蓋天性之真，明覺自然，隨感而通，自有條理，是以謂之良知，亦謂之天理。天理者，良知之條理；良知者，天理之靈明。（《明儒學案》卷十七《歐陽南野學案》）

性之靈明曰良知。良知自能應感，自能約心。（《明儒學案》
卷三十二《王東崖學案》）

良知，不是以科學之知去建構乃至宰製自然，乃是盡吾人虛靈明覺之本
體讓萬物回到天、地、人、神共處一域的大美中。這種大美，就其色澤言，
則素樸恬淡；就其境界言，則空靈靜默。一源而發，不但源於天道之本，亦
發於人性之根。

前文說過，美是與絕對的“一”作存在的呼應，既而純化自家生命，照
亮乾坤、朗澈世界，吾人若能以自家生命固有之“四端之心”或良知之能照
亮乾坤、朗澈世界，既而傾之筆端，瀉諸紙上，即是藝術。這樣，真正的藝
術亦應呈現素樸恬淡之色澤，空靈靜默之境界。中國傳統的藝術，特別是詩
歌與山水畫多能呈現此種色澤與境界，即是這種精神在藝術中的落實：

> 遠水兼天淨，孤城隱霧深。（杜甫：《野望》）
> 雪意未成雲著地，秋聲不斷雁連天。（錢唯演：《奉使途中》）

應該說，以上詩句所表現出的素樸恬淡之色澤，空靈玄遠之境界，並非
詩人主觀的藝術愛好，而是詩人盡心、知性後的必然結果，因為儘自家之本
心即是盡天地之心。明儒張陽和曰：

> 人之生以天地之心為心，虛而靈，寂而照，常應而常靜。謂其
> 有物也而一物不容，謂其無物也而萬物皆備。無物、無我、無古今、
> 無內外、無始終。謂之無生而實生，謂之有生而實未嘗生。渾然廓
> 然凝然炯然。（《明儒學案》卷十五《張陽和學案》）

從這個意義上看，上述詩句並非一種純粹的寫景，而是一個仁者存養盡
性後的必然境界。這個境界既是大仁（善），復是大美，亦是大真，因為只
有在這種境界中物才回到自身之中，“真”得以實現。這個“真”不是科學
之“真”，而是萬物盡得其性的“真”。《二程遺書》卷三載：

> 周茂叔窗前草不除去，問之。云：“與自家意思一般。”

所謂"與自家意思一般"就是在本心之大能中朗澈天地萬物，所謂"民胞物與"也。這正與《中庸》之意合。《中庸》云：

> 唯天下至誠，為能盡其性；能盡其性；則能盡人之性；能盡人之性，
> 則能盡物之性；能盡物之性，則可以贊天地之化育；可以贊天地之
> 化育，則可以與天地參矣。

現在的問題：什麼是"盡物之性"呢？"贊天地之化育""與天地參"到底是何意？中國傳統的儒者多在心性工夫中證會，而不費言辭以說之。然不說之，今人多在科學之思維模式下，以生物學之性或物理學之性為"物之性"，則此段話之大義必淹沒。這裏不妨以海德格爾的理論申述之，以明其大義。

科學的進步可以把物的生理特徵或物理性質研究得透徹明晰、曲盡玄微，由此，人們便以為把物帶到了近前。但是，無論是把物理解為特性的載體，感覺多樣性的統一，還是具有形式的質料，其中的任何一種都是從對象性來理解物之物性。但海德格爾認為，"從對象和自立的對象性出發，沒有一條道路通向物之物性因素"。[1] 海德格爾以壺為例來說明物之物性因素。什麼是壺之物性因素呢？答曰：具有容納作用的器皿。這個器皿是由壺壁與壺底組成的，但壺壁與壺底並沒有容納作用，其容納作用的是壺壁與壺底所圍成的虛空。如果起容納作用的是虛空，那麼，陶匠就並沒有真正地製作這個壺，因為他只是"為這種虛空，在虛空之中並且從虛空而來，他把陶土塑造成形體"。[2] 因此，壺的物性因素並不是構成壺的材料，而是起容納作用的虛空。一旦吾人把物性因素引證到虛空那裏，"我們便讓自己為一種半詩性的考察方式所迷惑了"。[3] 這種"半詩性的考察方式"不再把物作為一種對象性的站出者，而是要求"物向思想顯現出來"。[4] 海德格爾進一步認為，壺之虛空容納液體並傾而出之。正是"在傾注的饋贈中，這個器皿的容納作用才得以成其本質"。[5] 至此，壺之物性才真正綻開來。海德格爾說：

---

① 海德格爾：《物》，孫周興選編：《海德格爾選集》，上海三聯書店 1996 年版，第 1168 頁。
② 海德格爾：《物》，孫周興選編：《海德格爾選集》，上海三聯書店 1996 年版，第 1169 頁。
③ 海德格爾：《物》，孫周興選編：《海德格爾選集》，上海三聯書店 1996 年版，第 1170 頁。
④ 海德格爾：《物》，孫周興選編：《海德格爾選集》，上海三聯書店 1996 年版，第 1171 頁。
⑤ 海德格爾：《物》，孫周興選編：《海德格爾選集》，上海三聯書店 1996 年版，第 1172 頁。

在贈品之水中有泉。在泉中有岩石，在岩石中有大地的渾然蟄伏。這大地又承受著天空的雨露。在泉水中，天空與大地聯姻。在酒中也有這種聯姻。酒由葡萄的果實釀成。果實由大地的滋養與天空的陽光所玉成。在水之贈品中，在酒之贈品中，總是棲留著天空與大地。但是，傾注之贈品乃是壺之壺性。故在壺之本質中，總是棲留著天空與大地。①

海德格爾的這段話頗具詩意，意味著一個"物"帶給吾人一個世界。這有類於《禮記》中的一段話：

> 天有四時，春秋冬夏，風雨霜露，無非教也。地載神氣，神氣風霆，風霆流形，庶物露生，無非教也。（《孔子閒居》）

"風雨霜露""庶物露生"所教給吾人的決不是科學知識，而是一個別樣的世界。《華嚴經》則把這個世界明白顯露出來："一花一世界，一葉一如來。"不要以為一花一葉就只是一個對象，它們讓一個神性的世界威臨，而這個世界才是吾人真正面對並歸屬於它的東西。海德格爾說：

> 世界決不是立身於我們面前能讓我們細細打量的對象。只要誕生與死亡、祝福與褻瀆不斷地使我們進入存在，世界就始終是非對象性的東西，而我們人始終歸屬於它。②

世界總是有諸神威臨的世界，因此，傾注是奉獻給不朽諸神的祭酒，祭酒是真正的贈品，在其中，傾注的壺才作為饋贈的贈品而成其本質。相反，如果傾注的這種本質一旦萎頓，壺就可能變為單純的斟入與斟出，直到最後在酒館的沉醉迷狂中腐爛掉。就壺之物性，海德格爾最後說：

> 在傾注之贈品中，同時逗留著大地與天空、諸神與終有一死者。這四方是共屬一體的，本就是統一的。它們先於一切在場者而出現，

---

① 海德格爾：《物》，孫周興選編：《海德格爾選集》，上海三聯書店 1996 年版，第 1172–1173 頁。

② 海德格爾：《藝術作品的本源》，孫周興選編：《海德格爾選集》，上海三聯書店 1996 年版，第 265 頁。

已經被捲入一個唯一的四重整體中了。①

這四重整體乃是一純一的澄明之境，這是物作為物而存在的在先境域。海德格爾說：

> 在存在者整體中間有一個敞開的處所。一種澄明在焉。從存在者方面來思考，此種澄明比存在者更具存在者特性。因此，這個敞開的中心並非存在者包圍著，不如說，這個光亮中心本身就像我們所不認識的無一樣，圍繞一切存在者而運行。②

物只要站進或出離這種澄明之際，才作為存在者而存在，這樣的一個存在者，乃是真正"贊天地之化育""與天地參"的存在者。反之，如果物逸出這個澄明之境而以純粹的對象性自立，那就是"芻狗"萬物，物即不成其為物。海德格爾之論，決非孤明獨發，在中國文化傳統中早已有之，《中庸》所說的"盡物之性"表述者就是海德格爾所欲論者。明儒王龍溪的"四無教"更為顯豁地表達了海德格爾的意思。

> 無心之心則藏密，無意之意則應圓，無知之知則體寂，無物之物則用神。（《王龍溪全集》卷一）

這裏的"心""意""知"皆不是科學知識意義上的"心""意""知"，所以，"物"也不是科學知識意義上的"物"，這樣的"物"決非一個對象性的自立體，而是澄明的"虛靈"，故謂之"無物之物"，它召喚天、地、神、人靈現共聚。所以，海德格爾認為，物是"那種使純一的四重整體入於一種逗留的有所饋贈的純粹聚集"。③這是真正的物，這是物自身，它是一抹澄明的虛靈或境界，這不是在因果關係中的"物"，而一切因果關係中的"物"皆為"計算"的產物，而不是物自身。可見，要到達物自身，不能依據科學的追尋與概念的解析，需要"物向思想顯現出來"，需要從"說明性的思想

---

① 海德格爾：《物》，孫周興選編：《海德格爾選集》，上海三聯書店1996年版，第1173頁。
② 海德格爾：《藝術作品的本源》，孫周興選編：《海德格爾選集》，上海三聯書店1996年版，第273頁。
③ 海德格爾：《物》，孫周興選編：《海德格爾選集》，上海三聯書店1996年版，第1174頁。

返回來，回到思念之思"①。海德格爾這裏所說的"思想"或"思念之思"不是一般的思索、分析或文學性的想像，而是中國傳統中的心性工夫，可謂之"盡心"而"知性"。吾人"盡"了作為大體的"本心"，一定可"知"物之為"物之性"。故周濂溪謂"與自家意思一般"。"與自家意思一般"不是一種由文學性的比擬而生的愛惜，而是由物而居有一個天、地、神、人共有的聖域。此時，不但人棲居於此聖域而化，物亦棲居於此聖域而化。海德格爾稱之為"物之物化"。他說：

> 物化之際，物居留統一的四方，即大地與天空，諸神與終有一死者，讓它們居留於在它們的從自身而來統一的四重整體的純一性中。②

很顯然，這樣的物——作為真正的物自身——不可能出現在科學知識之中，海德格爾認為，出現在"藝術"中。這樣，才有了海德格爾那句著名的：

> 藝術的本質就應該是："存在者的真理自行設置入作品。"③

由此，吾人可以來討論藝術的意境問題了。

四、素樸恬淡與藝術之意境

既然藝術作品意味著"讓存在者本身之真理到達而發生"。④那麼很顯然，只有藝術才能靈現那真正的美。所以，海德格爾又曰：

> 美是作為無蔽的真理的一種現身方式。⑤

為什麼在存在者之真理即物作為真正的物而存在的地方，才是藝術，才有美呢？因為此時"在存在者中間打開了一方敞開之地，在此敞開之地的敞開性中，一切存在遂有迥然不同之儀態"。⑥這種迥然不同的儀態就是"居有

---

① 海德格爾：《物》，孫周興選編：《海德格爾選集》，上海三聯書店 1996 年版，第 1182 頁。
② 海德格爾：《物》，孫周興選編：《海德格爾選集》，上海三聯書店 1996 年版，第 1178 頁。
③ 海德格爾：《藝術作品的本源》，孫周興選編：《海德格爾選集》，上海三聯書店 1996 年版，第 256 頁。
④ 海德格爾：《藝術作品的本源》，孫周興選編：《海德格爾選集》，上海三聯書店 1996 年版，第 292 頁。
⑤ 海德格爾：《藝術作品的本源》，孫周興選編：《海德格爾選集》，上海三聯書店 1996 年版，第 276 頁。
⑥ 海德格爾：《藝術作品的本源》，孫周興選編：《海德格爾選集》，上海三聯書店 1996 年版，第 293 頁。

之圓舞", 物"在居有之際照亮四方, 並使四方進入它們的純一性的光芒中"。①
物物化而居有自身, "物化本身是輕柔的, 而且每一當下逗留的物也是柔和
的, 毫不顯眼地順從於其本質"。② 這不是一般的技藝製作之美, 而是天地無
心而成化的大美。莊子曰: "天地有大美而不言, 四時有明法而不議, 萬物
有成理而不說。"(《莊子·知北遊》)這個"大美"就是原天地之道而成
萬物之美, 故莊子又曰: "聖人者, 原天地之美而達萬物之理, 是故至人無
為, 大聖不作, 觀於天地之謂也。"(《莊子·知北遊》)可見, 真正的"美"
一定源自事物之"真", 但真又不是科學知識意義上的對象的客觀性, 而是
在人之存養盡性的工夫中靈現與淳化。《坤文言》曰: "君子黃中通理, 正
位居體, 美在其中, 而暢於四支, 發於事業, 美之至也!"由此可知, 真與
美一定在仁者之盡性工夫中方為可能, 這是真實的真、善、美之合一, 且仁
者之盡性(善)是首出的條件。海德格爾說:

> 詩並非對任意什麼東西的異想天開的虛構, 並非對非現實領域
> 的單純表像和幻想的悠蕩漂浮。作為澄明著的籌劃, 詩在無蔽狀態
> 那裏展開的東西和先行拋入形態之裂隙中的東西, 是讓無蔽發生的
> 敞開領域, 並且是這樣, 即現在, 敞開領域才在存在者中間使存在
> 者發光和鳴響。③

詩、藝術與美固然不是異想天開的虛構, 也不是非現實的幻想, 但海德
格爾用"籌劃"一詞並不恰當, 因為"籌劃"總有造作的意思。實際上, 澄
明之境、無蔽著的敞開領域一定來自仁者的盡性工夫中, 外此別無他途。海
德格爾在這裏以澄明之境來靈現一個真、善、美的合一之境, "真"是這一
澄明之境, "美"亦是這一澄明之境, "善"依然還是這一澄明之境。因此, 真、
善、美的合一並非是三個獨立的元素的綜和, 而是即真即善即美, 以類似莊
子的話說: 俄而"真""善""美"矣, 而未知"真""善""美"之果孰
為"真"、孰為"善"、孰為"美"耶? 此是消融自體相而淳化。王龍溪曰:
"體用顯微只是一機, 心意知物只是一事。"(《明儒學案》卷十二)其實,

---

① 海德格爾:《物》, 孫周興選編:《海德格爾選集》, 上海三聯書店 1996 年版, 第 1181 頁。
② 海德格爾:《物》, 孫周興選編:《海德格爾選集》, 上海三聯書店 1996 年版, 第 1183 頁。
③ 海德格爾:《藝術作品的本源》, 孫周興選編:《海德格爾選集》, 上海三聯書店 1996 年版, 第 256 頁。

無所謂真、善、美，只不過是一澄明之境之靈現與淳化，只看吾人之"機"落在哪裏。若"機"在"真"，澄明之境就是最確"真"；"機"在"善"，澄明之境就是最良的"善"；"機"在"美"，澄明之境就是最大的"美"。牟宗三嘗雅言，美的原則乃是"無相原則"。[①]其實，豈止是美以"無相"為原則，"善"與"真"皆以"無相"為原則。只是一個澄明之境的如如靈現，淳化之域的寂寂威臨。

從色澤與意境上講，這個境域一定是素樸、靜默、空靈而禪悅的。在中國傳統的心性之學中，對於這樣的色澤與意境自然有其必至的證會，前文已有所引證，這裏不擬重復。即便是海德格爾，儘管他可能並不熟悉中國傳統的心性之學，當他真正沉入到這個境域去之後，以其真切的靈覺自然亦有所證會，因此，他多次說到澄明之境是素樸的、柔和的、靜默的。這表明，藝術或美的色澤與意境就是素樸恬淡、靜默空靈的，並無多樣化之色澤與豐富性之意境，這色澤與意境是定然而必然的，因為心性工夫自身之色澤與境界就是如此，而與藝術家的個性、情感與才能無關。所以，海德格爾："愈偉大的大師，其個性就愈純粹地消失在他的作品的背後。"[②]吾人居常曰：藝術是藝術家個人情感的表達與天才獨創性的展示，故藝術之風格與意境是豐富多彩的。這種藝術觀絲毫沒有觸及到藝術自身，因為如果只是與情感、個性與才能相關，那麼，藝術永遠就是主觀性的東西，沒有任何客觀性可言，自然就無"真"可言，亦無"善"可言，真、善、美的合一亦落空，藝術自身也就消失了，除非吾人認為藝術就是一種遊戲。如果果真是一種遊戲，那麼，藝術就決非真理的綻開方式，而是一種可有可無的東西。

其實，藝術只須靈現與綻開那個澄明之境、神聖之域即可，決不要情感、個性與才能的顯露，切忌逞氣使才。而要讓藝術做到這一點，就是讓人居有空靈之物，而人自身則不顯現。居常吾人常把詩分為抒情詩、敘事詩、說理詩，此皆不經之論。詩一至於抒情，則重而濁；詩一至於敘事，則繳而繞；詩一至於說理，則尖而酸。盡失素樸恬淡之色澤，空靈靜默之意境。王觀堂曰：

---

① 牟宗三：《以合目的性之原則為審美判斷力之超越的原則之疑竇與商榷》，此文為是牟宗三為康德的《判斷力批判》所寫的譯序，置於他所譯注的《判斷力之批判》之卷首。本文對康德的美學思想予以了批判，並以中國傳統的心性學予以了開決。見《牟宗三先生全集》卷十六，臺灣聯經出版有限公司 2003 年版。

② 海德格爾：《泰然任之》，孫周興選編：《海德格爾選集》，上海三聯書店 1996 年版，第 1231 頁。

有有我之境，有無我之境。"淚眼問花花不語，亂紅飛過秋千過""可堪孤館閉春寒，杜鵑聲裏斜陽暮"，有我之境也。"采菊東籬下，悠然見南山""寒波淡淡起，白鳥悠悠下"，無我之境也。有我之境，以我觀物，故物皆著我之色彩。無我之境，以物觀物，故不知何者為我，何者為物。古人為詞，寫有我之境者多，然未始不能寫無我之境。此在豪傑之士能自樹立耳。①

王觀堂謂"無我之境"為"豪傑之士能自樹立耳"，此則不諦當，應為"仁者所能自樹立耳"。但詩人"寫有我之境者多"，可見存養工夫之難，非藝術旨趣之異也。"寶簾閑掛小銀鉤"（秦少遊：《浣溪沙·漠漠輕寒上小樓》），無我之境也。但"無我之境"並非所謂的"寫景詩"，"無我之境"是要居有空靈之物而靈現澄明之境、神聖之域，既而召喚天、地、神、人之歡聚。故詩不必言情、不必敘事、不必說理，只須有個空靈之意境即可。但這個空靈之意境徒才情不可至，徒技巧亦不可至，須在心性工夫方可。程子曰：

> 聖人感天下之心，如寒暑雨暘，無所不通，無所不應者，正而已矣。正者，虛中無我之謂也。以有系之私心，膠於一隅，主於一事，其能廓然通應而無不偏乎？（《二程粹言》卷一《論政篇》）

若無心性工夫而只有才情與技巧，則為"膠於一隅，主於一事"。其"隅"也，板固而沉濁；其"事"也，紛繁而繳繞。此決非廓然、通應、空靈之澄明之境、神聖之域。所以，藝術或詩根本不是才子的事，而是聖賢的事，仁者的事。

然而，吾人何以需要藝術與詩？乃因為人總是被拋在世，被拋在世就意味著在物與事的膠固與紛擾中沉淪，而不能祈望或證會那天、地、神、人共歡的澄明之境、神聖之域，故人總需要教化，但教化非情感之激動而使然，亦非理性之疏導而使然，乃空靈意境之感召而使然。人之靈光爆破，窺破天機常於此時。故抒情與說理皆人進入澄明之境之準備，若無心性工夫之篤實潛存，則抒情與說理甚或為澄明之境的障礙。無論如何，人之最後截斷被拋之沉淪而入澄明之境必不在抒情說理時，必在空靈意境之靈現處。西人黑格

---

① 王國維：《人間詞話》，華東師範大學出版社 1990 年版，第 79 頁。

爾謂哲學高於詩，此是其陷於思辯之泥潭而不能自拔，以世智之冷光照射之限度，抽空詩意人生之結果。實則詩必高於哲學。人最後之圓成以三點說之：一曰本體良知之全盡呈現；二曰個性與情感之放下；三曰澄明之境的綻開。抑或可如此說：若本體良知全盡呈現，則必有個性與情感之放下，亦必有澄明之境的綻開。故詩或藝術決不只是供人作美的觀賞，它們必然是"教"，且是聖賢之教。

第五章　心性學與空靈之美

　　本章所說的"空靈"是廣義的而非狹義的，即不但是指中國傳統藝術風格中的閒雅、疏淡、淵靜、簡遠與枯寂等空靈意境，更是指聖人空靈之生活儀態。因這些意境與生活中都體現出一種虛靈、飄忽、玄遠、簡易的人生體驗，是以本章以"空靈"二字總而括之，以利行文也。一般人只理解藝術中的空靈意境，但若不能把聖人之空靈生活與藝術中的空靈意境結合起來，則並不能真正地理解藝術中的空靈，進而更不能理解藝術自身。本章即試圖從聖人空靈之生活出發而奠定空靈之美的精神根基，由此進一步理解空靈之美乃至藝術自身的精神內涵。

　　我們知道，在中國傳統藝術中，具有空靈意境之作品比比皆是，且歷史悠長。可以說，這種藝術傳統在《詩經》時代已肇其始。如《鹿鳴》一詩，其中就有這樣的詩句："呦呦鹿鳴，食野之芩。我有嘉賓，鼓瑟鼓琴。鼓瑟鼓琴，和樂且湛。我有旨酒，以燕樂嘉賓之心。"這裏的生活，有弦歌絲竹之空疏，宮商角徵之淵亭，博雅優遊之恬淳，和樂閒適之逸趣。這種生活詠之以歌詩，則是諧和之氛圍與空靈之意境。爾後之中國文學藝術，此種意境之詩句則不勝枚舉。如，

　　　　曖曖遠人村，依依墟裏煙。（陶淵明：《歸園田居》）
　　　　明月松間照，清泉石上流。（王維：《山居秋暝》）
　　　　疏影橫斜水清淺，暗香浮動月黃昏。（林和靖：《山園小梅》）
　　　　舊時月色，算幾番照我、梅邊吹笛。（姜夔：《暗香》）

這些詩句皆以其空靈、玄遠、素樸的藝術境界，薰染了一代又一代人，諷詠傳誦，千古不絕。可以說，從孔子的時代開始，中國人即認識到詩境之美源自於素樸。如，子夏問曰："'巧笑倩兮，美目盼兮，素以為絢兮。'何謂也？"子曰："繪事後素。"曰："禮後乎？"子曰："起予者商也！始可與言詩已矣。"（《論語·八佾》）依孔子的看法，如果認識不到素樸之美在詩境中的意義，是不可以言詩的。因為素樸之美多有空淡玄漠之色，故爾後之詩論家，逐漸由素樸之美認識到了虛無之美。如，"課虛無以責有，叩寂寞而求音。"（陸機：《文賦》）迫及唐宋，對於這種虛無、空靈之詩境的體認，詩論家多所宣揚。如：

> 詩家之景，如藍田日暖，良玉生煙，可望而不可置於眉睫之前也。（司空圖：《與極浦書》引戴叔倫語）
>
> 詩者，吟詠情性也。盛唐諸人惟在興趣，羚羊掛角無跡可求。故其妙處透徹玲瓏不可湊泊，如空中之音、相中之色、水中之月、鏡中之象，言有盡而意無窮。（嚴羽：《滄浪詩話·詩辯》）
>
> 詞要清空，不要質實；清空則古雅峭拔，質實則凝澀晦昧。（張炎：《詞源·清空》）
>
> 清空二字，亦一生受用不盡，指迷之妙，盡在是矣。（陸行直：《詞旨》）

明清以後，因詩話詞話之氾濫，標舉空靈之詩境，幾為詩論家之共識。王廷相曰："夫詩貴意象透瑩，不喜事實黏著。古謂水中之月，鏡中之影，可以目睹，難以實求是也。"（《與郭價夫學士論詩書》）張岱曰："故詩以空靈才為妙詩，可以入畫之詩，尚是眼中金銀屑也。"（《琅嬛文集·與包嚴介》）張問陶曰："詩到空靈藝始成。"（《孟津縣寄陳理堂時客武陟》）周濟曰："初學詞求空，空則靈氣往來。"（《介存齋論詞雜著》）諸如此類，不一而足。以上諸論，雖然用語容有別異，但大抵皆溢美空靈之詩境則無二致。因此，在中國傳統藝術中，以空靈之美為其最高的藝術指向，大概是沒有疑義的。

但空靈之美是如何可能的？其根基在哪裏？其精神歸往為何？學界並沒

有作探底之論，之所以如此，乃因為多只是在純粹藝術鑒賞其空靈之美，並未能進至聖人的生活中奠定其精神根基。如葉朗先生雖然在《美學原理》中略有探究，以為"空靈"的精神根基是禪宗的"悟"，因為這是"一種形而上的悟"。[①]但須知，"悟"是一種機能即"用"而不是一種精神實體，人之"悟"一定有一個實體性的根基即"體"，但"體"在哪裏呢？《美學原理》中並未深究。這樣，在"空靈"之美的精神歸往問題上，葉先生的論述亦多含混而不確。他說：

> "空靈"的美感就是使人們在"萬古長空"的氛圍中欣賞、體驗眼前"一朝風月"之美。永恆就在當下。這時人們的心境不再是焦慮，也不再是憂傷，而是平靜、恬淡，有一種解脫感和自由感，"行到水窮處，坐看雲起時"，了悟生命的意義，獲得一種形而上的愉悅。[②]

這裏所說，不過是在鑒賞中的當下愉悅，似乎藝術的意義只在現時性的安撫情緒，儘管這裏亦說到了"形而上的愉悅"，但亦未確指。其餘之論者亦多隻把空靈之美作為了一個純粹的藝術風格與審美創造問題，即多隻把空靈作為了純粹的藝術風格問題，殊不知，空靈尚有其深遠博厚的精神根基。若僅限於鑒賞的立場而不能從聖人的空靈生活中奠定空靈的精神根基，則對於空靈之研究存在有二大根本性的東西不能說明。

其一，空靈與充實的關係。劉熙載嘗說："文或結實、或空靈，雖各有所長，皆不免著於一偏。試觀韓文，結實處何嘗不空靈，空靈處何嘗不結實。"（《藝概·文概》）可見，藝術之空靈並非是空無內容之蒼白，而是充實不可已的靈動。故宗白華謂"空靈和充實是藝術精神的兩元"，[③]但在論述如何由空靈而顯充實、或由充實而透空靈的問題上時，宗白華就回到了豐富生活閱歷或遍覽自然萬象的老路上去了，他所說的"真力彌滿"，則"萬象在旁"[④]不過是此種意思。這樣一來，就把藝術的目的規定為對自然之描摹，它在一切情況下都只能產生技巧方面的巧戲法，而不能產生真正的藝術作品。因此，豐富的生

---

① 葉朗：《美學原理》，北京大學出版社 2009 年版，第 388 頁。
② 葉朗：《美學原理》，北京大學出版社 2009 年版，第 399 頁。
③ 宗白華：《藝境》，北京大學出版社 1999 年版，第 161 頁。
④ 宗白華：《藝境》，北京大學出版社 1999 年版，第 164 頁。

活閱歷與遍覽自然萬象或可使作品言之有物，但決不是真正的充實，更不能使詩境空靈。詩之空靈與充實來自於一個更高的形上根基，惟從藝術之創造言，不能得其實也。

其二，如果僅從藝術風格與審美創造來看空靈，就把藝術滑落為純粹的鑒賞問題，從而刊落了藝術中的真理問題，既而泯滅了其美育教化功能，甚或使得美育之教化功能偏離正道。這不但是對空靈這一意境自身的貶損，亦根本有違中國傳統之藝術精神。因此，鑒賞家並不能知空靈從何而來（根基），亦不知空靈欲往何處（目的）。這樣，不但不能真正理解空靈之美，乃至不能理解藝術自身。

可見，鑒賞家並不能理解空靈之為空靈的哲學內涵。黑格爾和加達默爾分別從精神哲學之立場說："藝術的真正職責就在於說明人認識到心靈的最高旨趣。"[①]"藝術的萬神廟並非一種把自身呈現給純粹審美意識的無時間的現時性，而是歷史地實現自身的人類精神的集體業績。"[②]這表示藝術決非一種當下的鑒賞，而是人類自我理解而獲得真理的方式，這是理解藝術之美的基本原則。本章擬從儒家德性精神傳統特別是心性學切入，期以奠定空靈之美所源自的哲學根基及其精神歸往（目的）。由此，不但可解明空靈與充實之真正意涵，且可指明空靈之美的形上追求之何所是，既而彰顯其美育教化功能，從而既承襲了中國傳統之藝術精神，又光大了儒家的心性天人之學。

一、空靈與德性圓滿的自適生活

中國文化傳統乃以德性精神為主導，即依人的德性圓滿與自覺自行地規範人類自身的生活，從而推遠了法律、制度、刑罰等政治措施與建構對社會生活的外在強制與脅迫。孔子下面這一句話即鮮明地體現了這種傳統："道之以政，齊之以刑，民免而無恥；道之以德，齊之以禮，有恥且格。"（《論語·為政》）實際上，中國的先民很早就表現出了對這種生活的嚮往與禮贊。如，《擊壤歌》唱曰："日出而作，日入而息，鑿井而飲，耕田而食。帝利於我何有哉！"此乃是德性圓滿自覺，消弭政治強力的生活，其色彩是自適、恬淡、

---

① 黑格爾：《美學》第一卷，朱光潛譯，商務印書館 1979 年版，第 17 頁。
② 加達默爾：《真理與方法》，洪漢鼎譯，上海譯文出版社 1999 年版，第 124 頁。

無為的，故莊子曰："日出而作，日入而息，逍遙於天地之間而心意自得。"（《莊子・讓王》）這是聖王德化政治之下的全幅讓開，物各付物的社會。牟宗三曾論此種社會時說：

> 全幅讓開，如其為一存在的生命個體而還之，此真所謂全幅敞開的社會，而不是封閉的社會，不是強人從己，把人民吊掛起來，使之離其存在的生命之根來服從虛幻的概念、主義，以及玩弄此概念、主義之魔術的領袖、極權獨裁者。[①]

這是個體盡其天性天理而怡然自得的社會。孟子曰："霸者之民，驩虞如也；王者之民，皥皥如也。"（《孟子・盡心上》）正是對這種社會的描述。朱子《集注》引楊氏之言而釋之曰："所以致人驩虞，必有違道干譽之事。若王者則如天，亦不令人喜，亦不令人怒。"可見，驩虞即是喜怒哀樂之色溢於表，而皥皥則是淡然無求發於外。就其表現出的精神境界言，前者濃郁而暴露，後者淡雅而溫潤。這種生活，依據王陽明的理解，"全是淳龐樸素，略無文采的氣象"。（《王陽明全集》卷一《語錄一》）

這裏之所以花一些篇幅來討論上述問題，意在表明，一種以德性精神為主導的文化，其在精神境界上必然認同淡雅、簡遠、虛靈，而非濃郁、暴露、固執，而我們對於藝術之空靈之美亦必須在這種德性文化背景之下方可真正得以認識，因為空靈之美正是這種文化的具體體現。

如果說中國古代先民之淡雅、簡易、自適的生活景象尚是在聖王德化政治之下的一種不自覺的話，那麼，孔子與曾皙的對話就是聖人在亂世之下的一種自覺追求。

> （點）曰："莫春者，春服既成。冠者五六人，童子六七人，浴乎沂，風乎舞雩，詠而歸。"夫子喟然歎曰："吾與點也！（《論語・先進》）

聖人之生活理想不過是如此的淡雅、簡易、自適。此種生活境界，依據朱子《集注》的解釋是如此：

---

① 牟宗三：《政道與治道》，臺灣學生書局 1983 年版，第 117 頁。

曾點之學，蓋有以見夫人欲盡處，天理流行，隨處充滿，無少欠缺。故其動靜之際，從容如此。而其言志，則又不過即其所居之位，樂其日用之常，初無捨己為人之意。而其胸次悠然，直與天地萬物上下同流，各得其所之妙，隱然自見於言外。（《四書章句集注》論語卷之六）

這就是說，當一個人德性圓滿而盡天理而行時，其生活境界一定悠然自適，淡雅玄遠的。所以，孔子又曰："巧言令色，鮮矣仁。"（《論語·學而》）即意味著，一個仁者，決不會在言語上表現機巧，在色彩上渲染華麗，而是平淡自然的。且既然是"天理流行，隨處充滿，無少欠缺"，則此種生活就超越了道德境界而至於與道合一的天地境界。或者是後文將要提到的，這種生活靈現了海德格爾所言的天、地、人、神四重整體的世界。後世儒者對於此種生活境界屢有詠歎：程明道在見周濂溪以後，即說："《詩》可以興。某自再見茂叔後，吟風弄月以歸，有'吾與點也'之意。"（《二程遺書》卷第三）"吟風弄月"即表示曾點之學乃恬淡空靈的生活，而這正乃是一個盡性知天的儒者之所求也。明儒吳與弼於"日記"中載："二月二十八日，晴色甚佳，寫詩外南軒。嵐光日色，曬映花木，而和禽上下，情甚暢也。值此暮春，想昔舞雩，千載之樂，此心同符。"（《康齋集》卷十一《日錄》）陽明有詩而詠之曰："謫居澹虛寂，眇然懷同遊。日入山氣夕，孤亭俯平疇。……夜弄溪上月，曉涉林間丘。……講習有真樂，談笑無俗流。緬懷風沂興，千載相為謀。"（《王陽明全集》卷十九《諸生夜坐》）以上都表示儒者對孔子所說的那種恬淡自然、盡性知天生活之嚮往與仰慕。

到《中庸》那裏，子思進一步凸顯了仁者淡雅、簡易、無為、素樸的生活境界。《中庸》最後一章即是其明白標示：

《詩》曰："衣錦尚絅，惡其文之著也。故君子之道，暗然而日章；小人之道，的然而日亡。君子之道：淡而不厭，簡而文，溫而理。知遠之近，知風之自，知微之顯，可與入德矣。……《詩》曰："不顯惟德，百辟其刑之。"是故君子篤恭而天下平。《詩》曰："予懷明德，不大聲以色。"子曰："聲色之於以化民，末也。"《詩》

曰：“德輶如毛，毛猶有倫”；“上天之載，無聲無臭”，至矣！

“錦”是華麗之衣服，“綯”是色淡的襌衣。“衣錦尚綯，惡其文之著也”，是說人穿上華麗的衣服，外面總要套上一件色淡的襌衣，以免顏色過於絢麗而使人厭惡。君子之生活就是如此，其內在有充實的精神，但其外表卻恬淡而色寡。朱子在《集注》釋之曰：

> 古之學者為己，故其立心如此。尚綯，故闇然；衣錦，故有日章之實。淡、簡、溫、綯之襲於外也，不厭而文且理焉，錦之美在中也。小人反是，則暴於外而無實以繼之，是以的然而日亡也。

小人總是以強烈濃郁的色彩示人，但因內在無充實之精神，故日益消亡。但君子卻示人以淡、簡、溫、綯，這不是因為君子之喜好，而是德性圓滿後的自然發露。但一個德性圓滿的人為什麼會如此呢？依《中庸》的意思，“德”的體性就是如此。何為“德”的體性呢？就是像“上天之載”那樣，其表現為“無聲無臭”。“毛”已經很輕盈柔和了，近似於表現“德”的作用之“無”，但“毛”尚有花紋，仍不及“上天之載”那樣，至“無聲無臭”方是最高境界。以“德”之性而治國，必現簡淡溫和之象，而無嚴厲肅殺之氣。故朱子在解釋《鹿鳴》一詩時說：

> 蓋君臣之分，以嚴為主；朝廷之禮，以敬為主。然一於嚴敬，則情或不通，而無以盡其忠告之益，故先王因其飲食聚會，而制為燕饗之禮，以通上下之情；而其樂歌，又以鹿鳴起興。而言其禮意之厚如此，庶乎人之好我而示我以大道也。（《詩經集傳》卷四）

這就是“德”的和樂無為、簡淡自然而治，其氣象一定是諧和圓神、空靈坦蕩的。不過，子思並沒有停留在“德”之體性的外在表徵上，而是進一步向內開掘，欲探究人“性”自身體性表徵。“知遠之近，知風之自，知微之顯”都是示人不可僅停留作為“顯”的“德”的表徵上，而要深入至作為“微”的“性”的表徵上，因為“性”是“德”的形上根基。這是子思作為弘教者對孔子學說的進一步發展。孔子並非不知“性”，但不論說“性”，而是在

踐行中去體會 "性"。故子貢曰: "夫子之文章, 可得而聞也; 夫子之言性與天道, 不可得而聞也。" (《論語·公冶長》) 牟宗三曾釋之曰:

> 因孔子畢竟不是希臘式之哲人, 性與天道是客觀的自存潛存, 一個聖哲的生命常是不在這裏費其智測的, 這也不是智測所能盡者。因此孔子把這方面——存有面——暫時撇開, 而另開闢了一面——仁、智、聖。這是從智測而歸於德行, 即歸於踐仁行道, 道德的健行。……他在這裏表現了開朗精誠、精通簡要、溫潤安安、陽剛健行的美德與氣象。①

"開朗精誠、精通簡要、溫潤安安、陽剛健行"既是"德"自身的氣象與境界, 一定也是"性""天道"自身的德能與表徵, 這在孔子的體會中一定是如此。子思則進一步揭示"性"與"天道"的關係, 而指明"天命之謂性", 同時, "性"的德能與表徵是: "肫肫其仁, 淵淵其淵, 浩浩其天。"由此可見, 在子思看來, 來自於人之"天命"的這個"性", 其德能與表徵應是篤實、深遠而空靈的。

至孟子, 則標舉"性善", 奠定"性"的道德性, 這是孟子所要著力渲染的。但同時, 孟子亦以"化"字來講"性"之德能與表徵。

> 夫君子所過者化, 所存者神, 上下與天地同流, 豈曰小補之哉! (《孟子·盡心上》)
> 充實之謂美, 充實而有光輝之謂大, 大而化之之謂聖, 聖而不可知之之謂神。(《孟子·盡心下》)

這裏講到了"充實""化"與"神", 都表示君子德性的神感神應, 虛靈妙運。此則表明, 在孟子那裏, "性"的德能與表徵亦應是篤實、深遠與空靈的。

以上所述都在表明, 藝術上的空靈之美, 決非純粹的藝術審美與創造問題, 有篤實的道德心性根基, 審美之境界, 乃是心性仁德的自然流行與呈露而來的對萬物的觀照與居有。唐君毅說:

> 依先秦哲人之教, 儒者固言萬物並育並行之道, 莊子亦言, 彼

---

① 牟宗三:《心體與性體》上, 上海古籍出版社 1999 年版, 第 187 頁。

是雙成，萬物一體之意。循乎此教，則其表現於審美意識者，自當於人物之間，別之以理，亦通之以情。藝術精神之下，寄情萬物，皆以養德。樂於觀物之並育並行，而不喜歡其相凌駕以相爭。不重單純之自然力、自然生命之表現，而能於至小以觀至大，於一物見一太極。於是於自然界無往而不見此心仁德之流行，而未曾見萬物之相礙而相忍，此即中國古人對自然之審美之最重要精神所在，而亦遙通於中國政教禮樂之大原者。①

對於中國藝術傳統中的空靈之美一定要深入到心性仁德之中，且可以深入到心性仁德之中，不能知乎此，則不但不能知其價值之大源，亦不能知其精神之所歸往。子曰："志於道，據於德，依於仁，游於藝。"（《論語·述而》）道→德→仁→藝，一線貫穿，則吾人觀藝術之美，豈可忽而不顧哉？！

二、心性學與空靈之哲學根基

孟子標舉"性善"，既而又雅言"四端之心"，並云"盡其心者，知其性也。知其性，則知天矣"。（《孟子·盡心上》）因"性"一般乃為靜態的存在，它是"知"的對象（屬於"所"），而"心"卻是動態的覺照（屬於"能"），是主體的機能，故孟子所說的"充實""化"與"神"，乃切就"心"而言，是以"心"應是充實、深遠與空靈的。孟子之所以講"性善"與"四端之心"，就是欲把儒學進一步向內開掘，從而找到儒學那玄遠、恬淡、自然、簡易而又空靈的生活境界的形上根基，而其理論最終落實在"四端之心"處，"四端之心"乃人人所固有者，非外鑠我也，只要涵養工夫篤實，即可朗現於自家生命中發潛德之幽光、生神化之大能。這樣，不但奠定了儒學空靈之生活境界的形上根基，且有切實的內在下手處，是為內聖之學。後來之宋明儒即沿著孟子所開啟的這一內聖之路，以其篤實的涵養工夫深掘了"心"的大能，進一步標舉了"心"的虛靈明覺之機能。而隨著對於"心"的虛靈明覺機能之覺醒與證悟，不但為儒學空靈之生活境界開顯了價值大源，更為藝術上的空靈之美奠定了形上根基。

我們知道，孟子標舉本心之四端——惻隱、羞惡、辭讓、是非，主要是

① 唐君毅：《中國文化之精神價值》，正中書局1953年版，第297–298頁。

為了指明道德的心性根基，從而定住道德內在的自足性。但本心既是一個超越無限的實體，又是一個覺用無方的主體，隨著這一主體之"能"的充實與"覺"的顯發，卻決不只是道德的，亦必是審美性的，乃至是宗教性的。正如有學者所指出的那樣：

> 本心所發明的境界，不僅是現實的、道德的，更是超越的、自得的；本心所體認的境界，不僅有倫理的至善與崇高，更有審美的自由與愉悅。道德與審美在"本心"發明的境域得到了內在的融合，道德本體作為審美的可能，在本心的作用中得到了自由通達的生成。[①]

若本心充實無妄，則自然神妙而樂，這是宋明儒者在篤實的存養工夫中所共有的證會。張橫渠曰："心既弘大則自然舒泰而樂也。"（《經學理窟·氣質》）程明道曰："此道與物無對，大不足以名之，天地之用皆我之用。孟子言'萬物皆備於我'，須反身而誠，乃為大樂。若反身未誠，則猶是二物有對，以己合彼，終未有之，又安得樂。"（《二程集·河南程氏遺書》卷第二上）又，詩云："雲淡風輕近午天，望花隨柳過前川。旁人不識予心樂，將謂偷閒學少年。"（《偶成》）明道先生之樂，非是少年無事之嬉戲，乃本心充實後的妙應與自由。這種審美之樂乃是本心性德自身的顯發，故是存在論的，只要存養工夫篤實，是必然可至的精神境界。故陽明先生曰：

> 良知是造化的精靈，這些精靈生天生地，成鬼成帝，皆從此出，真是與物無對。人若復得他完完全全，無少虧欠，自不覺手舞足蹈。不知天地間更有何樂可代？（《王陽明全集》卷三《語錄三·傳習錄》下）

有學者指出，真正的自由與審美一定來自存在的形上根基，因為存在是一種決定性的力量，"這意味著在不夠完善時的探尋和在達到完善時的一種歡欣"。[②]這就是說，隨著工夫的篤實與本心的充盡，審美之愉悅乃必然者。

但這是什麼格調的一種審美愉悅呢？本心充實以後，即生發"覺"與"照"

---

① 潘立勇：《一體萬化——陽明心學的美學智慧》，北京大學出版社 2010 年版，第 85 頁。
② 喬治·麥克林：《傳統與超越》，幹春松、楊風崗譯，華夏出版社 2000 年版，第 99 頁。

之能，其"覺"乃是"靈覺"，其"照"乃是"寂照"。這就決定了這種審美愉悅乃是虛寂而空靈的，也就是說，這種審美格調來自於本心自身的虛寂而空靈。陽明先生以良知言本心，而這個本體的體性自身即是"虛"，即是"無"。他說：

> 仙家說到虛，聖人豈能虛上加得一毫實？佛氏說到無，聖人豈能無上加得一毫有？但仙家說虛從養生上來，佛氏說無從出離生死苦海上來：卻於本體上加卻這些子意思在，便不是他虛無的本色了，便於本體有障礙。聖人只是還他良知的本色，便不著些子意在。良知之虛，便是天之太虛；良知之無，便是太虛之無形。（《王陽明全集》卷三《語錄三》）

陽明先生對於仙家（道家）與佛家的批評是否諦當，且不必論，但他以為儒學亦講"虛"講"無"，且這"虛"與"無"來自本體自身之能。在他的文集中，對良知之虛靈明覺多有體會與論述：

> 良知是天理之昭明靈覺處，故良知即是天理。（《王陽明全集》卷二《語錄二》）
>
> 心者身之主也，而心之虛靈明覺，即所謂本然之良知也。（《王陽明全集》卷二《語錄二》）
>
> 良知之妙，真是周流六虛，變通不居。（《王陽明全集》卷三十五《年譜三》）

以上這些，都是陽明先生對本心之潛能與作用之證會。他進而總括道："有心俱是實，無心俱是幻；無心俱是實，有心俱是幻。"（《王陽明全集》卷三《語錄三》）"有心俱是實，無心俱是幻"是說本體必須篤實真切，"無心俱是實，有心俱是幻"是說作用必須虛靈神妙。實際上，有明一代之學者對於心的虛靈明覺之作用多有證會與論述，如"心本是個虛靈明透底物事，所以都照管得到"。（《明儒學案》卷一《薛敬之學案》）"學者須識得真種子，方不枉費功夫。明道云：'學者須先識仁。'吾人心中一點靈明，便是真種子，原是生生不息之機。"（《明儒學案》卷十二《王龍溪學案》）"天理者，

良知之條理；良知者，天理之靈明。"（《明儒學案》卷十七《歐陽南野學案》）

由本心之篤實與其外發作用之虛寂，則由此而體之於世間、踐行於生活，其色彩必然是恬淡、蕭疏而空靈的。陽明先生曰：

> 古之有道之士，外槁而中澤，處隘而心廣；累釋而無所撓其精，機忘而無所忤於俗。是故其色愉愉，其居于于；其所遭若清風之披物，而莫知其所從往也。（《王陽明全集》卷二十二《壽湯雲穀序》）

這就解釋了儒者美言"風沂"之樂的緣故了。"風沂"之樂固恬淡、蕭疏與空靈，但決非外在玩弄光景而裝飾出的虛美與情調，而是有篤實的心性論根基的。故明儒陳白沙曰："曾點些兒活計，被孟子打並出來，便都是鳶飛魚躍。若無孟子工夫，驟而語之以曾點見趣，一似說夢。"（《明儒學案》卷八《白沙學案》）這是說曾點所說的"風沂"之樂乃奠基於孟子的"四端之心"上，若無此，就是玩弄光景，非儒者所求之樂也。

本心自身虛靈明覺不但"成己"——自家的"風沂"之樂，亦必"成人"乃至"成物"，使之皆至"風沂"之樂與美。此即是《中庸》所說的"能盡其性；則能盡人之性；能盡人之性，則能盡物之性；能盡物之性，則可以贊天地之化育"。故本心之虛靈明覺必對外生空寂靈虛之充盡潤澤，以成人成物。那麼，本心之虛靈明覺能成就怎樣的物呢？陽明先生曰："可知充天塞地中間，只有這個靈明，人只為形體自間隔了。我的靈明，便是天地鬼神的主宰。"（《王陽明全集》卷三《語錄三》）本心之虛靈明覺為天地鬼神的主宰，就是陽明先生所說的"心外無物"，即由本心之虛靈明覺以開存在。這到底是一種怎樣的存在？牟宗三曾釋之曰：

> "存在"是對知體明覺而為存在，是萬物底自在相之存在，因此，即是"物之在其自己"之存在，不是對感性知性即識心而為存在，即不是當作"現象"看的存在。[①]

"現象"與"物之在其自己"是康德哲學的概念。"現象"屬於知識概念，它乃是人依據知性概念去成就對象的質、量、關係、模態等範疇，以獲得對

---

① 牟宗三：《現象與物自身》，臺灣學生書局 1984 年版，第 92 頁。

對象的實際認知，這是客觀的、質實的。這是科學研究所要處理的對象。"物之在其自己"乃本心之虛靈明覺的充盡與潤澤，故物只是本心的著見，即本心的顯發與明通。物處即是本心之充盡潤澤處，本心之充盡潤澤處即是物處，二者冥冥而為一，是以物無質實板結的對象義。也就是說，由本心之虛靈明覺所成就的物亦是空靈、神妙與疏朗的。以海德格爾的話說，此時物居有其自身。

有感於陽明先生的這種"心物"關係，其弟子解釋乃師之意為："體用顯微只是一機，心意知物只是一事。"（《明儒學案》卷十二）並明確開示出"四無教"——"無心之心則藏密。無意之意則應圓。無知之知則體寂。無物之物則用神。"在這裏，心乃無心之心，意乃無意之意，知乃無知之知，物乃無物之物，雖心、意、知、物其體性各別，但其呈用卻無別，因皆以"無"之境界呈現故也。以莊子的語調說之，即是：俄而"心""意""知""物"矣，而未知"心""意""知""物"之果孰為"心"、孰為"意"、孰為"知"、孰為"物"耶？因"心""意""知""物"皆當體渾化，虛靈疏朗、素樸入無，空靈之美境由此即形成。朱子詩云："半畝方塘一鑒開，天光雲影共徘徊。問渠那得清如許，為有源頭活水來。"（《觀書有感》）朱子所觀的清空虛靈之境，非外物使然，乃因"源頭活水"故也。而這"源頭活水"就是本心，其虛靈明覺之用才至如此之美境。

由本心所成之空靈之境非徒因外物而造，乃"心""意""知""物"之當體渾化，此即成真善美合一之空靈境界。"善"由"心"與"知"言，"真"由"意"與"物"言，四者無執相[①]而淳化，就是"美"。由這真善美合一之空靈境界方可真正談藝術之充實問題，因空靈之境非只是外在的一抹虛靈，而是有"弘大而辟，深閎而肆"（《莊子·天下》）的"心""意""知""物"之精神蘊藉，此方為真充實也。明儒鄒謙之曰：

> 空亦不同。有一等閒人的空，他的空是昏昏懵懵，胸中全沒主宰，才遇事來，便被推倒，如醉如夢，虛度一生。有異教家的空，是有心去做空，事物之來，都是礙他空的，一切置此心於空虛無用之地。

---

① 所謂"執相"就是依時空直觀與知性概念去把握對象的質、量、關係、模態等質實性相而去成就客觀的科學知識。

> 有吾儒之空，如太虛一般，日月、風雷、山川、民物，凡有形色象貌，
> 俱在太虛中發用流行，千變萬化，主宰常定，都礙他不得的，即無即有，
> 即虛即實，不與二者相似。（《明儒學案》卷十六《鄒謙之學案》）

這裏提到三種不同的"空"，前兩種要麼是"胸中全沒主宰"，要麼是
"有心去做空"，皆把"空"給執定了，故空而不靈。真正虛靈的空一定來
自"心""意""知""物"淳化如一的泉源。這個泉源自身即是一充實的
活體，從境界上看雖是"空"是"無"，但從其呈用看卻有神妙之"靈"用，
故這裏的"空""無"不是死寂板結的"空""無"，而是虛靈妙用的"空""無"。
妙用即表現在適時可以表現"有"，但亦可適時表現"無"，時"有"時"無"
是謂之"虛靈"也。《老子》首章云："故常無，欲以觀其妙；常有，欲以
觀其徼。此兩者，同出而異名，同謂之玄。玄之又玄，眾妙之門。"在"無"
處，觀其虛靈之妙用；在"有"處，觀其充實之神化。但二者皆不執定而膠固，
是以"即無即有，即虛即實"，故謂之"玄之又玄，眾妙之門"也。宗白華
先生所云之充實乃以實在論為基底，人於此多易執定膠固，故"實"而不"靈"也。
陽明先生曰："無聲無臭獨知時，此是乾坤萬有基。拋卻自家無盡藏，沿門
持缽效貧兒。"（《王陽明全集》卷二十《詠良知四首示諸生》）除卻本心
良知以外，固無所謂空靈，亦別無所謂充實也。不然，即是"拋卻自家無盡藏，
沿門持缽效貧兒"也。

三、空靈之美的精神歸往

空靈之美的哲學根基既已解明，則吾人可進一步來論述這種境界之美的
精神歸往問題。在鑒賞家那裏，空靈之美的旨趣不過是給人以高級的藝術享
受，即無功利的關心與無目的的愉悅，因為"空"與此兩者似乎更加契合。
我們知道，無功利的關心與無目的的愉悅是康德站在純粹鑒賞判斷的立場上，
為審美開出了兩個基本的維度，即審美除了適合人的遊戲性的自由愉快以外，
別無關切與目的。但若以為空靈之美的精神歸往亦不過如此，則根本不能得
這種審美境界的真實旨趣。實際上，建基在本心虛靈基礎上的空靈之美不但
能克服康德哲學中的自然與道德的疏離，而且還可以會歸海德格爾的藝術思
想，因為空靈之美的精神趨向是直接開啟宇宙大道的。

康德雖然為審美開出了兩個純遊戲性的維度，從而使審美除了感官愉快自身以外，別無他求。但康德又是一個極力標舉實踐理性優先的哲學家，他認為人類一切的目的必須從屬於道德的目的。"於是，人類理性的立法（即哲學）有兩個對象，即自然和自由，所以它一開始就不僅把自然法則、也把道德法則包含在兩個特殊的哲學系統中，但最終是包含在一個惟一的哲學系統中。"① 因此，他以為哲學家應理解為、且首先應理解為道德學家。也就是說，哲學家的一切理論都應具有促進道德的旨趣。他的美學理論最終也開出了這種旨趣。他說美是道德的象徵，"並且也只有在這種考慮中，美才伴隨著對每個別人都來贊同的要求而使人喜歡，這時內心同時意識到自己的某種高貴化和對感官印象的愉快的單純感受性的超升，並對別人也按照他們判斷力的類似準則來估量其價值"。② 也就是說，超越美的純粹感受性而至其道德之旨趣，是作為理性存在者的人的普遍要求與必然義務。但在康德那裏，審美對象只是道德旨趣的象徵物，二者是類比的關係，這是由判斷力完成的，"一是把概念應用到一個感性直觀的對象上，二是接著就把對那個直觀的反思的單純規則應用到一個完全另外的對象上，前一個對象只是這個對象的象徵"。③ 但所謂象徵或類比，依康德之意，二者自身並沒有什麼關係，只是判斷力作反思以後，才覺得有類似性。康德通過美的啟示，依據判斷力來溝通自然與道德的疏離，因為審美判斷力一頭連接著自然，另一頭又指向道德，這樣，二者的契合融通得以完成。但這裏的契合融通是類比性的，是意味與感覺上的相似，二者實質並無關係。正因為如此，牟宗三才以為康德這種以"美"來溝通"真"與"善"、既而求真善美合一之思路只是形式的技巧湊泊，而不是實理之貫通。但儒家心性之學所講的"心""意""知""物"淳化如一則不需這種形式技巧構造，而是實理的貫通，且能成就真正的真善美之合一。牟宗三說：

> 儒家的精神是孔子所說的"興於詩，立於禮，成於樂"。經過了嚴整的道德意識之支柱（立於禮），最後亦是"樂"的境界，諧

---

① 康德：《純粹理性批判》，鄧曉芒譯，人民出版社 2004 年版，第 634–635 頁。
② 康德：《判斷力批判》，鄧曉芒譯，人民出版社 2002 年版，第 200 頁。
③ 康德：《判斷力批判》，鄧曉芒譯，人民出版社 2002 年版，第 199 頁。

和藝術的境界（成於樂）。但這必須是性體、心體、自由意志之因果徹底呈現後所達到的純圓熟的化的境界、平平的境界，而不是以獨立的美的判斷去溝通意志因果性與自然因果性。踐仁盡性到化的境界、"成於樂"的境界，道德意志之有向的目的性之凸出便自然融化到"自然"上來而不見其"有向性"，而亦成為無向之目的，無目的之目的，而"自然"，已不復是那知識系統所展開的自然，而是全部融化於道德意義中的"自然"，為道德性體心體所通澈了的"自然"：此就是真善美之真實的合一，而美則只是由這化的境界而顯出，而不是一獨立的機能。①

所謂"純圓熟的化的境界、平平的境界"即意味：由本心所成之境，不但是真善美的合一，而且是內在的淳化如一，故空靈而無向，此即是"大道"靈現。康德以無功利與無目的來論美，且把魅力與色彩排之於真正的美之外，則在他那裏，美亦當是空靈的，但他因為不能從心性之學中尋找空靈之美的根基，故他的美學系統繁複，且不能一線貫穿，總給人以支離感。更嚴重的是，這種支離，使得他不能完成美之所以為美的最後旨歸。

藝術或美的最後旨歸在求"大道"，這是海德格爾為藝術或美所開出的惟一價值向度，也是中國傳統藝術精神所肯認的價值向度，而中國傳統中的空靈之美最能體現這一向度。為此，我們不妨先來解析一下海德格爾的藝術或美學思想，因為這對於我們理解空靈之美有特別的啟示。在海德格爾看來，人類所有的語言其實不是一種表達，而是一種聚集或召喚，故語言的真正本質是詩歌性的或者是藝術性的，哪怕是日常語言也不例外，但因日常語言是"一種被遺忘了的、因而被用濫了的詩歌，從而那裏幾乎不再發出某種召喚了"。②語言是藝術性的，而藝術就意味著聚集或召喚。所謂召喚，海德格爾說：

> 這種召喚把它所召喚的東西帶到近旁。但這種帶到近旁並非帶來被召喚者，從而把它置於最切近的在場者領域中，並且把它安置於其中。③

---

① 牟宗三：《心體與性體》上，上海古籍出版社 1999 年版，第 152 頁。
② 海德格爾：《在通向語言的途中》，孫周興譯，商務印書館 2010 年版，第 24 頁。
③ 海德格爾：《在通向語言的途中》，孫周興譯，商務印書館 2010 年版，第 12 頁。

藝術所召喚而帶入的近旁的並非知識性的在場者，而是精神性的不在場者，"在那裏被召喚者作為尚不在場者而逗留"。① 依海德格爾的意思，如果我們只是在意藝術之情感表達與美學鑒賞，那麼我們只是撲捉到了知識性的在場者，而"對知識的欲求和對說明的貪欲絕不能把我們帶入一種運思的追問之中"。② 也就是說，去究竟藝術之表達與鑒賞決不能有東西被召喚而逗留，亦即決不能真正理解藝術。

那麼，什麼是藝術的本質或者目的呢？"藝術的本質就應該：'存在者的真理自行設置入作品'。"③ 但須知，這裏的"存在者的真理"並非是指模仿再現對象物，而是一種創建，而"創建是一種充溢，一種贈予"。④ 創建，意味著藝術作品開啟世界，推出大地。藝術的真理就在世界與大地的爭執中靈現。海德格爾說：

> 世界建基於大地，大地穿過世界而湧現出來。……世界立身於大地；在這種立身中，世界力圖超升於大地。世界不能容忍任何鎖閉，因為它是自行公開的東西。但大地是庇護者，它總是傾向於把世界攝入它自身並扣留在它自身之中。⑤

海德格爾所說的世界與大地頗不易理解。我們不妨以老子的"道"之"有"性與"無"性加以解釋。"有"即是世界，"無"即是大地，"有"與"無"的爭執和作用就是"道"，而藝術就是要靈現這個"道"，"道"就是海德格爾所說的真理。海德格爾說：

> 毫無疑問，現代主觀主義直接曲解了創造，把創造看作是驕橫跋扈的主體的天才活動。真理的創建不光是在自由贈予意義上的創建，同時也是在鋪設基礎的建基意義上的創建。從它決不從流行和慣常的東西那裏獲得其贈品這個方面來說，詩意創作的籌畫乃來源於無。但從另一方面看，這種籌畫也決非來源於無，因為由它所投

---

① 海德格爾：《在通向語言的途中》，孫周興譯，商務印書館 2010 年版，第 12 頁。
② 海德格爾：《在通向語言的途中》，孫周興譯，商務印書館 2010 年版，第 99 頁。
③ 海德格爾：《藝術作品的本源》，孫周興選編：《海德格爾選集》，上海三聯書店 1996 年版，第 256 頁。
④ 海德格爾：《藝術作品的本源》，孫周興選編：《海德格爾選集》，上海三聯書店 1996 年版，第 296 頁。
⑤ 海德格爾：《藝術作品的本源》，孫周興選編：《海德格爾選集》，上海三聯書店 1996 年版，第 269 頁。

射的東西只是歷史性此在本身的隱秘的使命。①

"流行和慣常"觀點以為，藝術是天才的主觀情感活動，但這並沒有真正把握到藝術的詩意創作。藝術的創作來源於"無"，"無"即是"道"。"道"之所以名之曰"無"，乃因為"道"不是可直觀的呈現，乃是在召喚的"思"中，而"道"正是這歷史性此在隱秘的使命。

後來，海德格爾在論語言的本質時似乎不再用"大地"與"世界"這些語彙，而云"物讓四方之四重整體棲留於自身"。語言的詩性召喚就是令物到來，"這些被命名的物，也即被召喚的物，把天、地、人、神四方聚集於自身"。②這種因物之物化而棲留靈現的天、地、人、神的四重整體稱之為世界。世界與物通過區─分而通達各自的本質，既而貫通一體。"世界與物的區─分居有物進入世界之實現，居有世界進入物的賜予。"③在這裏，物不再如常識所言的那樣乃一對象性的存在，世界亦非是現象的聚積，世界在物之物化中靈現，物在世界之靈現中被給予。故區─分不是知識對象之間的界限，而是讓物與世界自身居有自己的本質，藝術就是召喚此種區─分，區─分的靈現即是"大道"的威臨，因為天、地、人、神四重整體即是 Ereignis，漢語譯作"大道"。而區─分或大道若以中國詞語釋之，可謂曰空靈之境界。海德格爾雖然沒有如此名之，但這並非是過度的詮釋。因為在海德格爾看來，區─分乃以雙重方式靜默，即使物入於物化而靜默，使世界入於世界化而靜默。

> 世界之四重整體同時完成物之實現，因為靜默賜予物而使物滿足於在世界中棲留。區─分以雙重方式靜默。它通過讓物居於世界之恩賜中而得以靜默。它通過讓世界在物中得到自足而靜默。④

---

① 海德格爾：《藝術作品的本源》，孫周興選編：《海德格爾選集》，上海三聯書店 1996 年版，第 297 頁。
② 海德格爾：《在通向語言的途中》，孫周興譯，商務印書館 2010 年版，第 13 頁。
③ 海德格爾：《在通向語言的途中》，孫周興譯，商務印書館 2010 年版，第 17 頁。"區─分"（UnterSchied）是後期海德格爾思想中的一個關鍵字。區─分不是對象之間建立起來的區別；區─分也不是世界與物之間的一種擺在那兒的關係，可由某種與之相關的觀念來加以確定。區─分既不是區別也不是關係，它不是事物居於其中的獨自現存的領域。區─分是這種維度，它在世界與物本身的範圍內衡量世界和物。作為世界和物的"中間"，區─分測出兩者之本質尺度。在召喚物和世界的令中，根本的被令者乃是區─分。（見海德格爾：《在通向語言的途中》，孫周興譯，商務印書館 2010 年版，第 18–19 頁。）
④ 海德格爾：《在通向語言的途中》，孫周興譯，商務印書館 2010 年版，第 22 頁。

靜默使世界與物入於其本質。藝術或詩的本質就是完成這種靜默而使世界與物居有其本質，海德格爾稱藝術或詩的言說為"道說"。"作為世界四重整體的開闢道路者，道說把一切聚集入相互面對之切近中，而且是無聲無臭地，就像時間時間化、空間空間化那樣寂靜，就像時間─遊戲─空間開展遊戲那樣寂靜。"①

這裏之所以詳述海德格爾的藝術思想，乃在表明以下兩點：其一，藝術之精神歸往或最後目的乃在天、地、人、神會歸如一之大道；其二，這種大道所呈現之境界為寂靜，亦即空靈。而這，意味著人以神性度量自身，也意味著人的詩意棲居。

"人……以神性度量自身。"神性乃是人藉以度量他在大地之上、天空之下的棲居的"尺度"。唯當人以此方式測度他的棲居，他才能夠按其本質而存在。人之棲居基於對天空與大地所共屬的那個維度的仰望著的測度。②

但神性並非是教會神學的形式，乃是形而上學或本體論的。依海德格爾，"每一哲學作為形而上學在本原的和本質的意義上都是神學"。③由此，哲學愈是本體論的，就愈是神學的。這樣，藝術愈是靈現大道，愈是空靈，就愈具神性。故空靈的詩，其精神歸往就是大道，就是神性。這雖然是通過疏解海德格爾的藝術思想得出的結論，但卻更能體現中國傳統文化、尤其是以空靈為最高詩格的傳統藝術的本質特徵。因為空靈所呈現出的無、虛、靈、靜等境界無不體現"道"的特徵。且看《老子》對"道"的言說：

道沖，而用之或不盈。淵兮，似萬物之宗；湛兮，似或存。吾不知誰之子，象帝之先。（第四章）

道之為物，惟恍惟惚。惚兮恍兮，其中有象；恍兮惚兮，其中有物。窈兮冥兮，其中有精；其精甚真，其中有信。（第二十一章）

---

① 海德格爾：《在通向語言的途中》，孫周興譯，商務印書館2010年版，第212頁。
② 海德格爾：《人詩意地棲居》，孫周興選編：《海德格爾選集》，上海三聯書店1996年版，第471頁。
③ 海德格爾：《謝林論人類自由的本質》，薛華譯，中國法制出版社2009年版，第78頁。

這並不是對 "道" 作知識性的描述——因為 "道" 不可言說——而是人對 "道" 的存在的體會與默契,空靈的詩正是對這種體會與默契的詩意 "道說"。但 "道說" 不是表達,而是在寂靜中居有 "大道"。"此中有真意,欲辨已忘言",即表明詩人在空靈寂靜中居有著 "大道"。這裏,進一步印證了空靈的藝術其精神歸往就是 "道"。

四、"情景交融" 辯難及美育問題

既然藝術或詩歌的精神旨歸是 "道",而不是表達個人情感,則 "情景交融" 作為詩歌的價值尺度是值得商榷的。周錫山在《情景交融說的中西進程簡述》一文中,對 "情景交融" 在中國詩論史上的地位及其演進有詳細的分疏與縷述,並總結說:

> 所謂 "情景交融",即 "情景相觸而莫分",是指作品中所抒發的情意與所描寫的景色物象有機地結合起來,有如水乳交融,具有渾然一體的藝術效果;或者作品雖僅描寫景色物象,但其中卻包含著作者欲擬抒發的情意,或者帶著主觀的感情色彩來描寫自然的景色和物象。情景交融,這是我國文藝創作與賞評中的一種傳統的高級的審美要求,揭示了文藝創作的一條重要規律。①

"情景交融" 雖然有助於人的審美感受,但這是站在淺層次的鑒賞的立場,藝術創作的精神旨歸決不在此,而在 "道"。真正指向 "道" 的詩則見物不見情,只有空靈之意境。"千山鳥飛絕,萬徑人蹤滅。孤舟蓑笠翁,獨釣寒江雪。"(柳宗元:《江雪》)何曾見一個 "情" 字,只有一個空靈之境界,在此,物與世界各各居有其自己,而 "大道" 由此而敞開。故詩不必抒情。王國維曰:

> 有有我之境,有無我之境。"淚眼問花花不語,亂紅飛過秋千去" "可堪孤館閉春寒,杜鵑聲裏斜陽暮",有我之境也。"采菊東籬下,悠然見南山" "寒波淡淡起,白鳥悠悠下",無我之境也。有我之境,以我觀物,故物皆著我之色彩。無我之境,以物觀物,

---

① 周錫山:《情景交融的中西進程簡述》,《文藝理論研究》2004 年第 6 期,第 71 頁。

故不知何者為我，何者為物。古人為詞，寫有我之境者多，然未始
不能寫無我之境。此在豪傑之士能自樹立耳。[①]

"有我之境"則著主體之情與氣，由此，則物即色重而麗，氣渾而濁，
非空靈之物也。"無我之境"，不以情累物，不以氣使物，故物空靈而剔透。
"感時花濺淚，恨別鳥驚心。"（杜甫：《春望》）以情累物；"君不見黃
河之水天上來，奔流到海不復回。"（李白：《將進酒》）以氣使物，皆非空
靈之境。是此，則"道"亦不開。"大道"要開，則情氣不可有，但此非究
竟藝術之美者所能之也，惟聖人能之。邵康節曰：

> 夫鑒之所以能為明者，謂其能不隱萬物之形也。雖然，鑒之能
> 不隱萬物之形，未若水之能一萬物之形也。雖然，水之能一萬物之形，
> 又未若聖人能一萬物之情也。聖人之所以能一萬物之情者，謂其聖
> 人之能反觀也。所以謂之反觀者，不以我觀物也。不以我觀物者，
> 以物觀物之謂也。既能以物觀物，又安有我於其間哉？（《皇極經
> 世書》卷十二《觀物篇》六十二）

聖人何以能"以物觀物"？乃因聖人良知全盡呈現，故能以其虛靈明覺
照徹外物也。陽明先生弟子王宗沐釋"良知"之用時曰：

> 心無定體，以物為體。方其應於物也，而體適呈焉，炯然煥然，
> 無起無作，不以一毫智識意解參於其間，是謂動以天也，而自適於則。
> （《王陽明全集》卷三十七《年譜》附錄二）

此即是"盡己"而"盡物"，既然"贊天地之化育"，以海德格爾之語
言之，即是讓物與世界居有其自己，"大道"因此而開。故孟子謂"盡心""知
性"而"知天"，決非虛言。"天"即"大道"也。聖人不以情累物，不以
氣使物，惟"盡性"以"盡物"。王夫之云："詩以道性情，道性之情也。
性中盡有天德、王道、事功、節義、禮樂、文章。"（《明詩評選》卷五）
故聖人無情非真無情也，乃能化喜怒哀樂之弊而盡"性"中之情，這是與天

---

① 　王國維：《人間詞話》，華東師範大學出版社 1990 年版，第 79 頁。

地合其德之大情，此非良知全盡呈現者不能有之。是以王輔嗣曰："聖人茂於人者，神明也。同於人者，五情也。神明茂，故能體沖和以通無；五情同，故不能無哀樂以應物。然則聖人之情，應物而無累於物者也。"（《三國志・魏志》卷二十八）由此，聖人必情之放下而靈現大道，至此，其人生必定是詩的。海德格爾說："一首詩的偉大正在於：它能夠掩蓋詩人這個人和詩人的名字。"[①]這樣的詩一定不是抒情之詩，必然是求"道"之詩、聖人之詩。空靈之詩境即由這樣的詩而朗現，物亦在這樣的詩中獨化而居有自身。整個世界亦由此而居有自己，謝林之於藝術之功用時亦說：

> 因為精神的內蘊就像透過詞句一樣，是透過感性世界閃爍出來的，我們嚮往的理想境界就像透過迷霧一樣，是透過感性世界閃現出來的。去掉那層看不見的、把現實世界和理想世界分隔開的隔膜，打開一個缺口，讓那個只是若明若暗地透過現實世界而閃爍出來的理想世界的人物形象和山川景色完全袒露出來——一切壯麗的畫卷彷彿都是這樣產生的。[②]

藝術通過感性所閃爍出來的世界是一個理想世界，即"大道"在其中閃現的世界。這決不是一個"情景交融"的主觀的世界。

詩既不在求"情景交融"而在靈現"大道"，由此則進一步可談美育問題。美育問題是藝術或審美中的價值生成向度，直接指向人自身。故中外美學家皆重視美育問題，甚至蔡元培有"美育代宗教"之說。他之所以持此說，乃因為在他看來，審美"介乎現象世界與實體世界之間，而為津梁"，[③]故審美可以使人達至本體世界即"道"。後來之美育理論亦多能承此而發展。如葉朗認為，"美育的根本目的是使人去追求人性的完滿"[④]；"使人在物我同一的體驗中超越'自我'的有限性，從而在精神上進到自由境界"[⑤]；"這種人生境界，就是孔子的'吾與點也'的境界。……也就是宋明理學家所說的光

---

① 海德格爾：《在通向語言的途中》，孫周興譯，商務印書館 2010 年版，第 8 頁。
② 謝林：《先驗唯心論體系》，梁志學、石泉譯，商務印書館 1983 年版，第 276 頁。
③ 蔡元培：《對於新教育之意見》，高平叔編：《蔡元培全集》第二卷，中華書局 1984 年版，第 134 頁。
④ 葉朗：《美學原理》，北京大學出版社 2009 年版，第 405 頁。
⑤ 葉朗：《美學原理》，北京大學出版社 2009 年版，第 413 頁。

風霽月般的灑落的境界"。①一言以蔽之，美育就是欲人達至天地境界，與"道"合一。應該說，上述諸說對於美育之目的基本體現了藝術的精神旨歸。但是，在美育之實踐途徑上，他們卻總是站在純藝術的無功利、無目的之鑒賞的立場上，作輕鬆的藝術觀照。如蔡元培："純粹之美育，所以陶養吾人之感情，使有高尚純潔之習慣，而使人我之見、利己損人之思念，以漸消沮者也。蓋以美為普遍性，決無人我差別之見能參入其中。"②葉朗說："（美育）使自己感受到一個有意味的、有情趣的人生。對人生產生無限的愛戀、無限的喜悅。"③在這種鑒賞的立場上，藝術之於人至多只有純化心靈、陶冶情操之作用，這種作用，上焉者，則可養成道德的純美情懷，下焉者，則適成浪漫的生活情調。簡言之，依據上述論者之所說，美育至多只能達至道德境界，決不能至與"道"合一的天地境界。而因為人們對純粹審美的依戀與沉迷，甚至連道德境界都不能達到，反而養成了世俗文化中的享樂主義，而感覺沉醉風潮與遊戲人生態度卻成了美育的最後生成，感性享樂成為了人生的終極辯護。審美現代性正是從情感或鑒賞之立場上去體會美育之功能的直接結果。④

　　至此，我們可作一歸結。如果不能奠定藝術之哲學根基，僅外在的情感享受與審美鑒賞來探討詩或藝術的問題，不管情景交融能至於何等至純至美之境，皆不能真正靈現詩或藝術之精神歸旨、既而完成其美育價值指向。本章雖是因空靈之美切入，由其哲學根基的解析，進而真正解決了藝術的精神歸往與美育的價值指向。而只有空靈之詩才能真正完成美育的價值指向，這意味著空靈的詩或藝術是真正的詩或藝術，亦可云是惟一的詩或藝術。海德格爾稱之為獨一之詩，他說："每個偉大的詩人都只出於一首獨一之詩來作詩。衡量其偉大的標準乃在於：詩人在何種程度上被託付給這種獨一性，從而能夠把他的詩意道說純粹地保持於其中。"⑤詩或藝術不能至於空靈而歸向那獨一之詩，皆是人生的點綴，可有可無，但空靈的詩或藝術卻不是人生的點綴，

---

① 葉朗：《美學原理》，北京大學出版社 2009 年版，第 451 頁。
② 蔡元培：《以美育代宗教說——在北京神州學會演說詞》，高平叔編：《蔡元培全集》第三卷，中華書局 1984 年版，第 33-34 頁。
③ 葉朗：《美學原理》，北京大學出版社 2009 年版，第 406 頁。
④ 關於"審美現代性"，劉小楓有較詳細的論述，其主要特徵有三：為感覺正名，藝術代替傳統的宗教形式，遊戲式的人生心態。詳見劉小楓：《現代性社會理論緒論》，上海三聯書店 1998 年版，第 299-344 頁。
⑤ 海德格爾：《在通向語言的途中》，孫周興譯，商務印書館 2010 年版，第 30 頁。

乃是人生的根本使命，因為這種使命肩負著“大道”靈現。海德格爾說：“在貧困時代裏作為詩人意味著：吟唱著去摸索遠逝諸神之蹤跡。因此詩人能在世界黑夜的時代裏道說神聖。”[①]這意味著，每個人都應該是詩人，且應該以自己的生命去擔負那種使命，既而完成那首空靈的詩。而這一切乃系於良知靈明的全盡朗現與透露，這也意味著聖人是那惟一的詩人，聖人的世界與生活就是那首空靈的詩。而一般的詩人尚不是真正的詩人，其詩作——哪怕有些許空靈之意境——亦不曾是那首空靈的詩。海德格爾說：

> 一個詩人的獨一之詩始終是未被道出的。無論是他的任何一首具體詩作，還是具體詩作的總和，都沒有道說一切。可是，每一首詩作都是出於這首獨一之詩的整體來說話的，並且每每都說道著這首獨一之詩。從這首獨一之詩的位置那裏湧出一股泉流，它總是推動著詩意的道說。[②]

獨一之詩已消解了具體的詩作，而是那與道合一的神聖生活。故海德格爾說：“詞語崩解處，一個‘存在’出現。”[③]這意味著，真正空靈的詩不是語言可以寫出的，它存在於與道合一的聖賢人格與生活之中。一般的詩人之所以沒有道出那首惟一的空靈之詩，並非藝術的技巧不夠，而是生命之空靈明覺不足。而庸眾在尚未完成那首空靈之詩之前，只能在聖人的生活光景裏薰染，或依據空靈之詩去感召，因為人之靈光顯露，窺破天機常於此時。此是美育的惟一實踐方法與實現路徑。這意味著純粹藝術的審美鑒賞與情感陶冶不足以承載美育之目標，惟有在儒學的心性工夫之學、天人性命之道中方為可能。因此，美育的任務乃是在內聖之學中開顯發越那空靈的精神根基而充其極，使萬物與世界各自居有其自身。在此，藝術、道德與宗教會歸如一。

---

① 海德格爾：《詩人何為？》，孫周興選編：《海德格爾選集》，上海三聯書店 1996 年版，第 410 頁。

② 海德格爾：《在通向語言的途中》，孫周興譯，商務印書館 2010 年版，第 30 頁。

③ 海德格爾：《在通向語言的途中》，孫周興譯，商務印書館 2010 年版，第 213 頁。

第六章　心性學與精神實踐及中國詩歌的風格問題

一、藝術為什麼與精神實踐對抗

美國文藝理論家馬克·愛德蒙森認為，在西方藝術批評史上一直有一個古老的論爭——文學（在本章中，暫定"文學"與"藝術"為同義詞）與哲學的對抗，並且，他在梳理這一對抗史時發現，其對抗的最終結果是"哲學對藝術權利的剝奪"。①在愛氏看來，哲學對藝術權利的剝奪是從蘇格拉底和柏拉圖對荷馬上帝般的地位挑戰開始的，他們認為，詩人只是模仿的模仿，不可能擁有真知識，因此，"詩人必然說謊，因為他生活在幻覺中，與現實隔了三層"。②不僅如此，詩歌還訴諸狂熱的激情而擾亂公民的心靈平衡，但激情是永遠應該受到控制的。"所以，我們要拒絕他（詩人）進入一個政治修明的國家裏來，因為他培育人性中低劣的部分，摧殘理性的部分……戲劇詩人在個體的靈魂中種下惡因：他逢迎人心的無理性的部分，它是不能判別的，它以為同一事物時而大，時而小。"③就這樣，愛氏認為，自柏拉圖以後，"有效的文學批評都試圖捍衛詩歌，以抵擋柏拉圖這番暴雨般的凌辱"④。第一個出來辯護的便是亞里士多德。亞氏在《詩學》中雖然同意柏氏的詩歌具

---

① 馬克·愛德蒙森：《文學對抗哲學》，王柏華等譯，中央編譯出版社 2000 年版，第 7 頁。
② 馬克·愛德蒙森：《文學對抗哲學》，王柏華等譯，中央編譯出版社 2000 年版，第 5 頁。
③ 馬克·愛德蒙森：《文學對抗哲學》，王柏華等譯，中央編譯出版社 2000 年版，第 6 頁。
④ 馬克·愛德蒙森：《文學對抗哲學》，王柏華等譯，中央編譯出版社 2000 年版，第 7 頁。

有刺激狂熱情感的觀點，但他不同意乃師的藝術只能給我們提供模仿的模仿觀點。亞氏的一個著名觀點是："詩是一種比歷史更富哲學性，更嚴肅的藝術，因為詩傾向於表現帶普遍性的事，而歷史卻傾向於記載具體事件。"①這樣，在亞氏看來，戲劇（詩）不但未使我們遠離真理，反而更能給我們提供一般的知識。但具有諷刺意味的是，亞里士多德這種出色的辯護非但未使文學藝術受益而且更使其付出了慘重的代價。因為在愛氏看來，亞里士多德以情節、人物、言辭、思想、場面等形式範疇來分析作品，這種"概括性術語妨礙我們發現一部作品的獨特之處和最有價值的東西。固定的批評範疇即使指出了詩性活動，也仍然容易貶低情節發展的價值，而在想像中把讀者置於時間之外。形式術語常常使人們遠離作品中的情感力量或對情感產生某種免疫力，這樣，儘管你可能運用形式語彙分析作品，但不可能給作品提供閱讀和解釋你的機會"。②

如果說亞里士多德對藝術是一種代價慘重的辯護的話，那麼，康德則是一種對藝術的善意的壓制，因為康德對藝術的"無目的的合目的性"的要求，使得藝術走出了人類信念與欲望的領域，進入了一個穩固的平靜世界。這樣——在愛氏看來——康德的美的世界就"不能跟日常生活有絲毫干係。藝術可以教給我們有關認識與理性的形式，但它跟生活之間必須保持它應當保持的距離"。③黑格爾則以帶傾向性的頌揚而使哲學來取代藝術，因為在黑格爾的歷史哲學中，藝術是精神表現中的一個階段，這一階段為下階段——哲學——鋪平道路，"但是，一旦我們能夠對美學階段中最為重要的東西產生自覺的意識，那麼，藝術就像馬克思的革命後的國家一樣，漸漸消失了"。④通過對柏拉圖，亞里士多德、康德和黑格爾的理論的研究，愛氏最後總結說，粗野的驅逐，代價慘重的辯護、善意的壓制、帶傾向性的頌揚，這就是柏拉圖以來哲學介入這一古老論爭的種種方式，因此，"哲學並非起源於蘇格拉底的好奇，或源於維特根斯坦所相信的一種迷路的感覺，哲學起源於一種試圖約束難以駕馭的能量，即文學能量的努力"。⑤因為在哲學看來，這種文學

① 亞里士多德：《詩學》，陳中梅譯，商務印書館2002年版，第81頁。
② 馬克·愛德蒙森：《文學對抗哲學》，王柏華等譯，中央編譯出版社2000年版，第10頁。
③ 馬克·愛德蒙森：《文學對抗哲學》，王柏華等譯，中央編譯出版社2000年版，第8頁。
④ 馬克·愛德蒙森：《文學對抗哲學》，王柏華等譯，中央編譯出版社2000年版，第8頁。
⑤ 馬克·愛德蒙森：《文學對抗哲學》，王柏華等譯，中央編譯出版社2000年版，第11頁。

的能量使得人類只是"敏感而愚蠢地應付著這個世界，有時災難重重，有時莊嚴壯麗，人類對這個世界只是一知半解而已，而這個世界並非必然與倫理生命融洽無間"。① 然柏拉圖們認為，若對人類理性的體系加以正確理解，本可以產生一個使人的生活和肉體生命具有意義的模式的。

通過以上愛氏的疏解，我們可知，文學與哲學的對抗以哲學批評文學總是煽起激情和人性中非理性的成份而不能使人類過上一種至善的生活而使哲學最終勝利。而追求至善的生活是人類最高的實踐活動，人類的一切活動與學問都應以此為依歸，文學當然也不例外。應該說，柏拉圖及其後裔對文學的這種要求和理想並不過份，但認為荷馬及其後裔的作品沒有向人們宣揚一種道德的生活卻未必符合事實。"荷馬教化了希臘"，這是一句流傳甚廣的名言，古希臘有教養的標誌是能背誦荷馬並能恰當地引用之。因此，許多人受到過荷馬的教育且是道德意義上的，據普魯塔克的記載："呂庫古發現史詩中包含的政治與紀律的教誨比它提供的歡樂與放縱的刺激毫不遜色，同樣值得嚴肅認真地重視。"② 實際上，《伊利亞特》和《奧德賽》都是環繞古代倫理生活的大原則被侵犯和破壞而展開的，史詩具體地寫出這些原則在何種事件中被侵犯和破壞，帶來何種慘痛後果，最後是怎樣解決的，使人們在驚歎中深切明白生活流程中的規矩方圓。但是由於生命自身的尊嚴沒有被意識到，或者說人的價值主體沒有被打開，因此，史詩對道德生活的宣揚——就如哈威羅克所批評的那樣——是一系列道德公式"加糖衣"（即感性外表）的形式，這在柏拉圖及其後裔看來，即使文學試圖做著哲學所做的事，也做得笨手笨腳。這或許是柏拉圖攻擊荷馬的主要原因，爾後的柏拉圖主義者——雖然承認藝術一定程度的合法性——或許是有感於這種笨手笨腳，則乾脆把藝術同生活隔開，藝術不但與道德無關，也沒有真理問題。

那麼，由誰來裁定藝術的高下？由誰來確立藝術的法則？他們的回答是：天才。在西方藝術史上，藝術的天才論者大有人在，從古希臘的柏拉圖，中經賀拉斯、楊格一直到狄德羅，而康德在其名著《判斷力批判》中則對藝術的天才論作了較全面的論述和探討。在康德看來，"天才是天生的心靈稟賦，

---

① 馬克·愛德蒙森：《文學對抗哲學》，王柏華等譯，中央編譯出版社 2000 年版，第 12 頁。
② 普魯塔克：《希臘羅馬名人傳》，陳水庭等譯，商務印書館 1990 年版，第 90 頁。

通過它自然給藝術制定法規"。天才的藝術品"自身不是由摹仿產生，而它對於別人卻須能成為評判或法則的準繩"。① 天才的作品為什麼能成為藝術的法則和標準呢？因為天才的作品具有精神，即體現審美觀念，但這種審美觀念並不是一個理性的理念（概念），而是一種內在直觀，它是由想像力所自由構造出的一種表像。那麼，天才為什麼要構造出這樣一種表像，或者說，天才的藝術創作的意義何在呢？這是因為"當經驗對我們顯得太平淡無味時，我們就以他來消遣取樂。"（此句宗白華先生譯為"當經驗對我們顯得太陳腐的時候，我們同自然界相交談"。但論者多以為此譯不太諦當，故參考他譯而修改。）但是，由於天才何以具有如此之想像力是不得而知的，且只有少數人才"幸運"地具有。這樣，由天才的想像力所極成之"樂"就不一定符合審美趣味，因為審美趣味雖然沒有概念的普遍性，卻應該有經驗的普遍性，這種普遍性乃是基於共通感。在這裏，康德已見出，即使是純粹的審美趣味，天才的作品也可能與之衝突。因此，康德認為，應該讓審美判斷力去"剪掉天才的飛翼，使它受教養和受磨練。"② 進一步，即使天才的想像力所極成之樂與純粹的審美趣味不衝突。但純粹的審美趣味，即審美判斷力不涉及欲念、利害、目的，而只涉及形式的一種超然的單純的令人愉快的觀照——康德深知——也是假想的，只是為了分析方便而設立的。實際上，人是一種有機整體，審美功能不但可以脫離其他功能，而且只有同其他功能相結合時才能更好地發揮其效用，因此，理想的美就不能是純粹的而是依存的，它必須要表現人類的道德精神。這樣一來，"不失去平常理智而陷入迷狂"③ 就不能創作的天才就必然與人類的審美理想衝突。正是基於此，康德雖認為莎士比亞是天才，但依然慨歎他的粗野。概而言之，在西方藝術史上，藝術的創作屬於天才，而對藝術的要求又是基於表現人類道德精神的審美理想，前者是基於天才的非理性的神秘心理機制，後者是基於人類的實踐理性，這樣看來，創作與鑒賞，或者說文學與哲學的對抗似乎不可避免。盧梭："隨著科學和藝術的光芒在我們的天邊上升起，德行也就消逝了，這種現象在各個時代和各個地方都可

---

① 康德：《判斷力批判》上卷，宗白華譯，商務印書館 1987 年版，第 153 頁。
② 康德：《判斷力批判》上卷，宗白華譯，商務印書館 1987 年版，第 166 頁。
③ 柏拉圖：《柏拉圖文藝對話集》，朱光潛譯，人民文學出版社 1980 年版，第 8 頁。

以觀察到。"① 依上所言，這在西方便不足為怪了。

從荷馬史詩表現道德的笨拙和天才作品的神秘性與審美理想之間的衝突中，我們可以看出文學與道德的糾葛不可避免，既如此，便給我們提出這樣一個問題：怎樣的文學才能教化道德呢？在中國，文學的審美理想一向強調的是"文以載道"，可是這種創作與鑒賞即文學與哲學的對抗為什麼在中國卻一直沒有發生呢？（梁簡文所謂"立身之道與文章異，立身先須謹重，文章且須放蕩"之說，乃至於明代出現了"性靈派""童心說"等，只不過曇花一現，至於民國初年的"文選派"因崇尚純文學而反對載道的桐城派，因超過了本章所及的範圍，且置之不論）。中西文化都把道德賦予文學，即認為文學亦應該是一種實踐的學問，而這種學問認為："一切追求知識，能力和選擇的努力都趨向於善。"② "文學是一種實踐的學問"應是中西文化所共許的名言（平常說"文學是人學"，其含義過於寬泛，因為這裏的人學可能是感性的，非理性的和浪漫主義的，而人學必須是理性的、道德的和理想主義的）。可是同在共許之下，為什麼在西方產生了文學與哲學（道德）的對抗，而在中國卻沒有呢？這促使我們對中國文化中"實踐"的特質，即"實踐"的含義在中國文化和西方文化到底有何不同作一番縷析與厘清的工作。

二、作為實體主義的"實踐"概念

"實踐"是哲學論域中的重要論題。但"實踐"一詞在中國的先秦典籍中未見有，在古希臘文獻中，"實踐"（praxis）一詞的最初含義是指一切有生命東西的行為活動。在此基礎上，亞里士多德賦予了"實踐"概念以反思人類行為，建立人類良好的道德和秩序的哲學含義，因此，亞里士多德是西方實踐哲學的奠基人。實踐哲學———在亞氏看來———就是通過人類實踐行為的反思指明人類存在和生活的善的、有價值的理論基礎和趨向目標。亞氏以後至中世紀，由於神學的興起與高揚，哲學成了神學的奴僕，因此，神的意志代替了人的理性，雖然依然保持有古希臘的"實踐"概念，但基本上是將它視為一種解釋和說明神意的技術性活動，人類對自身或生活的理性反思，

---

① 盧梭：《論科學和藝術》，伍蠡甫主編：《西方文論選》，上海譯文出版社 1979 年版，第 332 頁。
② 加達默爾：《讚美理論》，夏鎮平譯，上海三聯書店 1998 年版，第 25 頁。《大學》云："大學之道在明明德，在親民，在止於至善"。亦是此意。

反而不再被重視。中世紀以後，大陸理性主義哲學經笛卡兒、萊布尼茨至康德而成為一集大成者，康德以三部"批判哲學"對理性進行全面的批判，且把實踐理性置於優先地位，重新高舉實踐哲學的大旗，在他看來，"至善在現實中的實現是一個可以通過道德法則規定的意志的必然客體"①（注意，"至善"在康德哲學中有兩種含義：即最高善和最圓滿的善，最高善是指自由意志本身，而最圓滿的善是德與福依一定比例的綜合，此處的至善是後一種義）。中國先秦雖然沒有"實踐"這個詞，但並不表明先秦沒有實踐哲學，實際上，先秦的儒道二家都是一種實踐哲學。孟子的"踐行"和莊子的"心齋""坐忘"都是一種實踐的工夫。

本章開列的亞里士多德、康德和儒道二家的實踐哲學，分別代表了中西具有典型意義的實踐哲學形態，可稱為實踐哲學的基型。那麼，這三種基型有什麼區別呢？筆者根據它們本身的義理和特質，將它們分為經驗主義形態、形式主義形態和實體主義形態。經驗主義形態屬於亞里士多德的實踐哲學的特質，因為在亞氏那裏，實踐理性的獲得依賴於具體的經驗環境，經過長時間的行為摸索和習慣陶養而習得。正因為如此，亞氏認為，青年人因為缺乏經驗，便不適宜於政治學而只適宜於幾何學，這樣一來，亞氏的實踐哲學就沒有了普遍性，而他所究竟的——實踐就是成為一個善良的人——的目標亦很難對每個人有效。故亞氏的實踐哲學是一種典型的經驗主義，因為應付具體的經驗需要智識，故也可以說是一種理智主義。因為用以應付經驗的智識對於每個人來說並非必然地擁有，而是概然的，因而便沒有普遍性。正是基於此，康德便堅決反對從具體的經驗和事例中來討論實踐哲學的問題。在康德看來，所謂實踐就是"一切通過自由而可能的東西"。②因此他剝落一切經驗的纏繞而直接從自由意志處以建立他的實踐哲學，以確保其普遍性，但是，由於他不承認現實中的人有自由意志，而純粹是一種方便的假設，且他的實踐哲學之所以能夠成立還要有靈魂不朽和上帝存在這兩個假設。既然自由意志、靈魂不朽和上帝存在皆是一種假設，這便是純形式的三個概念（基於假設的上帝是純形式的，但宗教信仰中的上帝不能說是純形式的），而康德的

---

① 楊祖陶，鄧曉芒編譯：《康德三大批判精粹》，人民出版社 2001 年版，第 370 頁。
② 康德：《純粹理性批判》，鄧曉芒譯，人民出版社 2004 年版，第 608 頁。

那種基於這三個純形式的概念所建立的實踐哲學亦是純形式主義的，它雖然具有普遍性，但只是理論上的普遍性，它很難走入人類現實的實踐活動。

通過對亞里士多德和康德的實踐哲學的考察，我們可知前者具有可行性卻沒有普遍性，後者具有普遍性卻沒有可行性。那麼，有沒有一種實踐哲學既有可行性又有普遍性的呢？這樣的實踐哲學是怎樣的形態？其"實踐"的含義是什麼？要問答這些問題，先須對亞氏和康德的實踐哲學的共同點作一番分析。亞氏和康德的實踐哲學，雖然都以向善為主要目標，但他們都不承認人的本性是善的，或者說他們不認為在人的生命中有一個完全可以自我作主的向善的實體。亞氏說："所以，我們的德性既非出於本性而生成，也非反乎本性而生成的，而是自然地接受了它們，通過習慣而達到完滿。"① 康德亦："但意志與道德法則的完全的適合就是神聖性，是任何在感官世界中的有理性的存在者在其存有的任何時刻都不能做到的某種完善性，然而由於它仍然是作為實踐上的而被必然要求著。"② 從上引所說我們可知，亞里士多德是從結果上的功利來判定善，而康德則是基於概念的假設形構系統來解析善。但善是一個價值問題而不是一個能力問題（如亞氏者然），然功利的多寡則因能力而不同，若把善等同於功利，必然造成人的先天的不平等，因為能力的大小沒有普遍必然的依據。同時，善亦不是一個說說而已的問題（如康德者然），它必須實現出來以圖改善人類實際的存在狀況。

通過以上對亞里士多德和康德的實踐哲學的分析，可以作以下小結。亞氏的實踐哲學中的"實踐"不是對善本身的追求而是對幸福的追求，而善是因著幸福的追求而被追求的，故善本身沒有獨立的意義，但幸福——正如亞氏自己所言——"需要外在的時運亨通為其補充，所以，有一些人就把幸運和幸福等同（有些人則把幸運和德性相等同）。"③ 這樣，幸福由於與時運亨通與否掛鉤了起來，人們未必必須取道"善"來得到幸福，這便削弱了實踐的必要性。康德的實踐哲學中的"實踐"雖是對善本身（即道德法則）的追求，但因這種追求是基於自由意志的假設，因此，這種實踐只有理論的意義而沒

---

① 亞里士多德：《尼各馬科倫理學》，苗力田主編：《亞里士多德全集》第八卷，中國人民大學出版社 1994年版，第 27 頁。

② 楊祖陶、鄧曉芒編譯：《康德三大批判精粹》，人民出版社 2001 年版，第 370 頁。

③ 亞里士多德：《尼各馬科倫理學》，苗力田主編：《亞里士多德全集》第八卷，中國人民大學出版社 1994年版，第 18 頁。

有現實的意義，或者說，很難有現實的可行性。

經驗主義和形式主義的實踐哲學由於均不承認人的生命中有一個向善的實踐主體，故均屬於非實體主義的形態，那麼，實體主義形態的實踐哲學呢？所謂實體主義形態的實踐哲學就是認為在人的生命中有一個完全可以自我作主的實體，"實踐"就是通過除欲去執的工夫使這個實體完全呈現作主以圖改進生命的精神氣質，提高生命的精神境界。這種實踐完全斬斷了外在的功利的牽連而只著眼於生命本身，同時，自我作主的實體在人人的生命中都有，只要肯作操養的工夫便可呈現。依是，實踐便是一個"為長者折枝"的為與不為的問題，而不是一個"挾泰山以超北海"（《孟子·梁惠王上》）的能與不能的問題。可見，這樣的實踐哲學既有普遍性又有可行性。中國先秦的儒道兩家，就是實體主義形態的實踐哲學，就儒家而言，實體的名稱雖多種多樣，而意思則一，可以是孔子的"吾欲仁，斯仁至矣"的"仁體"，也可以是孟子的"四端之心"的"心體"或"性善"之性的"性體"，亦可以是王陽明的"致良知於事事物物"的"良知"，等等。就道家而言，這種實體可以說是做了"心齋"和"坐忘"工夫以後的"虛一而靜"之心。《論語·為政》中所說的"七十而從心所欲，不逾矩"，便是孔子的生命完全由實踐的實體作主後所達到的境界。《莊子·逍遙遊》中所說的"乘天地之正，而御六氣之辯，以遊無窮"，亦是說聖人（或至人、神人）的生命完全由實踐的實體作主而無所待而達到的精神境界。總之，像儒道兩家這樣的實體主義形態的實踐哲學，是以實踐主體在生命中的透顯以改變生命自身的存在狀態為務，其實踐的結果是人格的光輝和生命的氣象，且這種人格的光輝和生命的氣象並不是西方天才論所說的天才生命氣質的神秘和不可企及，而是人人可學且可達到的，所謂人人都可以成聖人，這便是實體主義形態的實踐哲學的全體大義。

三、文本與精神實踐

實體主義形態的實踐哲學雖認為人人通過實踐的工夫均可改良生命的狀況而射出人格的光輝，氣象的博大和境界的高遠。但眾生根器不一，並非人人有所覺悟而自覺的去做實踐的工夫，故眾生需要"學"，但"學"不是智知，而是感通、覺（《白虎通・辟雍》："學之為言覺也"），即直接與聖人的光輝相遇，與其生命作存在的呼應，而反照自家生命的沉淪與陷落，從而一念回轉，作"造次必於是，顛沛必於是"（《論語・里仁》）的實踐工夫，而使自家生命從沉淪與陷落中躍起與超升，此即是"先覺覺後覺也"（《孟子・萬章上》）。《論語》中的"仰之彌高，鑽之彌堅。瞻之在前，忽焉在後"（《論語・子罕》），即是顏淵對孔子的人格境界的描繪與體悟，這表明顏淵的生命與孔子的人格境界有存在的呼應。但聖人千載而難一遇，故眾生能與聖人（如孔子）的真實生命直接相遇者畢竟是少數，大多數人只能看到聖人為點撥和啟悟眾生所留下的文字即"聖人之言"，但"聖人之言"如《論語》者並非像亞里士多德的《尼各馬科倫理學》或康德的《實踐理性批判》（斯二者為專家之言，非聖人之言）一樣是一義理系統，而是聖人之"德之見乎外者"（朱熹《四書集注・論語卷之三》）的文字記錄，是聖人生命光輝的展示。因此，讀書就是要透過言語文字上的限制去與聖人的德慧生命相感通，不然，若只在字面上強探力索，其結果必然是輪扁對桓公所說的，只不過得古人之糟粕也（《莊子・天道》）。黑格爾便是以思辨的興趣去讀《論語》，因此他說孔子那裏一點思辨的哲學也沒有，這雖亦是實言，但他得到的只是糟粕，而他卻由此而嘲笑孔子膚淺與平庸，這表明黑格爾對中國學問的實踐性格根本不能瞭解。實際上，這種沒有一點思辯哲學的文本就是為了彰顯人的實踐理性,既如此,這對文本有何特殊要求呢？或者說,這樣的文本有什麼特色呢？曰：這樣的文本必須留給讀者體會和領悟的空間，以助人修身悟道，盡心知性。以是，這樣的文本必須不重在描寫現象，陳述事實，規範條理，構造系統等涉及知識的層面，因為知識必須邏輯嚴密，結構完整，不容有絲毫的疏忽與遺漏，故知識裏有辨析的機巧，但沒有留給讀者啟悟的空間。

那麼，如何給讀者留下啟悟的空間呢？我們可以《論語》為例加以說明，《論語》以當機指點的方式給讀者留下空間，啟悟讀者，《論語・陽貨》有孔子與宰我的一番對話可以很好地說明當機指點這種方式是如何啟悟讀者的。

　　宰我問：三年之喪，期已久矣。君子三年不為禮，禮必壞；三年不為樂，樂必崩。舊穀既沒，新穀既升。鑽燧改火，期可已矣。

子曰：食夫稻，衣夫錦，於女安乎？曰：安。安則為之，夫君子之
居喪，食旨不甘，聞樂不樂，居處不安，故不為也。今女安，則為之。
宰我出。子曰：予之不仁也！子生三年，然後免於父母之懷。夫三
年之喪，天下之通喪也，予也有三年之愛於其父母乎？

宰我認為"三年之喪"太久，是從外在的結果（即"禮必壞"和"樂必
崩"）及時事的變遷（即"舊穀既沒，新穀既升，鑽燧改火"）來看的。這
是一種外在的事功主義的態度，這當然不符合中國的那種以實踐實體作主來
轉換生命氣質的實踐本義。宰我的事功主義的生命氣質當然不能使孔子滿意，
故孔子以"安乎"相問，意在"宰我反求諸心，自得其所以不忍者"（朱熹《四
書集注·論語卷九》）。但孔子的"安乎"之問並不以概念解析的方式，而
是在"食夫稻，衣夫錦"這樣的日常生活中指點啟發，然令孔子失望的是宰
我並不能由此指點中得到體悟，故以"安"相答，夫子雖不滿意，但深知實
踐乃"為仁由己"之事，苟求不得，故以"女安則為之"復之。但夫子深恐
宰我終不能悟，故又以"食旨不甘，聞樂不樂，居處不安"來指點啟發，不過，
領略到此般生活滋味依然靠自己的覺悟，宰我可能是覺悟能力較差的人（《論
語·公冶長》中說他"朽木不可雕也，糞土之牆不可杇也"，可作參考），
當他再次聽到夫子"今女安，則為之"的回答後，便以為這是夫子的真意，
就出去了。殊不知夫子念茲在茲者乃是自家之覺悟，惜乎宰我終不能察，故
夫子有"予之不仁也"之歎，且以"子生三年，然後免於父母之懷"來說明
其不仁之故，實乃以此再來指點啟發諸生也。

綜上所述，孔子欲通過宰我之問來開啟他的實踐主體以轉化他的生命氣
質，因為"三年之喪"久否既不是一個邏輯命題，亦不是一個經驗命題，故
不能得到邏輯或經驗上的證明，唯有交由人的存心來裁決，即反求諸心。但
亦非求知解之心，而是求"放心"，"求"即是一機回轉，跡本兼得之意。
故當宰我相問時，夫子即欲以"食夫稻，衣夫錦"此一機來豁顯宰我的實踐
主體（即"求放心"），若宰我經此機之點省而即實踐主體呈現而曰"不安"，
則夫子後面的那些話皆不必要（邏輯命題或經驗命題的證明則一步都不能少）。
惜乎宰我並未經此機之點省而有所覺，故以"安"相答，茲又使夫子再引一

機（即"君子之居喪，食旨不甘，聞樂不樂，居處不安"），欲以點省宰我，若此刻宰我曰"不安"，則後面的話亦不必要，然宰予依然故我，茲又使夫子三引一機（即"子生三年，然後免於父母之懷"）。從以上的疏解可知，夫子所引之三機，皆是為讀者留下的空間，讀者完全可以不依夫子所引之順序讀之（如先讀"子生三年，然後免於父母之懷"）依然無礙於對夫子之意的理解而受啟發，甚至不必依夫子之所引而依自家之所引（如父母之含辛茹苦），亦無礙於對夫子之意的理解而受啟發。所以，所謂當機指點只是一種方便的權說，它不必說亦不能說盡和呈現一切，須要有讀者的參與，其全盤義理和精神境界始可圓融充實。但讀者的參與並不是以系統解析的方式，因其本身無系統，而是對這一方便權說的體會和領悟。隨時是體悟，隨時是"覺"；隨時是"覺"，隨時是更大體悟，隨時是更大的"覺"。最後讀者的生命完全由實踐主體作主後，對文本所呈現的精神境界的體悟方可與言說者作"莫逆於心，相視而笑"的相遇，甚至超過言說者的精神境界而上達天德。

我們再來看另外一個例子。

子曰："父在，觀其志；父沒，觀其行；三年無改於父之道，可謂孝矣。"（《論語·學而》）

對於孔子的這一教誨，我們常喜歡站在抽象義理的立場空言其是否正確，即若父之道不正確，難道我們還要去遵守嗎？僅從道理上講，確實很難講孔子為什麼這樣要求我們。但孔子顯然不是在空言道理。胡五峰《論語指南》引沈氏之言曰："昔居先君之喪，於哀苦中而得此說，甚以為合於人情也。"可見，我們在具體的情景之外空言道理，是很難理解這一句話的深意的。但若你遭遇真實的情景（即居喪期間），那麼，這一句話一定能引發你良知主體的震動，而得道德人性之本，決不會抽象地去考究其正確與否。可見，孔子在意的是人之生命中實踐主體的震動而不是抽象道理的對錯，實踐主體的震動可引發踐行的力量，而抽象道理的對錯只不過是知識，它與踐行可以完全無關。但問題是，道德最迫切的是踐行，而不是認知。故在具體的情境中當機指點，重於普遍的道理認識。

《論語》的當機指點最終是要走向"無言"，"無言"即意味著，超過言語本身而對不可言說域即精神境界之體會。《論語・陽貨》有孔子與子貢的一段對話：

> 子曰：予欲無言。子貢曰：子如不言，則小子何述焉？子曰：
> 天何言哉？四時行焉，百物生焉，天何言哉？

孔子教人，以轉換生命氣質，提高精神境界為務，但生命氣質、精神境界皆是一團氣氛，不可或很難用言語作準確的把握和解析，故孔子常以自家的德慧人格示範諸生，此即是孔子"予欲無言"之意，亦即是子貢所說"夫子之文章，可得而聞也；夫子之言性與天道，不可得而聞也"之意。朱子對"予欲無言"的解釋："學者多以言語觀聖人，而不察其天理流行之實，有不待言而著者，是以徒得其言，而不得其所以言，故夫子發此以警之"，此可謂獨得夫子之心。但子貢似乎還膠固在言語之中，故曰"子如不言，小子何述焉？"依是，孔子便以天的"四時行""百物生"來類比，暗示子貢應跳出語言域的撲捉（夫子的眾多弟子中，子貢以"言語"稱著）。關此，朱子注曰："四時行，百物生，莫非天理發見流行之實，不待言而可見，聖人一動一靜，莫非妙道精義之發，亦天而已，豈待言而顯哉？"（朱熹《四書集注・論語卷之九》），應該說朱子的注解是對孔子所舉出的類比的較質實的體會。那麼，孔子在舉出天的"四時行，百物生"以後，再次反問"天何言哉？"其意何在呢？無非是要子貢明白，夫子之欲無言者，正不可以言求之，唯有以身求之，方可得其實。李延平曰："讀書者知其所言莫非吾事，而即吾身以求之，則凡聖賢所至，而吾所未至者，皆可勉而進矣。若直以文字求之，悅其詞義，以資誦說，其不為玩物喪志者幾希"（《朱文公文集》卷九十七《延平行狀》）。此段文字可謂深得夫子"無言"之意。所謂"以身求之"就是，通過改良自家生命的存在狀況而遂漸達至聖人之境，是此，則為學亦是為人。

《論語》從當機指點走向無言，即是開權以顯實，當機指點是權，就是給當下生命以方便的警覺；無言是實，就是實踐主體完全朗現後的生命的光輝（聖人之境），故開權顯實就是自家的生命在當下與聖人之境作存在的呼應與感通。但如何才能做到"無言"呢？有文本就得有言，既如此，則問題便轉到這裏來了，即有沒有一種"讓……出現"的語言，這裏的"……"是指聖人之境，故這裏的"出現"不是指表達出或描述出，而是指"托"出（"聖人之境"這一團氣氛）。那麼，這是一種怎樣的語言呢？我們來讀《論語》中的兩段話：

> 子貢曰：貧而無諂，富而無驕，何如？子曰：可也；未若貧而樂，富而好禮者也。子貢曰：《詩》云："如切如磋，如琢如磨"，其斯之謂與？子曰：賜也，始可與言《詩》已矣，告諸往而知來者。（《论语·學而》）
>
> 子夏問曰："巧笑倩兮，美目盼兮，素以為絢兮"。何謂也？子曰：繪事後素。曰：禮後乎？子曰：起予者商也！始可與言《詩》已矣。（《论语·八佾》）

以上所引兩段，皆有"始可與言《詩》已矣"一句，其言外之意是，《詩》並不是誰都可以言的。那麼，孔子何以說子貢與子夏可與言《詩》呢？這是因為子貢通過"貧而無諂，富而無驕"及"貧而樂，富而好禮"的指點，體悟到進德修業乃一無限操持之過程，而子夏亦是通過"繪事後素"的指點，即刻體悟到禮之"本"，子貢和子夏的忽然一"悟"，說明實踐主體已經在他們的生命中動轉，正是這一動轉使夫子認為他們可以言《詩》了，即這一動轉可以使他們與《詩》所言者作一存在的呼應。由此可見，《詩》所言者乃是一團氣氛，即《詩》托出了聖人之境。或推而廣之（因孔子所言之《詩》為"詩三百"，今則推廣為一般意義的詩），"詩"是那種"讓……出現"的語言。這樣，孔子"欲無言"者，便可以詩來言，於是，詩與人的實踐便有了關係。這便轉移到對中國詩學的實踐性問題上來了。

四、詩與精神實踐

要談中國的詩學，則必須從"詩言志"開始，因為"詩言志"是開山的綱領。但對"志"如何理解呢？一般是從外在的功用和內在的懷抱兩個方面加以闡釋。外在的功用是指詩重在闡發政教等社會功能，內在的懷抱是指詩重在抒發情感等個人心緒。這樣一來，對詩的功能的理解就同西方對荷馬史詩的功能的理解是一樣的，從外在方面看，這也是一種道德公式加糖衣的形式；從內在方面看，這種個人心緒的抒發亦可能摧殘人的理性的部分。這兩者正是西方人要剝奪藝術權力的理由。但是，"文學與哲學的對抗"在中國一直沒有出現，故中國有源遠流長的"詩教"的傳統，那麼，是不是中國人沒有認識到西方人從荷馬史詩那裏所認識到的東西呢？這當然不是。朱子云："今東坡之言曰：吾所謂文必與道俱，則是文自文道自道，待作文時，旋去討個道來放入裏面，此即他大病處"（《朱子語類》第一三九），即已表明。關鍵是我們對"志"如何理解？我們來看《論語》中的一段話：《先進》篇中有孔子與子路、曾皙、冉有、公西華日間閒談各自志向的話，子路、冉有、公西華分別以"千乘之國，攝乎大國之間，加之以師旅，因之以饑饉，由也為之，比及三年，可使有勇，且知方也"；"方六七十，如五六十，求也為之，比及三年，可使足民。如其禮樂，以俟君子"和"非曰能之，願學焉。宗廟之事，如會同，端章甫，願為小相焉"作答。獨曾皙不同，以"莫春者，春服既成，冠者五六人，童子六七人，浴乎沂，風乎舞雩，詠而歸"作答。然曾皙的作答正是孔子所嚮往的，故他聽了之後喟然而歎曰："吾與點也！"那麼，孔子何以發此喟歎呢？這是因為曾皙所言之"志"乃一"天理流行，隨處充滿，無少欠闕"的境界，即聖人之境，而其餘三子所言者不過"規規於事為之末者"，故"其氣象不侔矣。"（朱熹《四書集注·論語卷之六》）。因此，唯有曾皙而不是其餘三子所言之志契合上文所述的孔子之"欲無言"者，以是夫子才發出"吾與點也"的喟歎。從這裏，我們可以看出，"志"不是外在的政教功用，而是人格修養所呈現的一種境界、氣氛、虛靈，或無何有之鄉。我們對"志"的這種理解，可以在"志"與"氣"（這裏的"氣"應是指孟子的"浩然之氣"，而不是指中國古代宇宙論中的"氣"）常連用中尋到根據。如《禮記·孔子閒居》云："是故正明目而視之，不可得而見也。傾耳而聽之，不可得而聞也。志氣塞乎天地，此之謂五至。""志氣"既視而不可得見，聽而不可得聞，則"志氣"純屬一種境界，非官能所能觸及，唯心靈方可體會也。再如《宋史·歐陽修傳》云："修放逐流離至於再三，而志氣自若也。"文瑩的《湘山野錄》卷上云："殊不知清極則志飄，感深則氣謝。"這些都表明，無論是"志"抑或"氣，皆是由人的精神所呈現出的一種精神境界。故"詩言志"中的"志"，當然只能作一種精神境界來理解，而不是一種政教觀點或內在情感。葉燮在《原詩》中的話或許更能有助於我們理解。他說：“《虞書》稱‘詩言志’，志也者，訓詁為心之所之，在釋氏所謂種子也。”“志”既為一種境界，種子，則一切皆由此發，故“志”雖不是政教觀點或內在情感，但卻並不排斥這兩者，而完全可以包括它們，只不過，它們並非有意安布在詩中，而是由詩所呈現的境界所自然流出者。這樣一來，便不存在所謂中國歌詩中有“言志”（這裏的“志”是作為政教觀點理解的）和“緣情”的兩個傳統，而以“言志”的傳統壓制“緣情”的傳統的情況（朱自清先生就認為，“詩緣情”的傳統“老只掩在舊傳統的影子裏，不能出頭露面”[①]）。所以，中國只有一個“詩言志”的傳統，且這個傳統不是這樣的一個傳統，即要麼是闡發政教倫理，要麼是抒發個人情感，而是要托出作者人格修養所呈現的境界，在此境界中，政教倫理存焉，個人情感亦存焉。你有怎樣的人格修養，便會在詩中呈現怎樣的境界，這裏面不能有半點虛欠做作，這便是“文如其人”的切義。這樣，作詩便與人的實踐有了關連，故韓退之教人作文時說：“雖然，不可以不養也。行之乎仁義之途，遊之乎《詩》《書》之源，勿迷其途，無絕其源，終吾身而已矣。”（韓愈：《答李翊書》）

　　以上是從詩的作者方面言與實踐的關係，下面再從詩的讀者方面言與實踐的關係。從讀者方面言詩的解釋與鑒賞方面的理論，當以孟子的“以意逆志”說最為突出。《孟子‧萬章上》云：“故說詩者，不以文害辭，不以辭害志。以意逆志，是為得之。”“志”是從作者方面說，“意”是從讀者方面說。依上所述，“志”既作“作者人格修養所呈現的境界”解，則“意”作何解呢？從《說文》來看，“志”“意”是互訓的，“志，意也”，“意，志也”。可見，“意”同“志”一樣，也應解為一種境界，即讀者人格修養所呈現的境界，這樣，“以意逆志”就是讀者以自家人格修養去逆覺體證作者的人格修養境界，也就是說，作者的人格修養並不是一種客觀的實存，它需要有讀者的參與始可呈現出來，且這種參與不是智識的撲捉，而是精神的證悟。清人浦起龍在談杜詩時說：“吾讀杜十年，索杜於杜，弗得；索杜於百氏詮釋之杜，愈益弗得。既乃攝吾之心，印杜之心，吾之心悶悶然而往，杜之心活活然而來，邂逅於無何有之鄉。而吾之解出矣。”（《讀杜心解》），“邂逅於無何有之鄉”即是浦氏與杜甫

---

① 　朱自清：《詩言志辨》《朱自清古典文學論文集》上，上海古籍出版社 1980 年版，第 190、228 頁。

的人格修養境界不期然而遇。這便是"在異己的東西裏認識自身，在異己的東西裏感到是在自己的家"，這便是精神"從他物出發向自己本身的返回"①。讀者有多高人格修養境界，也只能在詩中體悟到作者多高的人格修養境界，因此，要對詩中所呈現的境界作較高層次的把握，須得加強自家的人格修養，這樣詩便與人的實踐有了關連。當然，讀者在對詩的多次誦諷涵涵當中，由詩之感發，自家的人格修養境界會逐漸提升，並隨此之提升，讀者所體悟到的詩中的人格修養境界亦會提升，復隨讀者體悟之提升，其自家的人格修養境界會有一更大的提升，如此反復不已，則作者在詩中呈現出的人格修養境界和讀者自家的人格修養境界是一個相互發明，相得益彰的過程。因此讀詩亦是人從事實踐活動的一種方法，這便是朱子的"諷誦涵泳"的方法。朱子認為，對於詩，只要讀者"平心和氣，從容諷詠"，便自可求得"性情之中"（《答陳體仁》，《朱文公文集》卷三十七）。因此，中國的詩歌並不是在熟悉了以後便不須讀了，而永遠可以諷誦涵泳下去，因為讀詩不是一個求知的問題，而是一個實踐的問題。

行文至此，我們可以再回到本章開始所提到的問題。在西方，文學與哲學的對抗，實際上是作家的藝術創作和讀者的審美趣味之間的對抗，藝術創作是基於天才的不可解明的神秘的心理機能，審美趣味則是讀者對表現人類道德精神的嚮往和期待，這樣，文學與哲學的對抗是不可避免的。但在中國，藝術創作以"言志"為規則，"志"是作者的實踐主體在生命中動轉後所呈現的人格境界，但因這種實踐主體是人人都有的，只要實踐主體在讀者的生命裏有所動轉，便可與作品呈現的人格修養境界有一存在的呼應與感通。在這種呼應和感通之中，創作者和鑒賞者之間當然不存在衝突，不唯不衝突，且鑒賞者會在創作者營造的氛圍中得到人格的陶養，因為創作者只有在陶養中，而不是在"失去理智的迷狂"中方可創造作品來。劉勰在《文心雕龍·神思》中具體論述了創作的陶養過程。"是以陶鈞文思，貴在虛靜，疏瀹五藏，澡雪精神"。從這幾句話中我們可以看出，創作的陶養過程以後，則藝術創作便因"秉心養術"之故而"無務苦慮""不必勞情"（《文心雕龍·神思》）。這似乎亦是一種天才論，但這種天才論並不是西方所說的那種神

---

① 　伽達默爾：《真理與方法》，洪漢鼎譯，上海譯文出版社 1999 年版，第 17 頁。

秘的心理機能，而是"心生而言立，言立而文明，自然之道也"（《文心雕龍·原道》）之謂。故中國在藝術批評上一直未出現"天才論"，即便是論及天才，也不像西方所認為的那樣神秘不可解明，而是那樣的親切相通，如"杜甫天才頗絕倫，每尋詩卷似情親"（元稹《酬李甫見贈》）。"每尋詩卷似情親"，道出了創作者與鑒賞者之間的無間與融通，但這種無間與融通不是個人情感上的相似，而是基於精神實踐上的契合如一。前者是主觀的，無理路可循，後者是客觀的，有理路可循，因為這是基於四端之心而來的精神實踐，為人人所固有。從這種精神實踐中，可以談中國詩歌在鑒賞和風格上的特點。

五、心性學與中國詩歌在鑒賞和風格上的特點之形成

（一）中國詩歌在鑒賞上的特點

由於中國詩歌是創作者人格修養境界的呈現與展露，致使對中國詩歌的鑒賞完全在於鑒賞者自己能否領略和體會詩歌所呈現的境界。悟者自悟，迷者自迷，無套路可尋，無程式可走，故有關鑒賞方面的理論只能是啟發—領悟式的，而不是結構分析式的。若欲建構一種人人可以式法的概括性的鑒賞理論，這不但是一種多餘的戲論，而且還抹殺了鑒賞者參與的可能性。因此，嚴滄浪說，"夫詩有別材，非關書也；詩有別趣，非關理也"，這樣，對詩歌的鑒賞便應是"不涉理路，不落言筌"（《滄浪詩話·詩辨》）。因此，中國的詩歌鑒賞理論說來說去，只不過是在諸如"興象""詩味""妙悟""性靈""神韻""境界"等名詞上打轉，沒有誰能建構一種系統化的理論，這些名詞雖稱謂上有異，而實質則一。司空圖所說的"詩家之景，如藍田日暖，良玉生煙，可望而不可置於眉睫之前也"（《與極浦書》）與嚴滄浪所說的"羚羊掛角，無跡可求"，"瑩澈玲瓏，不可湊泊"，難道還有區別嗎？凡此種種，本身就是詩性的語言，而不是邏輯性的語言，意在啟發引導鑒賞者去領悟詩中所呈現的人格修養境界。由於中國的詩歌鑒賞理論都是啟發—領悟式的，需要鑒賞者身心的投入，因而就不可能像馬克·愛德蒙批評亞里士多德的《詩學》那樣，以一種固定的批評範疇如情節、人物、思想等把讀者置於時間之外，從而不給作品提供閱讀和解釋鑒賞者的機會。這樣一來，這些理論就避免了

亞里士多德的《詩學》"幾乎從一開始就把文學毀了"①的可能。學界所謂"唐人不言詩而詩盛，宋人言詩而詩衰"的說法，正表明中國的詩歌不可"以言"說，而只可"以身"知或"以心得"的特性，不然也會發生諸如亞氏的《詩學》所產生的嚴重後果。

當然，中國詩歌鑒賞理論的上述特點同其表現形式的特點是一致的。由於中國詩歌崇尚"言志"，而"志"又不過是人格修養的境界，因而在表現形式上是一種借景抒發性的，而不是因事述敍性的，是一種自我內在交流式的，而不是人我外在對談式的。眾所周知，在中國這樣一個詩的國度裏，敍事詩是很少的，抒情詩占九成以上，何以如此呢？因為人格修養境界是一團氣氛，一抹虛靈，它很難用邏輯性的語言描述和定義，而只能用形象性甚至是模糊性的語言隱喻和象徵。而任何敍事是都得符合邏輯和條理的，顯然，通過敍事很難表達詩人所要表達的東西，故沈德潛曰："阮公（籍）《詠懷》，反覆零亂，興寄無端，和愉哀怨，雜集於中，令讀者莫求歸趣。此其為阮公之詩也。必求時事以實之，則鑿矣。"（《古詩源》卷六）。葉夢得亦曰："（詩）但能輸寫胸中所欲言，無有不佳，而世但役於組織雕鏤，故語言雖工，而淡然無味。陶淵明直是傾倒所有，借書於手，初不自知為語言文字也"（《玉澗雜書》卷八）。阮籍和陶淵明的詩都是為了托出各自的人格境界，這是隨感而發的，不是因事而敍的，故不受時空限制。因此，這種"反覆零亂"或"傾倒所有"的抒發性的文法結構更有效，這些文字只可體會，不可分析，這便是"妙悟說""神韻說"之所由生也，這也是中國何以一直未有一部重視方法論的詩論問世的原因。這裏我們還可以附帶地談一下，何以在中國小說和戲劇晚熟且不能登大雅之堂呢？這是因為小說和戲劇這種敍事性的文體不利於人格境界的托出，這類敍事性的文體只能像亞裏士多德的《詩學》那樣，以固定性的範疇如人物、情節、場面等加以分析概括，這同"詩言志"的傳統是背馳的。因此，在中國，小說和戲劇等敍事性文體的發展受到抑制和輕視毋寧是在所必然的了。

---

① 馬克·愛德蒙森：《文學對抗哲學》，王柏華、馬曉冬譯。中央編譯出版社 2000 年版，第 10 頁。

（二）中國詩歌在風格上的特點

中國詩歌在藝術風格上容有差異，但"平淡簡遠"一直是貫穿在中國詩歌史上的理想的主流風格，卻是無有疑義的。如"作詩無古今，惟造平淡難"（梅堯臣：《讀邵不疑詩卷》），"發纖穠於簡古，寄至味於淡泊"（蘇軾《書黃子思詩集後》）。也許有人會說，"含蓄"亦是中國詩歌史中的主流風格，孔子以"溫柔敦厚"（《禮記·經解》）為詩教，劉勰把"典雅"置於"八體"（《文心雕龍·體性》）之首，都表明有貴含蓄之意。"溫柔敦厚"和"典雅"雖有"含蓄"之意，但尚不是含蓄的極致，因為"溫柔敦厚"和"典雅"都有"莊重"之意，這還是在"有"的領域，"有"便有徵向性即有限制性，其蘊涵性便不大，這便是"常有欲以觀其徵"（《老子·第一章》。而"平淡簡遠"已趨向"無"的領域，這裏沒有限制性，其蘊涵性便隨之而大，這便是"常無欲以觀其妙"（《老子·第一章》）。正因為如此，儒家講"達於孔樂之原（本）"的最高境界是"行三無"，即"無聲之樂，無體之禮，無服之喪"（《禮記·孔子閒居》）。禮樂之本的蘊涵性靠什麼來表現呢？就靠"行三無"，因為"無聲之樂，無體之禮，無服之喪"的蘊涵性是最大的，有無限的妙用。可見，詩歌的"含蓄"只有在"平淡簡遠"中表現才能盡其性，唯有這樣，"含蓄"才不至於滑入"沉密"，而是"平易從容不費力處乃有餘味"（朱熹：《跋劉叔通詩卷》）；而"平淡簡遠"亦不至於流於"淺近"，而是"始皆極於高遠，而率反就於平實"（朱熹：《張南軒文集序》），因此，可以說，"平淡簡遠"的風格，是中國詩歌的極致。那麼，這樣的一種風格是如何形成的呢？應該說，這並不是詩人主動的藝術追求，而是中國"詩言志"的傳統決定的。我們知道，"詩言志"中的"志"是一種人格修養的境界，但這個境界並不是一個陰暗沉濁的"密窟"，而是一團簡易輕盈的氣氛，或者更準確地說，是一"無何有之鄉"。孔子曰："巧言令色鮮矣仁"（《論語·學而》），即是說，一個仁者的境界決不在於言語的機竅隱密和色彩的華茂濃郁，若借用莊子的話說，仁者的境界應該是"虛室生白，吉祥止止"（《莊子·人間世》）的。這種境界若由詩呈現出來，由於其生白敞亮，詩的風格必定平淡簡遠，又因為這個生白的"虛室"並非是一眼望穿的空寂寂，而是有無限蘊涵性的坦蕩蕩，故詩的風格又必定是含蓄溫潤的。這樣，人格修養的最高境界便是藝術的最高境界，藝術風格的不同不是審美趣味的不同，而是修養工夫的高下。審美趣味可以有爭論甚至衝突，但修養工夫不能有爭議更無衝突，你達不到更高層次的藝術風格，只是你修養的工夫不到，因此，你欲在藝術上更上一層樓，便不能只在藝術本身上去強探力索，非得老老實實地做修養的工夫不可，這便是劉彥和"真宰弗存，翩其反矣"之說（《文心雕龍·情采》），亦是陸放翁"汝果欲學詩，工夫在詩外"之謂，你若以審美趣味的不同為藉口而在藝術上故步自封，這決不只是一個藝術上的追求問題，更是一個實踐的問題，因為你甘願生命沉淪，境界低下。但人格境界而至於平淡簡遠，即人上達於道的境界，故中國詩歌的最高境界是靈顯道。這便是中國詩學實踐性的究竟了義。但主觀的人格與客觀的道之間總有距離，故修身不已，踐行莫止，這是對作者與讀者的無上期盼與要求。

通過以上之論述，無論是中國詩歌在鑒賞上還是在風格上，其特質都與中國傳統的心性工夫之學有內在的必然關聯，若以為只是一個純粹的藝術問題，則失之遠矣。

第七章　心性學與閒適之美

一、閒適的奠基問題

近年來，美學界興起了休閒美學研究熱潮。但對於休閒的界定一直是在社會學的解釋框架內被追問與尋求的，也就是說，以功能主義的社會學方法來研究與界定休閒。由此，休閒美學幾乎近似於遊玩或放鬆問題，這樣，休閒就很難有"美學"的高度。本章企圖通過心性學來為休閒進行奠基，從而還休閒一個"美學"特質。但這裏一般稱閒適而不稱休閒，然本書暫定閒適與休閒是同等的意義，只是根據行文需要有時把閒適改稱為休閒。

對於閒適研究的社會學方法主要體現在把閒適與工作作為對立的兩極來對待，閒適往往被描述為沒有工作的閒暇時間或沒有義務的自由時間。如馬克思在《資本論》第三卷中說："事實上，自由王國只是在由必需和外在目的規定要做的勞動終止的地方才開始；因而按照事物的本性來說它存在於真正物質生產領域的彼岸。……在這個必然王國的彼岸，作為目的本身的人類能力的發展，真正的自由王國就開始了。但是，這個自由王國只有建立在必然王國的基礎上，才能繁榮起來。工作日的縮短是根本條件。"[1] 這是典型的把人的自由領域與物質生產領域對立起來的立場。馬克思在這裏雖然不是直

---

① 《馬克思恩格斯全集》第 25 卷，人民出版社 1974 年版，第 926–927 頁。儘管馬克思這裏所針對的是資本主義社會化大生產的異化勞動，在一個理性的社會中，勞動不會被異化，這樣，勞動成了吸引人的勞動，是人的自我實現。依此，在理性的社會裏，則休閒不應與勞動分離。但資本主義社會化大生產是生產力發展的必然階段，異化勞動不可避免。由此，休閒與勞動的對立是必然的。

接論說閒適問題，但卻被閒適學研究者引為閒適的經典概說。儘管大多數閒適學研究者都認識到閒適不只等同於閒暇時間，但閒適的一個基本維度必須是：從勞動狀態與負有責任的活動中超離出來。如美國閒適學者傑弗瑞·戈比就這樣定義閒適：

> 休閒是從文化環境和物質環境的外在壓力中解脫出來的一種相對自由的生活，它使個體能夠以自己所喜愛的、本能地感到有價值的方式，在內心之愛的驅動下行動，並為信仰提供一個基礎。[①]

中國閒適學者馬惠娣則這樣定義閒適：

> 休閒的一個重要方面，是把休閒從勞動狀態與負有責任的其他活動中分離出來。這是人的生存整體的一個組成部分。……（休閒）旨在巡查精神世界中人的創造力和鑒賞力，通過休閒促使人對生活（生命）進行思索，有助於人的全面發展和個性成熟，使人真正地走向自由。[②]

以上兩種關於閒適的定義，大同小異，都強調了人的精神之價值與自由，但必須有一個條件，就是：這種精神價值與自由是外在工作或物質壓力抽離以後才可能的。並且，這樣對閒適的界定——一般而言——得到了閒適學界的普遍認同。但若如此地定義閒適，則必然隱含有以下兩個結果，即一、我們的社會將變得越來越閒適了；二、對於具體的個人而言，閒適沒有必然的普遍性。然而，通過深入的研究，這隱含的兩種結果都是值得被質疑的。

首先，如果閒適表示從外在的工作或物質壓力中超脫出來，則顯然，隨著科學技術的進步與物質產品的豐富，這種外在壓力之於人越來越小，而人們從中超離出來的可能性也越來越大。簡言之，我們的社會隨著工業化水準的提高將變得越來越閒適。[③] 由此，閒適將成為與社會發展相伴的自然過程，

---

① 傑弗瑞·戈比：《你生命中的休閒》，康箏譯，雲南人民出版社 2000 年版，第 14 頁。

② 馬惠娣：《人類文化思想史中的休閒》，《自然辯證法研究》2003 年第 1 期，第 56 頁。

③ 傑弗瑞·戈比列舉了支持此觀點的 9 條理由。其一，由於技術的應用而不斷豐富的物質產品；其二，為減輕家庭勞動強度而設計的家用設備的出現；其三，教堂或家庭之類的社會機構對個體生活各個方面的規範和約束都趨於弱化；其四，對享樂態度的轉變；其五，個人教育水準的持續提高；其六，各行業體力勞動的降低；其七，可自由支配的收入日趨增加；其八，工作條件的極大改善；其九，婦女和弱勢群

而與人之精神奮鬥無關。但我們的社會真的會帶來這種變化嗎？馬克思頗有見地地說："最發達的機器體系現在迫使工人比野蠻人勞動的時間還要長，或者比他們過去用自己最簡單、最粗笨的工具時勞動時間還要長。"[1]Galbraith指出："一個關於新的、擁有更多的休閒的時代的觀念實際上只是一種套話。而且，它也不再能使人們去展望一個新的社會。"[2]以是之故，有學者指出："很明顯，工業化國家的產生，不僅造成了把時間看作是稀缺商品的環境，而且也使得這種商品變得更加稀缺。傳統的經驗智慧總是有這樣一個假定：生產率的增長將導致更多的閒暇時間。然而，在最近40年中，幾乎沒有任何證據表明這種論斷是正確的。"[3]而相反，前工業社會，人們似乎卻有更多的閒適。Grazia指出："他們一直過著閒散隨意的生活。一個鞋匠早晨願意什麼時候起床就什麼時候起床，願意多會兒開始幹活就多會兒開始幹。要是外面出了什麼新鮮事，他會撂下手裏的活計跑出去瞧熱鬧。……這樣的生活方式，在非工業社會裏遠比人們所料想的要普遍。"[4]由此可見，社會的發展未必必然給人類帶來閒適。當然，這並不意味以前的社會就更閒適。這裏只欲表明如下立場：即若從外在工作或物質壓力抽離的角度來界定閒適，則勢必會減弱人之精神奮鬥，而把閒適寄希望於社會自身的發展。果爾，則閒適的精神維度——"為信仰提供一個基礎"或"人的全面發展"——亦隨之而減弱乃至消亡。

其次，如果閒適表示從外在的工作或物質壓力中抽離出來，則顯然，閒適就沒有普遍性，因為有些人確實一生很難從工作或物質壓力中抽離出來。試問：在我們這樣一個物質至上的社會裏，窮人和失業者能得到閒適嗎？很顯然，閒適對於他們來說是奢侈品。並且我們很快就會發現，特權擁有者與財富階層將獲得更多的閒適機會。正因為如此，有的研究者認為，閒適存在

體選擇機會的增加。見《你生命中的休閒》，康箏譯，雲南人民出版社2000年版，第28-30頁。

[1] 《馬克思恩格斯全集》第46卷（下），人民出版社1980年版，第222頁。

[2] Galbraith, John Kenneth. The New Industrial State. Boston: Eyre and Spottiswoode. 1967. pp365-366.

[3] 湯瑪斯·古德爾、傑弗瑞·戈比：《人類思想史中的休閒》，成素梅等譯，雲南人民出版社2000年版，第143頁。傑弗瑞·戈比也列舉了支持此觀點的9條理由。其一，社會結構的日趨複雜，社會變化的日益加速；其二，無節制的物質主義；其三，對於服務行業越來越高的要求；其四，休閒的工作化；其五，求職者失業時間的延長；其六，就業人口比例的增加；其七，近期生產力增長的停滯；其八，日趨惡化的環境；其九，生活節奏的不斷加快。見《你生命中的休閒》，康箏譯，雲南人民出版社2000年版，第30-32頁。

[4] 轉引自傑弗瑞·戈比：《你生命中的休閒》，康箏譯，雲南人民出版社2000年版，第39頁。

許多或然因素，而且"休閒的效果取決於每個個體的經濟條件、社會角色、宗教取向、文化知識背景及類似的因素"。①然而，既然我們說閒適應該"為信仰提供一個基礎"或有助於"人的全面發展"，則這些既是絕對命令，同時亦是人之普遍心願，我們能因為人之社會地位之不同或經濟條件之差異即將其中一部分排除在閒適之外，而使他們失去"為信仰提供一個基礎"或"全面發展"的機會嗎？我們認為，閒適作為人的一種精神存在，於人是普遍地可能的，無關於人的社會地位與經濟基礎。

除此二者以外，我們還可以問一個更深層次的問題。如果像 Josef Pieper所認為的那樣——教育不應該只注重職業培訓，更應該加強閒適教育。他的理由是："這個由工作定義的世界是否已經得到最充分的、最完整的定義；在這個世界裏，人是否作為工作者或一個有用的人而不是任何其他角色就能得到充分的發展？一個充分發展的人是否能被全部納入到工作的存在方式之中？"②——那麼，我們也依此而可問這樣的問題：即這個由抽離於工作之外的自由所定義的世界是最完整意義上的世界嗎？一個充分發展的人是否能被全部納入到工作之外的自由的存在方式之中？如果我們認可工作之於人類的意義，承認人無法完全抽離於工作之外，且認同亞里士多德的觀點："休閒是終身的，而不是指一個短暫的期間。"③則顯然，從工作中抽離出來的角度來定義閒適是不夠的。而且，如果我們承認閒適是人的全面發展，則我們有什麼理由把工作與義務從這種"全面"中抽離出去呢？

以上從社會學的維度對相關學人的閒適界定加以了質疑，但這不是本章的詮釋閒適的理論生發點，此即是說，本章並非希望通過這種質疑而找到閒適所具有的新的社會學詮釋維度，儘管這種質疑是有見地與價值的，而且這種新的社會學詮釋維度亦有可能找到並有其成效。本章希望對閒適的詮釋進行奠基。這就是說，不管何種社會學詮釋維度，以及其詮釋效果如何，在未對閒適進行奠基以前，都是無效的，至少是沒有根基的，因為它們根本盲視了人之"在世"。也就是說，即使人從外在的工作或物質壓力中抽離了出來，

① 馬惠娣：《人類文化思想史中的休閒》，《自然辯證法研究》2003年第1期，第56頁。
② Pieper, J. Leisure– The basis of culture. New York, NY: New American Library, 1952.p41.
③ 轉引自湯瑪斯·古德爾，傑弗瑞·戈比：《人類思想史中的休閒》，成素梅等譯，雲南人民出版社2000年版，第29頁。

人的"在世"之天命真的使人能得到閒適嗎？這樣，對人之"在世"的探究，於閒適問題具有奠基性的意義。由此，閒適不僅僅是一個社會學的考察問題，更是一個哲學的批判問題，並且哲學上的批判對社會學的考察進行了奠基。本章即依據海德格爾的存在論來考察人之"在世"，以期為閒適之可能與否作哲學之奠基，但因為海氏之存在論限於人的"在世"之天命中而不能超拔，故閒適似乎永不可能。因此，本章希望依據中國傳統的心性學之義理來超越海氏的"在世"之天命，既而使閒適之可能得以奠基，由此，閒適之內涵亦因奠基之完成而有得以解明的可能，至少找到了其客觀的價值根基。

二、"煩"的天命與閒適之不可能

任何一種思想——依海德格爾的看法——無論其正確和有效與否，只要不是根基於人之"在世"的存在論追問，都是無效的。即便有效，亦是暫時的、偶爾的，無根基的。海氏認為，這樣的思想是一種技術性的思。他說："作為思的基本成分的存在，在思的這個技術的定義中被犧牲了"，由這種思而得出的思想，"無異於按照魚能夠在岸上乾地生活多久來評價魚的本質與能力。思登在乾地上已經很久了，太久了"。①海氏所說的"思登在乾地上"就是思想對人之"在世"的存在論的盲視，而只作一種技術性的建構。我們說"不管何種社會學詮釋維度，以及其詮釋效果如何，在未對閒適進行奠基以前，都是無效的"，正是基於海氏的這種觀點。因為這裏同樣遺忘了人之"在世"的存在論追問。人之"在世"一般被領會為"人在世界之中"，其模式為"X在……中"，其中"X"指人，"……"指世界。對於這種模式，海氏認為，它"稱謂這樣一種存在者的存在方式——這種存在者在另一個存在者'之中'，有如水在杯子'之中'，衣服在櫃子'之中'。……這些存在者一個在另一個'之中'。它們作為擺在世界'之內'的物，都具有現成存在的存在方式。在某個現成東西'之中'現成存在，在某種確定的處所關係的意義上同某種具有相同存在方式的東西共同現成存在。"②這樣，"X在……中"就被領會為現成存在者之間外在的空間關係，即現成的東西在空間上一個在另一個之

---

① 海德格爾：《關於人道主義的書信》，孫周興選編：《海德格爾選集》，上海三聯書店1996年版，第360頁。
② 海德格爾：《存在與時間》，陳嘉映等譯，三聯書店1987年版，第66—67頁。

中。若如此，一個具體的東西當然可以脫離這種外在的空間關係而從另一個東西中抽離出來。就人來說，因工作及壓力與他處在外在的關係中，他當然也可以從外在的工作與壓力中抽離出來而走向自由。但問題是，人之這樣"在世"是人真實的存在狀態嗎？海氏認為，"絕沒有一個叫做'此在'的存在者同另一個叫做'世界'的存在者'比肩並列'那樣一回事。"① 在海氏看來，"在之中"不是一種外在的空間關係，而是人的一種存在機制，它是一種生存論性質。這種生存論性質意味著：

> 某個"在世界之內的"存在者在世界之中，或說這個存在者在世，就是說：它能夠領會到自己在它的"天命"中已經同那些在它自己的世界之內同它照面的存在者的存在縛在一起了。②

人之所以一般地被看成現成的東西，就是因為沒有看到"在之中"的生存論結構。人決不是一般意義的現成的東西，他只有特有的"現成性"，這種特有的現成性只有在此在的生存論結構中才是可以被通達的。所以，"在之中"是人的天命，海氏說：

> "在之中"不是此在時可有時可無的屬性，好像此在沒有這種屬性也能同有這種屬性一樣存在得好好的。並非人"存在"而且此外還有一種對"世界"的存在關係，仿佛這個"世界"是人碰巧附加給自己的。此在決非"首先"是一個仿佛無需乎"在之中"的存在者，仿佛它有時心血來潮才接受某種對世界的"關係"。只因為此在如其所在地就在世界之中，所以它才能接受對世界的"關係"。③

此在的"在之中"的天命，表明此在向來就是有因緣的。但有因緣是指"存在者的存在之存在論規定，而不是關於存在者的某種存在者狀態上的規定"。④ 這就是說，因緣使存在者如其所是的樣子呈現出來。在這裏，因緣在邏輯上"早

---

① 海德格爾：《存在與時間》，陳嘉映等譯，三聯書店 1987 年版，第 68 頁。在海氏的哲學中，多把人這種存在者稱為"此在"，本章為了行文方便，有時稱"人"，有時稱"此在"，但都是表述人這種存在者。

② 海德格爾：《存在與時間》，陳嘉映等譯，三聯書店 1987 年版，第 69 頁。

③ 海德格爾：《存在與時間》，陳嘉映等譯，三聯書店 1987 年版，第 71 頁。

④ 海德格爾：《存在與時間》，陳嘉映等譯，三聯書店 1987 年版，第 103 頁。

於”單個的存在者，或者說，單個的存在者乃是在因緣中得到顯現的。實則是：存在先於存在者，並沒有單個的存在者，存在者只是“在之中”的“此”。這樣，海氏就消解了西方哲學中非常重要的“實體”概念。一般而言，所謂“實體”就是這樣被領會著的存在者，它無需其它存在者即能存在。但海氏“在之中”的天命的思想根本否定了這樣的實體存在。“無世界的單純主體並不首先‘存在’，也從不曾給定。同樣，無他人的絕緣的自我歸根到底也並不首先存在。”① 基於此，“人的‘實體’也不是作為靈肉綜合的精神，而是生存”。② 此在乃“在之中”的“此”，故此在本質上是共在。“我實際上不是獨自現成地存在，而是還有我這樣的他人擺在那裏。”③ “我”與擺在那裏的“他者”不是現成存在者之間的關係，而是“他者”“拱出”了“我”。“我”在在都是被“拱出”的存在者。

　　以上詳細論述了海氏“在之中”的生存論。“在之中”並不只是現成存在者的謂詞，而是本體論，即此在即是“在之中”的“此”。這便是人“在世”之天命。這種“在世”之天命即是人的被拋，海氏進一步把這種被拋稱為“煩”。“此在的一般存在即被規定為煩。”④ 但“煩”不是人的心理情緒，而是此在的生存。“煩”就是在煩忙尋視中將在世存在者帶到近處，此在正是在近處的“那裏”領會自己的“這裏”，但“這裏”不是指一個現成的東西在何處，而是指“去遠”著依存於……的“何所依”。依存於……的“何所依”即揭示了此在向著……煩忙存在。⑤ 依存於……的“何所依”就是此在的“此”，故此在本質上是共在，共在在生存論規定著此在。“此在之獨在也是在世界中共在。他人只能在一種共在中而且只能為一種共在而不在。獨在是共在的一種殘缺的樣式，獨在的可能性就是共在的證明。”⑥ 這樣，“其他人存在也屬於此在的存在，屬於此在恰恰為之存在的那一存在。因而此在作為共在在本質上是為他人之故而

① 海德格爾：《存在與時間》，陳嘉映等譯，三聯書店 1987 年版，第 143 頁。
② 海德格爾：《存在與時間》，陳嘉映等譯，三聯書店 1987 年版，第 144 頁。
③ 海德格爾：《存在與時間》，陳嘉映等譯，三聯書店 1987 年版，第 148 頁。
④ 海德格爾：《存在與時間》，陳嘉映等譯，三聯書店 1987 年版，第 149 頁。
⑤ 海德格爾：《存在與時間》，陳嘉映等譯，三聯書店 1987 年版，第 133 頁。“去遠”在海氏那裏意味著“尋視著使之近，就是帶到近處去。”相去之遠並主要不是被把握為距離，而是看是否觸目。海氏舉例說，眼睛就在鼻樑上，但相對於牆上的一幅畫來說，於人的距離卻相去甚遠。見海德格爾：《存在與時間》，陳嘉映等譯，三聯書店 1987 年版，第 131–133 頁。
⑥ 海德格爾：《存在與時間》，陳嘉映等譯，三聯書店 1987 年版，第 148 頁。

'存在'。這一點必須作為生存論的本質命題來領會。"① 他人並不是作為獨立不依的主體擺在"我"的旁邊，而是進入了"我"的"在"，我並不能抽離而逃脫之。這樣的"我"使得此在是失去獨立個性的人，海氏稱之為"常人"。

> 人本身屬於他人之列並且鞏固著他人的權力。人之所以使用"他人"這個稱呼，為的是要掩蓋自己本質上從屬於他人之列的情形，而這樣的"他人"就是那些在日常的雜然共在中首先和通常"在此"的人們。這個誰不是這個人，不是那個人，不是人本身，不是一些人，不是一切人的總數。這個"誰"是個中性的東西：常人。②

這個"常人"，就是日常此在是誰這一問題的答案。每一個人都是"我"，但沒有一個人是"我"本身。"常人"一直"曾是"擔保人，但又可以說"從無其人"，而一切此在在相雜共在中又總是聽任這個無此人擺佈，大多數的事情都是由這個無此人造成的。這個常人"展開了他的真正獨裁。常人怎樣享樂，我們就怎樣享樂；……常人對什麼東西憤怒，我們就對什麼東西'憤怒'。……這個常人指定著日常生活的此在方式。"③ 所以，常人是一種生存論並作為源始現象而屬於此在的，這意味著："我首先是從常人方面而且是作為常人而'被給與'我'自己'的。此在首先是常人而且通常一直是常人。"④ 由此，"此在首先和通常混跡在'常人'之中，為常人所宰製。"⑤ 在海氏那裏，"煩""被拋"或"常人"是意義相同或相近的此在生存論表述，表述此在的因緣性與"拱出性"。正是"煩""被拋"或"常人"規定了人對"在世"之領會與籌畫。故領會與籌劃皆是生存意義上說的。所謂領會，不是去理解外在於此在的思想，而是把握此在的"此"之"何所是"；同樣，籌劃也不是依據一個課題性的計劃來安排自己的此在，而是把此在之"此"之可能性帶到眼前。所以，領會與籌劃總是建構著此在，實際上是"拱出"此在的"此"，這意味著領會與籌劃並不比此在的"此"更多，也不比此在的"此"更少。

---

① 海德格爾：《存在與時間》，陳嘉映等譯，三聯書店 1987 年版，第 151 頁。
② 海德格爾：《存在與時間》，陳嘉映等譯，三聯書店 1987 年版，第 155 頁。
③ 海德格爾：《存在與時間》，陳嘉映等譯，三聯書店 1987 年版，第 156 頁。
④ 海德格爾：《存在與時間》，陳嘉映等譯，三聯書店 1987 年版，第 159 頁。
⑤ 海德格爾：《存在與時間》，陳嘉映等譯，三聯書店 1987 年版，第 203 頁。

"只因為此之在通過領會及其籌劃性質獲得它的建構，只因為此之在就是它所成為的或所不成為的東西，所以它才能夠領會地對自己說：'成為你的所是的！'"① 從來沒有一種領會與籌劃溢出此在的"此"之外，被擺到一個自在"世界"的自由王國之前，以便能看到由此而來照面的東西。此在的"此"規定著人"看"什麼，怎樣"看"。這"看"什麼、怎樣"看"復又暴露了人的"此"。這種暴露的基本表現為閒談、好奇與兩可。

閒談乃對存在的封鎖。之所以如此——依海氏的看法——乃因為語言一般總包含一種平均的可領悟性。這種平均的可領悟性可達乎遠方而為人領會，但聽者卻不見得進入了源始領會著言談之所及的此在。人們於此在不甚了了，聽聞的只是言談之所云本身。這種言談本身之所云從不斷定，也不要求斷定源始創造。所以，閒談乃是一種無根基狀態，這種無根基性並不妨礙對它的喜愛，並且人們為它大開方便之門。誰都可以振振閒談，因為閒談已經保護人們不致遭受在據事情為己有的活動中失敗的危險。"作為在世的存在，滯留於閒談中的此在被切除下來——從對世界、對共同此在、對'在之中'本身的首要而源始真實的存在聯繫處切除下來。它滯留在漂浮中，但在這種方式中它卻始終依乎'世界'、同乎他人、向乎自身而存在著。……除根不構成此在的不存在，它倒構成了此在的最日常最頑固的'實在'。"②

此在煩忙尋視著讓來到手頭的東西保持在揭示狀態中。但好奇是一種自由的尋視，希望由此而擺脫自身，擺脫在世，擺脫對日常切近來到手頭的東西的依存。所以，好奇並不是為了領會所見的東西，而僅止於"看"。這種"看"貪新騖奇，從這一新奇跳到那一新奇，不是為了把握存在，而是為了能放縱自己於世界。"好奇因不肯逗留而煩忙於不斷渙散的可能性。……不逗留在煩忙所及的周圍世界之中和渙散在新的可能性之中，這是對好奇具有組建作用的兩個環節；……好奇到處都在而無一處在。這種在世模式暴露出日常此在的一種新的存在樣式。此在在這種樣式中不斷地被連根拔起。"③

此在既在雜然共在中，則總是兩可的。所謂兩可，就是最響亮的閒談與最機敏的好奇"推動"著事情發展，日常地萬事俱在，其實本無一事；自以

---

① 海德格爾：《存在與時間》，陳嘉映等譯，三聯書店 1987 年版，第 178 頁。
② 海德格爾：《存在與時間》，陳嘉映等譯，三聯書店 1987 年版，第 206 頁。
③ 海德格爾：《存在與時間》，陳嘉映等譯，三聯書店 1987 年版，第 210 頁。

為過著真實而"生動的生活"，其實是一種好奇的尋求，仿佛在閒談中萬事俱已決斷好了。所以，"捕蹤捉跡是兩可藉以佯充此在之可能性的最迷惑人的方式。"①

這樣，閒談雖然為此在開展出它的世界，但卻是一種無根基的漂浮無據的樣式；好奇雖然事無巨細地開展一切來，但此在卻到處都在而又無一處在；兩可雖然在領會中對此在不隱藏什麼，但卻是為了在無限的"到處而又無一處"之中壓制在世。由此三者，揭示了此在十足的沉淪。但沉淪之於此在決不是任何消極的評價，因為當此在"混跡於……"時，就已經從此在本真的狀態中脫落而沉淪於"世界"，此在的非本真狀態通過閒談、好奇與兩可得到了全盡的規定。然而，海氏說：

> 但非本真或不是本真絕不意味著"真正不是"，仿佛此在隨著這種存在樣式就根本失落了它的存在似的。非本真狀態殊不是指像不再在世這一類情況，倒恰恰是指構成一種別具一格的在世，這種在世的存在完全被"世界"以及被他人在常人中的共在所攫獲。這種"不是它自己存在"是作為本質上煩忙混跡在一個世界之中的那種存在者的積極的可能性而起作用的。這種不存在必須被理解為此在之最切近的存在方式，此在通常就保持在這一存在方式之中。②

以上詳細論述了海氏的人之"在世"，"在世"即散落、漂浮、寄居於常人中，這意味著"被抛""煩"與"沉淪"。人活著即人的"被抛""煩"與"沉淪"，脫離"被抛""煩"與"沉淪"的所謂"自由"即意味著人不復存在，故"自由"並不是逃離"被抛""煩"與"沉淪"（實不可能），而是"自行揭示為讓存在者存在"。③所以，人並不"佔有"自由，而恰恰相反，是"自由"即讓存在者存在原始地佔有著人。只有這種"原始佔有"解明以後才解放人，且為人提供選擇的可能性。一切真理，無論是倫理的、美學的和宗教的皆生發於此，否則便是彼岸的，人也不是這個世界的。如果承認我們是這個世界的人，則我們總在"被抛""煩"與"沉淪"中。"此在之沉淪也不可被看

---

① 海德格爾：《存在與時間》，陳嘉映等譯，三聯書店 1987 年版，第 211 頁。
② 海德格爾：《存在與時間》，陳嘉映等譯，三聯書店 1987 年版，第 213 頁。
③ 海德格爾：《論真理的本質》，孫周興選編：《海德格爾選集》，上海三聯書店 1996 年版，第 222 頁。

作是從一種較純粹較高級的 '原始狀態' '淪落'。我們不僅在存在者狀態上沒有任何這樣的經驗，而且在存在論上也沒有進行這種闡釋的任何可能性與線索。"①一句話，"被拋""煩"與"沉淪"乃人"在世"之天命。

我們用"天命"一詞表示人永遠不可能從"在之中"的結構中抽身出來而獲得所謂"自由"，復不可能從"被拋""煩"與"沉淪"中逃離出來而獲得所謂"閒適"。這種"自由"與"閒適"，依海氏的理解，我們不僅沒有任何這樣的經驗，而且也沒有進行這種闡釋的任何可能性與線索。我們日常所說的"自由"與"閒適"多是海氏所說的"閒談""好奇"與"兩可"，但這恰恰暴露了人之"被拋""煩"與"沉淪"。儘管海氏也美言人詩意的棲居，但這只是要人深入"在"的深淵中，以詩意去召喚"在"的澄明，從而為諸神的降臨準備好居所。當然，即使準備好了居所，諸神能不能降臨也是不得而知的，但在未準備好居所以前，諸神肯定不會降臨。所以，"在"的澄明只是諸神降臨的必要條件而不是充分條件。海氏的存在論就是為這個必要條件即"在"的澄明奠基的。在"在"的澄明以前，人是作為對象性的存在者，相關於這樣的存在者，人們構建了倫理的、美學的"保護"，但這恰恰沒有保護甚至是傷害了人。"用無論多麼好的補救方法來進行的任何拯救，對於本質上遭受危害的人，從其命運的長遠處看來，都是一種不耐久的假像。拯救必須從終有一死的人的本質攸關之處而來。"②總之，"在"的澄明即暴露人的"被拋""煩"與"沉淪"，是拯救人乃至使人詩意地棲居的必要條件。海氏於此煞費苦心、強探力索，其哲學有功於世，不在小也。這是此處花大量篇幅來探討人之"在世"的原因所在。這種用心是如此：如果閒適是希望解放人而使人得到自由、意義或價值的"保護"，那麼在"在"的澄明以前，而強行地去貫徹有意圖的思想，則人很可能是未被保護的，因而是無效的。也就是說，在開出閒適的歷史唯物主義維度之前，這種"在"的澄明的哲學批判是必須先行的。

三、逃離"煩"的天命：心性學維度的開啟

那麼，在"在"的澄明以後，人是否能得到自由、閒適或者說詩意的棲居呢？

---

① 海德格爾：《存在與時間》，陳嘉映等譯，三聯書店 1987 年版，第 213 頁。

② 海德格爾：《詩人何為？》，孫周興選編：《海德格爾選集》，上海三聯書店 1996 年版，第 436 頁。

前面說過，"在"的澄明只是為諸神的降臨準備好居所，但諸神是否降臨不得而知，海氏於此似乎不抱太多指望。海氏從康德的——"我能知道什麼？"，"我應該做什麼？"和"我可希望什麼？"——三個問題中發現了人的有限性。而人的有限性所開啟的存在領悟徹頭徹尾地支配著人的生存。所以，"在"的澄明即使為神準備好了居所，也只有消極的意義，因為諸神降不降臨人自身不能把握。人在存在的澄明中看護存在的真理。"至於存在者是否現象以及如何現象，上帝與諸神、歷史與自然是否進入存在的澄明中以及如何進入存在的澄明中，是否在場與不在場以及如何在場與不在場，這些都不是人決定的了。"① 海氏無不悲情地說：

> 哲學將不能引起世界現狀的任何直接變化。不僅哲學不能，而且所有一切只要是人的思索和圖謀都不能做到。只還有一個上帝能救渡我們。留給我們的惟一可能是，在思想與詩歌中為上帝之出現準備或者為在沒落中上帝之不出現作準備；我們瞻望著不出現的上帝而沒落。②

若上帝最終不出現，則人詩意地棲居即不可能，即使人之"在"被完全澄明瞭。因為哲學至多只能起一種"座架"的作用，"人被坐落在此，被一股力量安排著、要求著，這股力量是在技術的本質中顯示出來的而又是人自己所不能控制的力量。就是要幫助達到此種見地：再多的事思想也不要求了。哲學到此結束。"③ "在世"即是人所不能控制的力量，"在世"意味著此在在其"世界"中，然此"世界"恰恰展露了人的無家可歸之處境。"無家可歸狀態變成了世界命運。"④

> 此在當下和通常失落於它的"世界"。領會作為向著存在的可能性的籌劃，改道而向"世界"方面去了。……向著存在者的存在

---

① 海德格爾：《關於人道主義的書信》，孫周興選編：《海德格爾選集》，上海三聯書店1996年版，第374頁。
② 海德格爾：《只還有一個上帝能救渡我們》，孫周興選編：《海德格爾選集》，上海三聯書店1996年版，第1306頁。
③ 海德格爾：《只還有一個上帝能救渡我們》，孫周興選編：《海德格爾選集》，上海三聯書店1996年版，第1307頁。
④ 海德格爾：《關於人道主義的書信》，孫周興選編：《海德格爾選集》，上海三聯書店1996年版，第383頁。

未被拔除，然而卻斷了根。……因為此在從本質上沉淪著，所以，依照此在的存在機制，此在在"不真"中。"不真"這個名稱正如"沉淪"這個詞一樣，在這裏是就其存在論意義來用的。……就其完整的生存論存在論意義來說，"此在在真理中"這一命題同樣原始地也是說："此在在不真中"。①

此在"在真理中"就是"在不真中"、在無家可歸中，也就是在"被拋""煩"與"沉淪"中。這是此在的天命，無處可逃。這是我們以海氏的存在論為切入點對閒適進行奠基所得出的最後結論，即只要人"在世"，閒適即不可能。人從"被拋""煩"與"沉淪"中抽離出來而得閒適，純粹是一種主觀的抽象。

然而，我們真的能甘於此種命運嗎？即甘於閒適之於人類乃是一種不可企及的奢侈品嗎？這奢侈品是人類永遠不可企及還是在海氏的存在論中而成為不可企及的呢？這需要對海氏的存在論作一番批判的考究。海氏存在論哲學的一個根本特徵就是：由存在切入而把存在者的實體性給消解了，飄散在"被拋""煩"與"沉淪"中。這樣，實體性的存在者讓位於非實體性的存在了，認識不是對實體性的"自在"存在者的觀看，而是在存在的煩忙中有其自己的認識。海氏稱之為當下上手狀態。就人而言，其一般定義——人是理性的動物，就是典型的從實體性的存在者上來把握人的，這是一種理論的態度而不是實踐的態度，在這種態度中，人的本來面目都藏而不露。只要是人，他就"被拋"於其世界中，則他總在煩忙中，故"自在"的人不但沒有，而且人的本來面目總是在煩忙中來照面的。海氏的存在論把人的實存全盤道出，是胡塞爾現象學方法的繼續與發展。強調了對人的動態的實踐把握而不是靜態的理論把握，確有其價值，海氏並且認為這是人道主義的實義。但這樣一來，人就徹底成了無"主"的存在者，也就是說，人是沒有本質的。

但人的本質在於，人比單純的被設想為理性的生物的人更多一些。"更多一些"在此不能這樣用加法來瞭解，仿佛流傳下來的人的定義依然是基本規定，然後只消再加上生存的內容體會一下此種擴充就行了。這個"更多一些"的意思是：更原始些因而在本質上

---

① 海德格爾：《存在與時間》，陳嘉映等譯，三聯書店1987年版，第267頁。

更本質性些。……這意思是說：人作為存在之生存著的反拋，那就比理性的生物更多一些；而作為存在之生存著的反拋的人與從主觀性來理解自身的人相比，又恰恰更少一些。……在這種"更少一些"中人並無虧損，而是有所獲，因為人在此"更少一些"中時進到存在的真理中去了。[①]

人不但在本質上是無"體"的，而且在道德或價值上是不決定的。

生存論存在論的闡釋也不是關於"人性之墮落"的任何存在者狀態上的命題。這並不是因為缺少必需的證明手段，而是因為它對問題的提法發生於任何關於墮落與純潔的命題之前。……從存在者狀態上無法決定：人是否"沉溺於罪惡"，是否在墮落狀態之中；人是否在純潔狀態中轉變著抑或是現身在一種中間狀態之中。[②]

既然人是否有罪、墮落或純潔在本質上都是不決定的，那麼，人在本質上是否有神性更是不決定的。"這種思不能是有神論的，正像不能是無神論的一樣。"[③]總之，在海氏那裏，人就是這樣地被打落在"在世"的天命中，一刻也不能逃離，人在此是無"體"、無"理"而又無"力"的。無"體"表示人沒有實體性，無"理"表示人沒有價值的祈向，而這兩點正昭示了人的無"力"性。而在海氏看來，人要逃離"在世"之天命，是需要"體"與"理"的，所以，他說"只還有一個上帝能救渡我們"。因為上帝是終極的"體"與"理"，或者說最高的本質，惟有在此，才有力量逃離"在世"之天命。但人連實體都沒有，更遑論這種最高本質了，故只有"瞻望著不出現的上帝而沒落"了。

但人的實體性真的能像海氏那樣被徹底消解掉嗎？應該說，西方哲學史上消解人的實體性的哲人並不只是海氏一人，笛卡兒與休謨即是海氏的先聲。笛卡兒以"思"來消解人的實體性，休謨以一系列的"感覺流"來消解人的實體性。現以笛卡兒為例來說明人的實體性是否可最終被消解。笛卡兒的著

① 海德格爾：《關於人道主義的書信》，孫周興選編：《海德格爾選集》，上海三聯書店 1996 年版，第 385 頁。

② 海德格爾：《存在與時間》，陳嘉映等譯，三聯書店 1987 年版，第 218 頁。

③ 海德格爾：《關於人道主義的書信》，孫周興選編：《海德格爾選集》，上海三聯書店 1996 年版，第 394 頁。

名論斷是"我思故我在"，他依此來探究"我"是什麼？"什麼是人？我將說'一個理性動物'嗎？不，因為那樣我將不得不探討動物是什麼，以及理性是什麼，這樣的話將會把我引向另外一系列更加困難的問題。……相反我毋寧集中思維關注每當我思考我是什麼時，自然而自發地出現在我思維中的東西。"① 顯然，笛卡兒是把實體性的"我"消解在功能性的"思"之中了。然而，笛卡兒卻發現，"思"是非自足的，它需要某種其他的東西來作為其終極支撐與解釋，"思"之外的"在"對於笛卡兒而言成為了課題。課題之所以發生，乃因為"我"何以能"思"一個無限的存在者，比如上帝。"我愈是仔細地思考其特徵，似乎它愈不可能單獨從我這裏產生，……因為我是有限的，除非這種觀念起源於某個真正無限的實體。"② 這樣，"我"雖然無法達到這種無限實體的實在性，但卻在"思"中以某種方式召喚了祂。所以，一個"思"之外的終極支撐者——無限實體，又以現象學的方式呈現在笛卡兒的哲學中了，祂是支撐著"在場者"的"不在場者"。可見，儘管"思"消解了"我"，但總有一個"不在場"的無限實體不能消解，不然，則"思"亦不可能。這個無限實體就相當於一個沒有疆域與界限的場，"思"是光源之內的區域。我們一般對"我"的把握多集中於這一光源區域，由於光源區域可隨時變化，"我"即流散在此變化中，故無實體可言。但這個無限實體即沒有疆域與界限的場是否屬於人呢？如果屬於人，則祂是怎樣的一個"我"？這裏將依據費爾巴哈在《基督教的本質》中對"人的本質"的概說加以判定。費氏對本質的認識是："你的本質達到多遠，你的無限的自感也就達到多遠，你也就成了這樣遠的範圍內的上帝。"③ 依據費氏的意思，人決不能越出自己真正的本質，人對於一個更高個體的描述、規定與信念，實際上都是從自己的本質中汲取出來的規定，是自己本質的透露，或者說，這個更高的個體只是自身本質的對象化而已。比如，"我相信上帝存在"這種信念，這裏的主詞是"我"，賓詞是"上帝存在"，但主詞卻是由賓詞來確定的。"賓詞是主詞之真實性；主詞只是人格化了的，實存著的賓詞。主詞同賓詞的區別，

---

① Descartes, Meditation on First Philosophy, Cambridge University Press, 1986.p2.
② Descartes, Meditation on First Philosophy, Cambridge University Press, 1986.p31.
③ 費爾巴哈：《基督教的本質》，榮震華譯，商務印書館1997年版，第37頁。

只相當於實存同本質的區別。"①這樣，屬神的東西與屬人的東西的對立就是一種虛幻的對立，它只不過是人的本質與人的個體之間的對立。從費氏的概說中我們可知，屬神的東西即無限的實體是人的本質，這種本質與實存的個體的人不同，是一種超越的"在"。實存的個體的人可以在現象學層面被消解，但這種超越的"在"不能被消解，並且正是祂規定與引導著個體的人的生活世界。這是真正的"不在場"的"在場者"，而且屬於人。但這種屬於是"超越地屬於"而不是"現實地屬於"，這即是說，個體的人可能在現實上完全不表現這個"在場者"，但他總在可能性上受到祂的牽引與召喚。總結笛卡兒與費氏的理論可知，人除了現象界的實存以外，還有一個超越此實存之上的無限實體，笛卡兒、休謨與海氏所消解的都是現象界的實存，而不是那個無限實體。無限實體之於人來說，不但有，而且必須有，且無法消解。我們對於這種實體的肯定並不是像海氏所說的那樣"按照魚能夠在岸上乾地生活多久來評價魚的本質與能力"，而是通過哲學的先驗批判得出的，是不容否定的。若實存的個體的人是"小我"，則此超越的無限實體即是"大我"。那麼，這個"大我"除了無限性與實體性以外，還具有怎樣的規定性呢？費氏進一步說：

> 宗教特別鄭重地要求人把作為上帝的善當作對象來看；但是，這樣一來，不就正是把善表達成為人的基本規定了嗎？如果我絕對地、出自本性、出自本質就是惡的、不聖的，那我怎麼能夠把神聖的、善的東西當作對象來看呢？……如果我的靈魂在審美方面低劣不堪，那我怎麼能夠欣賞一張絕美的繪畫呢？……不管善的東西對於人是不是存在，然而，在這裏面，總是向人啟示了人的本質之神聖和優秀。完全跟我的本性相違背的，完全不能跟我通共的東西，對我來說，就也是不可思議的、不可感覺的。②

依費氏的理解，"大我"是道德的善的，亦即是孟子所說的"性善論"。如果人除了實存的"小我"以外，尚有一個無限的絕對善的"大我"作主，

---

① 費爾巴哈：《基督教的本質》，榮震華譯，商務印書館1997年版，第50頁。
② 費爾巴哈：《基督教的本質》，榮震華譯，商務印書館1997年版，第61頁。

是為"大主"。若此"大主"在人的生命中顯露而圓滿,則人一定不只是限定在"在世"的"被拋""煩"與"沉淪"中,亦可有別樣的"在世",這種別樣的"在世"可稱之為閒適。喬治·麥克林說:

> 自由並非是在我們世界的客體之間所做的選擇,也不是指導我們生活的普遍原則的內在選擇,它更多是一種通過我們完善自我和完全實現自我的方向或目的而實現的一種自我肯定。這意味著在不夠完善時的探尋和在達到完善時的一種歡欣。[①]

喬治·麥克林的這段話雖然不是說閒適,但卻包含了本章前面所列的兩種閒適界定的基本內涵。可以說,這個"大我"或"大主"為閒適之所以可能進行了奠基。但在西方文化中,"大我"之於人的生命,雖有先驗的必然性,但卻是由哲學的批判而達到的,尚只是一個概念形態的我。"大我"真的能在生命中呈現嗎?這一問,即刻就接上了中國傳統的心性學,因為中國傳統的心性學全在表現這"大我"的作用以及如何呈現的問題。

四、心性學與閒適之美的奠基

心性學是一種實體主義的實踐哲學。筆者曾指出,實體主義的實踐哲學與經驗主義、形式主義的實踐哲學殊異,後二者或依賴於經驗認知,或依賴於原則執守,因為二者皆不承認人的生命中有一個絕對向善的道德主體,故均屬於非實體主義形態。而實體主義的實踐哲學就是認為"在人的生命中有一個完全可以自我作主的實體,'實踐'就是通過除欲去執的工夫使這個實體完全呈現作主以圖改進生命的精神氣質,提高生命的精神境界"。[②]這樣的實體在儒家稱之為"良知",在道家稱之為"道心",在佛教稱之為"如來藏自性清淨心"。此種實體一旦作主,"我"即成為上文所說的"大我",在中國文化傳統中則常被稱為"大人"。"夫大人者,與天地合其德,與日月合其明,與四時合其序,與鬼神合其吉凶。"(《乾文言》)"養其小者為小人,養其大者為大人。"(《孟子·告子上》)那麼,何以有"大人"

---

① 喬治·麥克林:《傳統與超越》,干春松、楊風崗譯,華夏出版社 2000 年版,第 98-99 頁。
② 張晚林:《徐復觀藝術詮釋體系研究》,上海古籍出版社 2007 年版,第 361 頁。

與“小人”之別呢？孟子與其門人公都子嘗有一段對話：

> 公都子問曰：“鈞是人也，或為大人，或為小人，何也？”孟子曰：“從其大體為大人，從其小體為小人。”曰：“鈞是人也，或從其大體，或從其小體，何也？”曰：“耳目之官不思，而蔽於物。物交物，則引之而已矣。心之官則思；思則得之，不思則不得也。此天之所與我者，先立乎其大者，則其小者不能奪也。此為大人而已矣。”（《孟子·告子上》）

孟子這裏所說的“小人”就是物交物而蔽於物的“小我”，亦即海氏所說的人之“在世”的“我”。其實，這裏面實很難說有個覿體獨立的“我”，因為它已消解飄散在其世界之中了，休謨就認為這樣的“我”是不存在的。故孟子曰：“物交物，則引之而已矣。”在這裏，中國文化傳統與海氏並無區別，海氏所說的“被拋”“煩”與“沉淪”都可以被承認。老子曰：“五色令人目盲；五音令人耳聾；五味令人口爽；馳騁畋獵，令人心發狂；難得之貨，令人行妨。”（《老子》第十二章）而莊子則對人之“被拋”“煩”與“沉淪”感受得更為真切。

> 一受其成形，不亡以待盡，與物相刃相靡，其行如馳，而莫之能止。不亦悲乎？終身役役，而不見其成功。苶然疲役，而不知其所歸。可不哀耶？人謂之不死奚益？其形化，其心與之然，可不謂大哀乎？人之生也，固若是芒乎？其我獨芒，而人亦有不芒者乎？（《莊子·齊物論》）

人之“在世”，即免不了如是之“芒”，“芒”即是海氏所說的“被拋”“煩”與“沉淪”。但中國文化傳統與海氏的區別是：海氏認為人就只有這樣一個“在世”的“小我”，而中國文化傳統則以為除此之外還有一個“大我”，此“大我”一旦呈現，人即超離了“小我”的限制，“被拋”“煩”與“沉淪”對於“大我”來說皆不存在。

> 舜之居深山之中，與木石居，與鹿豕遊，其所以異於深山之野

人者幾希。及其聞一善言，見一善行，若決江河，沛然莫之能禦也。

（《孟子·盡心上》）

　　"與木石居，與鹿豕遊"的舜乃是作為"小我"的舜，此時沉淪於其"在世"之中，故與深山之野人無以異，但一旦有所感觸（聞一善言，見一善行），則其"大我"即呈現親臨，此乃"沛然莫之能禦"者。人之"大我"一旦親臨即可超越人之"小我""在世"之天命。王陽明曰："人一日間，古今世界都經過一番，只是人不見耳。夜氣清明時，無視無聽，無思無作，澹然平懷，就是羲皇世界。……學者信得良知過，不為氣所亂，便常做個羲皇已上人。"（《王陽明全集》卷三）這就是說，人之"大我"不但是一種實體性的超越的"在"，而且根本不受經驗世界之"在世"的束縛。因此，人有兩種"在"，一種是作為"小我"的"在世"，這種存在方式已經被海氏解析得通透明晰而無以復加了；另一種是作為超越的實體的"大我"之"在"，這是人的最真實、最具價值的"在"。孟子曰："人之所以異於禽獸者幾希"，（《孟子·離婁下》）就是要凸顯出人的這種"在"來。但這個不在場的"在者"，海氏始終未曾見及。那麼，這個"大我"是不是海氏所說的"思登在乾地上"的一種虛幻呢？非也。孟子曰："仁義禮智，非由外鑠我也，我固有之也，弗思耳矣。故曰：求則得之，舍則失之。或相倍蓰而無算者，不能盡其才者也。"（《孟子·告子上》）"仁義禮智"非外鑠於人的原則規範，乃"大我"之德，所謂"是乃根於天命之性，而自然靈昭不昧者"，而"大我"則在工夫修養中得之，是即孟子之所謂"求"也。不然即無"大我"，然無"大我"乃因人不能盡"大我"之德（即孟子所云"不能盡其才"之意）也，非謂其根本無"大我"。故"大我"固為人所固有，然此乃就其可能性而言，就其現實的呈現發用言，則在在都在工夫歷程中，無工夫歷程不可言"大我"。海氏屢屢言"畏"言"良知之呼喚"，但始終未能妥實地言工夫，故於"大我"茫然而不見，不亦宜乎？！

　　"大我"一旦於人之生命中呈露發用，即呈現這種生活境界："莫春者，春服既成。冠者五六人，童子六七人，浴乎沂，風乎舞雩，詠而歸。"（《論語·先進》）這種生活境界由曾點說出，孔子嘗有"吾與點也"之慨歎。孔子何以有此慨歎呢？朱子嘗釋之曰：

曾點之學，蓋有以見夫人欲盡處，天理流行，隨處充滿，無少欠缺。故其動靜之際，從容如此。而其言志，則又不過即其所居之位，樂其日用之常，初無捨己為人之意。而其胸次悠然，直與天地萬物上下同流，各得其所之妙，隱然自見於言外。視三子之規規於事為之末者，其氣象不侔矣，故夫子歎息而深許之。（《四書章句集注》論語卷之六）

依朱子的理解，孔子之所以有此慨歎，乃因為其餘之弟子子路、冉有、公西華所說出的生活理想不過"規規於事為之末"，這並非人生之理想，所以孔子釋其慨歎之故時曰："赤也為之小，孰能為之大？"可見，孔子乃是把曾點之所說視為人生之大者。本章則把曾點所說之生活境界，亦即孔子所云之大者稱之為閒適。這裏所說的閒適是"大我"作主呈露以後所呈現的生命形態與生活境界，與前面所提到兩種閒適之界定（即有閒暇時間，無義務之擔負）迥乎不同，其所究竟者完全在"大我"能否作主呈露，一旦如此，即在其"所居之位""日用之常"中，亦不礙其閒適也。在這裏，就不像海氏那樣，動輒斥"所居之位""日用之常"為"被拋""煩"與"沉淪"。海氏不知人之生命中之"大我"，遂陷於其存在論之"在世"中不能自拔，此誠所謂"拋卻自家無盡藏，沿門持缽效貧兒"（《王陽明全集》卷二十）也，不亦悲乎？！故程子曰："人於天地間，並無窒礙處，大小大快活。"（《二程遺書》卷十五）通過以上的討論，我們可以得出這樣的結論，作為人之最真實、最具價值的實體——"大我"，為閒適之可能進行了奠基。中國文化傳統中的閒適正是奠基於"大我"之上的。

陶淵明的詩《飲酒》其五，最能體現中國文化傳統中閒適的含義與品格。詩曰："結廬在人境，而無車馬喧。問君何能爾，心遠地自偏。采菊東籬下，悠然見南山。山氣日夕佳，飛鳥相與還。此中有真意，欲辨已忘言。"為什麼說這首詩最能體現中國文化傳統中閒適的含義與品格呢？我們不妨來深究一下中國文化傳統中"閒"的內蘊。現代漢語中的"閑"字同於古代漢語中的"閑"字與"閒"字。但"閒"又通"閑"。"閑"的本義是"闌"，《說文》謂"閑"曰："閑，闌也。從門中有木。""闌"就是以簾、柵之類的東西分隔內外而又聯通內外，即防外適以成內。進一步發展為防範、防衛之意。《易·家人》初曰："閑有家，悔亡。""閑"是構成家之所以為家的前提條件，其意有二：一方面，"閑"使家具有獨立的自然空間；更重要的是另一方面，"閑"亦是家得以成立的精神條件。故《象》曰："家人，女正位乎內，男正位乎外。男女正，天地之大義也。"所以，"閑"即因天地之大義而成，故"閑"就是一精神家園，此精神家園由天地之大義下貫於人而成者。天地之大義為形上的實體，人不但能體此形上實體，且能融攝之而成人之性。孟子曰："盡其心者，知其性也。知其性，則知天矣。存其心，養其性，所以事天也。"（《孟子·盡心上》）即表前義。《中庸》曰："天命之謂性。"即表後義。形上實體下貫而為人之性，即為"大我"之基，一旦在工夫歷程中呈現"大我"，人即有"閑"，今語言之為閒適。陶淵明之所以能"結廬在人境，而無車馬喧"，乃因為他能不只是沉迷在"小我"的"在世"中，且能使"大我"親臨。"此中有真意，欲辨已忘言"正是"大我"親臨之後的結果。若無"大我"之親臨，純粹自然之菊花、山氣、飛鳥無有"真意"，亦不足以使陶淵明"忘言"。孟子與梁惠王的這段對話最能表現這種意思："孟子見梁惠王，王立於沼上，顧鴻雁麋鹿，曰：'賢者亦樂此乎？'孟子對曰：'賢者而後樂此；不賢者，雖有此，不樂也。'"（《孟子·梁惠王上》）鴻雁麋鹿本自然景觀，然唯"大我"親臨後的賢者方有此樂。所以，在中國文化傳統中，閒適就是"大我"親臨人之"在世"。一般我們總把"閑"與"忙"對置，且把"忙"看出是沉於事之糾結中的煩忙，猶如海氏之煩忙。但中國文化傳統中既把閒適界定為："大我"親臨人之"在世"，則煩忙就是不是事之糾結，乃"大我"在人之"在世"中的缺席。"忙"的本義，《玉篇》之心部謂"忙"與"忙"同義，而"忙"則解釋為"憂也"。同時，《廣韻》卷二謂："忙，怖也。忙，上同。"又，《增修互注禮部韻略》卷二謂："忙，失據貌。"這樣看來，"忙"通"忙"，因"失據"而"憂慮、害怕"。又，《別雅》卷五謂："《說文》：憺，安也；怕，無為也。《廣雅》：憺怕，靜也。憺怕即澹泊也。……今人但知怕為懼怕之怕，不知其本為憺怕字矣。"可見，"怕"即"無為"。也就是說，無所事事為害怕之根由。所以，"無事"即"怕"，"怕"即"忙"。故"忙"並不是事多而煩忙，乃因"無主"而至"失序"，進而"失據"，與事之多寡無與也。"主"即"大我","無主"即"大我"隱退而不親臨,進而使人之"在世"失序、失據而煩忙。王陽明與其弟子的下面一段對話,即表現了中國文化傳統中所說的"無主"而忙。

> 崇一問:"尋常意思多忙,有事固忙,無事亦忙,何也?"先生曰:
> "天地氣機,元無一息之停;然有個主宰,故不先不後,不急不緩,
> 雖千變萬化,而主宰常定:人得此而生。若主宰定時,與天運一般不息,
> 雖酬酢萬變,常是從容自在,所謂'天君泰然,百體從令。'若無主宰,
> 便只是這氣奔放,如何不忙?"(《王陽明全集》卷一)

若"大我"親臨人之"在世",人即有"主",有"主"即不忙而閑。程明道詩云:"雲淡風輕近午天,望花隨柳過前川。旁人不識予心樂,將謂偷閑學少年。"(《偶成》)又,朱子詩云:"半畝方塘一鑒開,天光雲影共徘徊。問渠那得清如許,為有源頭活水來。"(《觀書有感》)明道與朱子之"清閑",皆為有"主"(所謂"源頭活水"是也)而閑,而不是"偷閑學少年"。這是有"主"而貞定的閑。這種"閑"與一般的"空閑"自不同。下面一段話即把此二者區分的諦當明確。

> 空亦不同。有一等閑人的空,他的空是昏昏憒憒,胸中全沒主宰,
> 才遇事來,便被推倒,如醉如夢,虛度一生。有異教家的空,是有
> 心去做空,事物之來,都是礙他空的,一切置此心於空虛無用之地。
> 有吾儒之空,如太虛一般,日月、風雷、山川、民物,凡有形色象貌,
> 俱在太虛中發用流行,千變萬化,主宰常定,都礙他不得的,即無即有,
> 即虛即實,不與二者相似。(《明儒學案》卷十六)

依上所述,閑有三種,一曰無所事事的閑,二曰有心計較的閑,三曰主宰常定而自然發用流行的閑。顯然,閑的最高境界是第三種,不似前二者與事及物相關,只依賴於主宰之定常,這就是"'大我'親臨人之'在世'"。莊子也對閑作了區分:一種是,"就藪澤,處閑曠,釣魚閑處,無為而已矣。此江海之士,避世之人,閑暇者之所好也。"另一種是,"不刻意而高,無仁義而修,無功名而治,無江海而閑,不道引而壽,無不忘也,無不有也。

淡然無極而眾美從之。此天地之道，聖人之德也。"（《莊子・刻意》）莊子所說的第一種閒是有心計較的閒，第二種閒是主宰常定而自然發用流行的閒。在莊子看來，唯有這種閒才能"眾美從之"。

上面所說的"有無所事事的閒"和"有心計較的閒"，即是在無"主"之前提下於人之"在世"中去求閒，依據海氏對人之"在世"的生存論的解析及陽明與其弟子崇一的問答可知，人由此是根本不得閒的，不惟不得閒，反倒只是忙。唯有主宰定常才可真至於閒，且必可至於閒。《中庸》曰："君子素其位而行，不願乎其外。素富貴，行乎富貴；素貧賤，行乎貧賤；素夷狄，行乎夷狄；素患難，行乎患難。君子無入而不自得焉。"人一旦作為主宰之"大我"親臨，即與外物和處境無關，而自身則"無入而不自得焉"，此即閒適也。論文至此，於閒適我們可以得出以下三點總括性的結論：

1. 如果人只作為"小我"而"在世"，則只是煩忙，閒適不可能。
2. 作為主宰與人之最真實的形上實體——"大我"，為人之閒適進行了奠基。
3. 閒適就是"大我"親臨人之"在世"，無關於人與事及物的紛雜與否。

五、心性學為閒適之美奠基之效果評價

現在還剩下最後一個問題，即我們把閒適奠基在"大我"之上並把閒適界定為："大我"親臨人之"在世"，無關於人與事及物的紛雜與否。這種奠基與界定是合法與可欲的嗎？要回答這個問題，必須先分析這種界定所具有哪些基本內涵。概言之，閒適奠基以後之界定至少有以下四點基本內涵。

第一，由於閒適乃奠基於"大我"之上，故閒適不只是閒暇，亦不只是娛樂、快感，而是對人性的復歸，使人的生活走向更高的神性王國，重返伊甸園。所以，閒適既是指人的全面發展，就必然具有道德的向度、宗教性的品格。

第二，由於閒適只在於"大我"親臨人之"在世"，而無關於人與事及物的紛雜與否，故閒適不必從工作或義務中抽離出來，只要"大我"親臨，則萬法中皆有閒適，所謂"素其位而行"，"無入而不自得"者是也。所以，

閒適與社會經濟發展之程度沒有關係。若與社會經濟發展之程度相關，閒適即外化為一個社會經濟發展問題，在現實中常被狹義地理解為消費問題，而不是一個人的內在精神實踐問題。

第三，由於"人人有貴於己者"，（《孟子·告子上》）"大我"就是人人皆有的"貴者"。所以，人人具有閒適的絕對的根基與可能，這與人的經濟狀況和社會地位無關，故閒適具有絕對的普遍性與可能性。只要人有精神踐履的願力與心志，則閒適來臨。即所謂"求則得之，舍之失之"者也。

第四，閒適決不只是人的一種體力或精力上的補充和修復，必然意味著人的自我教化，既而使自身向整全的人回歸，故閒適亦為實踐的智慧學。

那麼，以上四點內涵，是否是閒適研究者所可欲的呢？在學術界，閒適研究者多從兩個方面來闡發閒適之本質，一方面，對於現代社會在技術條件下所提高給人們的閒適機會與可能進行了猛烈的批判；另一方面，呼喚人性的復歸以及閒適的道德、宗教的品格。

首先，許多學人曾對現代社會所能提供的閒適口誅筆伐。他們說：

> 今天，在科學技術的幫助下，大部分的休閒活動帶給我們的又是什麼呢？最後不過是些淺薄瑣碎的東西，而最壞則可能完全是淫穢下流的。我們重返伊甸園的機會就這樣在狂熱地追尋享樂主義與逃避主義的過程中白白地浪費掉了。[1]

正是在這種享樂主義與逃避主義的閒適中，"人們把重要的自由擱在一邊，去追求那些自認為值得去追求的事物，過著自私自利的生活，這些都並非偶然。……我們逐漸地喪失了一種社會責任感：為了更高尚的利益和共同目標而獻身，我們還逐漸遠離了真正的社會挑戰，遠離了真正的社會需要和人與人之間相互尊重的可能。一言以蔽之，責任不復存在。現代人已經認識到，他們得到的東西基本上是不能令人滿意的；不知道如何進行真正的選擇的自由是一種自相矛盾的自由；而且，若每個人都在追求著自己的生活，那麼，這種生活就決不能成為一種社會生活。"[2]

---

① Trafton, Dain A. "In Praise of Three Traditional Ideas of Leisure." B.G. Gunter, Jay Stanley, Robert St. Clair, (Eds.). Transition to Leisure: Conceptual and Human Issues. Lanham. University Press of America. 1985.p24.

② Becker, Ernest. The Structure of Evil. New York: George Braziller Inc. 1968. pp38–39.

所以，其次，閒適是從人之整體的意義上講的，Glasser 認為閒適是一種人性的復歸。他說：

> 休閒提供的不是一條憤世嫉俗的現代意義上的逃避之路，而是一條回歸之路，即返回到健康、平衡的天性上來，返回到一種崇高而和諧的狀態上來。在這種狀態中，每個人都會真正地成為自我並因此而變得"更好"和更幸福。①

閒適既是人性的復歸，必然意味著內在精神的踐履，其必有道德乃至宗教的向度。"宗教與閒適之間總是會以一種含蓄的方式聯繫在一起。"② 有研究者指出，"自我"只是一個人為的限定，而我們自身實為某種更為宏大的存在的一部分，這樣，"工作與休閒的真正彌合可能是通過信仰將生活中的工作和休閒結合起來，而不是改變工作中的約束，使它更像休閒"。③ 因此，

> 休閒恰恰不是"擺脫"了羈絆，而是一種"參與"，一種我們樂於放棄自我意識而投入的"參與"。我們樂於放棄，是因為我們憑直覺就肯定了這件事有意義，能夠給我們以超越自我擁抱宇宙的快樂。……正是這種信念，使我們能夠直覺地領悟到，我們已經成為更宏大的存在的一部分。從最根本的意義上說，這種領悟是令人愉快的。④

所以，閒適就是自由地體驗"慶典"，而"慶典"就意味著"對宇宙存在的基本意義的確定，意味著對於我們之於它的同一感和歸屬感的確認"。⑤ 這樣，"休閒最基本的根源並不為人的主觀意願所左右。嚴格地說，宇宙的終極性不可能奠基於人的主觀性之上。" 既然閒適奠基於客觀性之上，且是人對這種客觀性的同一感與歸屬感的確認，那麼，閒適就是精神實踐問題，且對於所有的人普遍有效。實際上，就是與"大我"的感通既而使其親臨，這對於"在

---

① Glasser, Ralph. Leisure—Penalty or Prize, London: Macnillan and Company. 1970. p49.
② 傑弗瑞·戈比：《你生命中的休閒》，康箏譯，雲南人民出版社 2000 年版，第 177 頁。
③ 傑弗瑞·戈比：《你生命中的休閒》，康箏譯，雲南人民出版社 2000 年版，第 149 頁。
④ 傑弗瑞·戈比：《你生命中的休閒》，康箏譯，雲南人民出版社 2000 年版，第 10–11 頁。
⑤ Pieper, J. Leisure– The basis of culture. New York, New American Library. 1952. p43.

世"的人來說，是節日般的"慶典"。

以上從兩個方面列舉了閒適研究者的觀點，顯然這兩方面的觀點都可包含在本章上述四點之中。可以說，本章對閒適的界定是合法而可欲的，進而證明本章對閒適所進行的奠基是成功的。相反，閒適研究者的這些觀點在沒有對閒適進行奠基以前，都是沒有根基的。故他們雖然指出了"更為宏大的存在"，但並沒有指出"更為宏大的存在"是什麼。他們只是依稀捕捉到了閒適的理想之境，至於如何為這理想之境奠基，因他們只著眼於閒適的社會學的研究而不是閒適的哲學研究，故未能完成。實則僅從社會學的維度對閒適的奠基亦根本不能完成。本章則從海氏的存在論到中國傳統的心性學對閒適加以了奠基，故能對此加以明確的指陳。隨著這種明確指陳的完成，閒適的奠基問題即得以解決，既而閒適研究者的這些觀點也尋找到了根基。本章未對閒適自身詳加探討，而只著眼於閒適的奠基，故本章是閒適哲學而不是閒適學。之所以要探討閒適哲學，乃因為閒適學必須奠基於閒適哲學之上，一旦這種奠基得以完成，則閒適學自身展開的探討與閒適異化展開的批判，也就找到了客觀的價值依據，不然，就會被指責為無根基的主觀想像，儘管它可能有現實上的有效性。孟子曰："先立乎其大者，則其小者不能奪也。"（《孟子·告子上》）閒適之奠基之於閒適，即為"大者"。本章之於閒適的意義，蓋在於此也。

第八章　心性學與宗教的自由和禪悅

宗教，在一般人眼裏是繁瑣的儀式與嚴酷的戒律，是宰製、嚴厲與不自由的代名詞，甚至有人認為宗教同於迷信，故一般人不能接受宗教。正是在這個意義上，蔡元培呼籲"美育代宗教"。但美育真的能夠代宗教嗎？如果能，在什麼意義上能？若深入其中，則蔡氏的問題儘管有意義，然其義理必須被超越，不然，就會造成娛樂精神的氾濫與宗教精神的喪失，從而滋生諸多的社會問題。要超越蔡氏之義理且完成其意圖，唯有在中國傳統的心性學中。在此，宗教不再是宰製與嚴厲，而是自由與禪悅。

一、"美育代宗教"之再檢討

任何大的文化系統必然有宗教的維度與特質，不然，便不足以收攝人心、整合社會，作為中國文化主流的儒家文化自然也不例外。但是，由於儒家文化沒有像基督教那樣有唯一的人格神——上帝，以及相對固定的教會組織，於是，儒學歷來被視為不是宗教。又加之二十世紀以來，中國學人們分別提出"代宗教"的觀念，諸如"科學代宗教""倫理代宗教""美育代宗教"等。宗教在理論層面上被認為是一種可有而不必有的東西，乃至在事實層面上——因二十世紀下半葉，中國意識形態領域的無神論與唯物論的宣傳與教育——宗教成了必須被反對打倒的東西。然而，中國近半個多世紀的試驗並不成功，生命之不得安頓與精神之無主漂浮，使得學人們深刻地認識到，宗教非但不能被"代"掉，更不能被打倒。這樣，中國社會必須重拾宗教精神，以抵抗經濟社會的無序與消費社會的浮華。但是，儒家文化既不被認為具有宗教性，這樣，中國人宗教精神的培育端賴西方宗教的傳入。

本章期以對蔡元培"美育代宗教"一說之檢討，來研究儒家文化之宗教性格與審美特徵，由此說明中國文化具有根本的宗教精神，不必依賴西方宗教精神之輸入。之所以選擇"美育代宗教"一問題切入，乃在於：其一，蔡氏此說在中國這樣一個沒有基督教傳統之文化國度裏，有其須予以正視的意義；其二，因蔡氏此說——依劉小楓之理解——"理論蘊含相當單薄，而且表述也十分含混"。① 若吾人釐清了其中的問題與分際，則不但可以使宗教調適而上遂，正視儒學的宗教性，亦可以圓成美學之所以為美學之實義，不至於生發"審美的現代性危機"。② 並由此可以回答以下兩位學人之問題：

> 在此我們不禁要問，在體驗信仰必要的超驗維度、從中領受靈魂的終極關切方面，中國審美精神與西方宗教——主要是基督教——是否具有同等的超越效應？換句話說，現代中國語境中的信仰的審美化重建——很大程度上基於傳統審美精神——能否獲得信仰必要的超越性內涵呢？③

> 美育能否取代宗教，關鍵在於有無被取代的宗教以及可以取代宗教的美育。在中國這樣一個宗教還沒有獲得統治地位的國度，宗教教育並沒有出現，以擁有感性體驗、超越精神的美學教育去代替宗教缺失留下的情感空白，雖有理論依據，卻無實施路徑。④

以上二論均以為，在中國這樣一個沒有宗教傳統的國度裏，希望以美育代宗教之缺失是不可能的。這裏無形中暗含兩個基本性的誤解：即對儒家文化宗教性的漠視與最高審美精神的貶抑。但是，儒學真的沒有宗教性嗎？這種宗教性與審美精神是何種關係？若此大端得以澄清，則蔡氏"美育代宗教"之說可以作如是之糾偏：宗教自不可被審美"代"掉，但宗教可內在地具有

---

① 劉小楓：《現代性社會理論緒論》，上海三聯書店 1998 年版，第 313 頁。
② 此種說法見劉小楓：《現代性社會理論緒論》，上海三聯書店 1998 年版，第 299–351 頁。
③ 潘黎勇：《論"以美育代宗教說"與蔡元培審美信仰建構的世俗性》，《文藝理論研究》2012 年第 2 期，第 140 頁。
④ 王本朝：《以美育代宗教與中國現代美學的身份認同》，《藝術百家》2011 年第 5 期，第 47 頁。

審美精神，二者是一而二、二而一的關係。因此，"美育代宗教"不應理解為以審美精神去消解宗教，而是審美與宗教的相互圓成，而這種圓成可以在儒家的心性天人之學中得以實現。這樣，既正視了蔡氏之說之於宗教問題之意義，也沒有隨蔡氏之說走，既而淹沒其真義與實質。

二、"美育代宗教"之意涵

"美育代宗教"是蔡元培最重要的主張，乃至是其一生的學術志識。[1]但針對蔡氏的這一主張，儘管學界雖有"頌揚"與"貶抑"之分殊，然基本上都是在其問題之內作"是"與"非"的評述，未能依據蔡氏所提出的問題作進一步的發越，以圖圓滿此問題所蘊涵的大義與真義。關於"頌揚"之觀點，不妨列出以下兩種：

> 蔡元培的"以美育代宗教"，不僅表現了他的科學精神，也表現了他的人文精神，人本思想；他深刻地把握了中國傳統文化教育的真精神，認為中國的教育傳統是"以人道為教育"而不以"神道"為教育。[2]
>
> 事實上，"以美育代宗教"，不僅可以使人擺脫宗教對情感的強力控制，培育人的純正感情，同時，還可以抗拒宗教迷信對人類理性的侵擾和對世界觀、人生觀的侵蝕，從而是人們擺脫迷信，恢復理性，使人生走向自由，也走向科學。[3]

以上兩種觀點皆標舉純粹的美學精神，並美其名曰人道、理性、科學，進而期以審美來反對宗教。然而，無論純粹美學在人類歷史上曾產生過怎樣的正面作用，過分地標舉審美之效能乃至由此而欲消解宗教，正是文化由立體的貴族精神逐漸走向平面的庸眾精神的表徵，其最終的結果是為世俗文化與享樂主義歡呼。這樣一來，貴族精神的那種建立神聖論基礎之上對幸福人

---

① 蔡元培在 1938 年為肖瑜編著的《居友學說評論》一書作序時說："餘在二十年前，發表過'以美育代宗教'一種主張，本欲專著一書，證成此議。"儘管因"人事牽制"最終未成書，但大綱目已具。足見蔡氏持論之堅與誠。見高平叔：《蔡元培年譜》，中華書局 1980 年版，第 36 頁。
② 聶振斌：《蔡元培及其美學》，聶振斌選編：《中國現代美學名家文叢：蔡元培卷》，浙江大學出版社 2009 年版，第 15 頁。
③ 宮承波：《"以美育代宗教"的歷史文化價值及其當代意義》，《文史哲》2000 年第 5 期，第 24 頁。

生的追求與生命意義的解答宣告解體，感性享樂成為了人生一切問題的終極辯護。由此，古典文化那種"可以運用神正論問題上的標準便經歷了一種徹底的改造"。① 這種改造，依據劉小楓的總結，主要表現在三個方面：

一、為感覺正名，重設感性的生存論和價值論地位，奪取超感性過去所佔據的本體論位置；二、藝術代替傳統的宗教形式，以至成為一種新的宗教和倫理，賦予藝術以解救的宗教功能；三、遊戲式的人生心態，即對世界的所謂審美態度（用貝爾的說法，"及時行樂"意識）。②

因此，儘管蔡氏的"美育代宗教"亦屢言超越的本體界（即實體世界），並未只存留於現象的感覺界，但若欲以純粹的審美來代替宗教，其流弊必然至此。這樣看來，為蔡氏之說唱讚歌，須相當的謹慎。

關於"貶抑"的觀點。持這種觀點的人大多能看到，人生在世，需要有一種基於存在之基的終極關懷，因為存在之基乃存在者得以可能的力量，而宗教正是這種終極關懷的最好體現。若以審美來代宗教，就抹去了超越的存在之基的關懷，而只剩下了現世的存在者自身的關懷。由此，有學者質問道：

> 認為美育可以取代宗教（或別種取代），也許是一個過於大膽的想法：試圖切除人的虛無本性，使人不再成為面向無限的存在者，並使之退縮到清一色的存在者的領域而遺忘對其存在之基的超越追問。這無異於要改變人的生存處境，這可能嗎？③

正是基於宗教與審美的這種效能之不同，不但審美不能代替宗教，反而是審美依賴於宗教。

> 像宗教一樣，審美也不是由於人的需要而存在，而是由於人的存在而存在。因此，即便是審美脫離宗教以後也絕不可將之神化，更不能以之為宗教，並且導致令人遺憾的遺忘——對於信仰、宗教精神以及神性的遺忘。……而且，只有信仰、宗教精神以及神性（信

---

① 凱西勒：《啟蒙哲學》，顧偉銘等譯，山東人民出版社 1988 年版，第 148 頁。
② 劉小楓：《現代性社會理論緒論》，上海三聯書店 1998 年版，第 307 頁。
③ 成窮：《蔡元培"美育代宗教說"芻議》，《美與時代》（下）2010 年第 7 期，第 20 頁。

仰之維）在，審美活動才在。①

　　這樣，蔡氏之"美育代宗教"說，無論是就宗教而言，還是就審美而言，皆為一偽論題。宗教既不可被取代，審美亦上升不到宗教之高度。由此，蔡氏之論題可以被取消掉。

　　但問題果真如此嗎？如果蔡氏之論題不被取消，那麼，我們如何能"謹慎地"說其真義與大義呢？這還是得回到蔡氏的論題之中來。基於當時的時代背景，蔡氏的"美育代宗教"說多被認為一種策略宣傳，以配合當時甚囂塵上的自由、科學，及打倒孔家店等革命性口號。

　　　　蔡元培提出"美育代宗教"的論點的出發點是在政治文化層面反宗教，其思想質料源於歐洲近代理性主義。"美育代宗教"的審美主義意涵因而主要不是關乎人生論，而是關乎社會變革論的。"美育"所要取代的"宗教"指的是什麼？稍加分析就可以看出，其"宗教"的語義不是哲學的，而是社會政治的。忽略這一點，就會產生種種對蔡氏論點的過度詮釋。②

　　依此而論，蔡氏之說既是一種政治策略，則於學理上不須予以重視。蔡氏之說，固然有其社會政治的考量，但是不是在學理上就全無價值呢？若依此而作進一步的引論，雖說有"過度"詮釋之嫌，但卻是一種有意義的"過度"，因為本章本不是對蔡氏之說自身的評述。

　　蔡氏之所以欲以審美來代宗教，是基於以下理由："一、美育是自由的，而宗教是強制的；二、美育是進步的，而宗教是保守的；三、美育是普及的，而宗教是有界的。"③蔡氏對宗教的體認儘管相當膚淺，以為科學會逐漸解決宗教中的問題，乃至在民主自由的社會將不需要宗教。④然各種具體宗教之間

① 潘知常：《"以美育代宗教"：中國美學的百年迷途》，《學術月刊》2006年第1期，第122頁。
② 劉小楓：《現代性社會理論緒論》，上海三聯書店1998年版，第311頁。
③ 蔡元培：《以美育代宗教》，聶振斌選編：《中國現代美學名家文叢：蔡元培卷》，浙江大學出版社2009年版，第109頁。
④ 蔡元培在《以美育代宗教說——在北京神州學會演說詞》中說："夫宗教之為物，在彼歐西各國已成為過去問題。蓋宗教之內容，現皆經學者以科學的研究解決之矣。"（高平叔編：《蔡元培全集》第三卷，中華書局1984年版，第30頁）。這裏包含兩點：科學解決了宗教中的問題；西方民主國家中已不需要宗教。但事實當然不是如此。科學自然不能解決宗教之問題，此不待深論。即使在西方民主國家，宗教

具有強烈的排他性與專制性，卻是事實。"宗教家恒各以其習慣為神律，黨同伐異，甚至為炮烙之刑，啟神聖大戰，大背其愛人如己之教義而不顧，於是宗教之信用，以漸減損。"[1] 同時，專制性的宗教教育，亦不宜進入學校：

> 至於宗教教育，所都講平等博愛，但由於搞惟我獨尊，反而排斥其他宗教習慣。歷史上曾因此而發生過戰爭。青年頭腦裏所浸入的卻是與平等博愛完全相反的東西。而且各教並列，所根據的越超經驗以上，不能以學理論證其是非。應遵循信仰自由原則，待青年成年以後，聽其自由選擇為宜，不該把成人的信仰強加在青年身上。法國在 1912 年，即制定宗教不介入教育的法律，大戰以後，瑞士教育家也有同樣建議。今後必將普及到各國無疑。[2]

他之提倡美育，就是要阻止排他性的教義與教士進入學校。"大學中不必設神學科，但於哲學科中設宗教史、比較宗教學等。"[3] 在蔡氏眼裏，宗教更多地表現為"荒誕的儀式，誇張的宣傳"[4]，這樣，就消解了信徒心中的美感與自由，而且，宗教固需要儀式與宣傳，但若無內在誠敬之心的感應與承接，則宗教常流於一種純粹外在的俗套與虛文。孔子就曾說："人而不仁，如禮何？人而不仁，如樂何？"（《論語·八佾》）蔡氏在教育層面上之反宗教，亦是基於這樣的考慮，欲由此造就人誠敬之心靈，既而在其信教過程中激起自身的美感與愉悅，因此而益加堅定其信仰，修養其身心。故蔡氏並不一般地反對信仰，"'非宗教'，木為弟近年所提倡之一端，不過弟之本意，以自由選擇的隨時進步的哲學主義之信仰，代彼有儀式有作用而固然不變的宗教信仰耳。此次'非宗教'同盟發佈各電，誠有不合論理之言"。[5] 所以，蔡

亦發揮著其不可忽視的作用。托克維爾說："美國仍然是基督教到處都對人們的靈魂發生強大的實在影響的國度，而且再沒有什麼東西能夠表明它比宗教更有利於人和合乎人性，因為這個國家在宗教的影響下今天已是最文明和最自由的國家。"（托克維爾：《論美國的民主》，董果良譯，商務印書館 2012 年版，第 337 頁）。

① 蔡元培：《哲學大綱》，高平叔編：《蔡元培全集》第二卷，中華書局 1984 年版，第 378 頁。
② 蔡元培：《戰後之中國教育問題》，高平叔編：《蔡元培全集》第三卷，第 337 頁。
③ 蔡元培：《教育獨立議》，高平叔編：《蔡元培全集》第四卷，中華書局 1984 年版，第 178 頁。
④ 蔡元培：《非宗教運動——在北京非宗教大同盟講演大會的演說詞》，高平叔編：《蔡元培全集》第四卷，中華書局 1984 年版，第 179 頁。
⑤ 蔡元培：《復陳衡哲函》，高平叔編：《蔡元培全集》第四卷，中華書局 1984 年版，第 226-227 頁。

氏對於轟動一時的"非宗教運動"，儘管亦積極參加，然其態度是有所保留的。但群眾性的運動一旦興起，其主張與口號不免雜亂、盲目，乃至糾枉過正，但這些與蔡氏個人之主張並非相同。因此，我們不能說蔡氏一味地反宗教。

> 夫反對宗教者，僅反對其所含之劣點，抑並其根本思想而反對之乎？在反對者之意，固對於根本思想而發。雖然，宗教之根本思想，為信仰心，吾人果能舉信仰心而絕對排斥之乎？[1]

原夫蔡氏之言，即宗教外在僵固的儀式與虛文可以反對，但信仰心——即一切宗教內在的根基不可反對。蔡氏之於人生，頗有深刻的超越體悟，不只是把人生的全部意義寄託在現世。"雖然，人不能有生而無死。現世之幸福，臨死而消滅。人而僅僅以臨死消滅之幸福為鵠的，則所謂人生者有何等價值乎？"[2]基於此，他認為，有兩個世界存在，一為現象世界，一為實體世界。

> 蓋世界有二方面，如一紙之有表裏：一為現象，一為實體。現象世界之事為政治，故以造就現世幸福為鵠的；實體世界之事為宗教，故以擺脫現世幸福為作用。而教育者，則立於現象世界，而有事於實體世界者也。故以實體世界之觀念為其究竟大目的，而以現象世界之幸福為其達於實體觀念之作用。[3]

由此可見，蔡氏非但分世界為二，且認為超越的實體世界之於人生之意義較現象世界重大得多，且教育之目的就在於使人確立內在的信念與誠敬，超離現象世界而皈依於實體世界。那麼，以什麼為資具達成這樣的教育目的呢？蔡氏不認為直接的宗教儀式之薰染與信條之說教是一種好的方法，因為這違背了自覺與美感之原則。蓋在蔡氏看來，實體世界一定有審美的禪悅與放下，一切與此相抵牾的手段皆不能達成宗教之效用。蔡氏因研習康德美學，受其啟發，便以為美學是一種使人體悟實體世界，培育宗教情懷的好方法。我們知道，康德乃希望通過審美來溝通自然（現象世界）與自由（實體世界）

---

① 蔡元培：《哲學大綱》，高平叔編：《蔡元培全集》第二卷，中華書局1984年版，第378頁。

② 蔡元培：《對於新教育之意見》，高平叔編：《蔡元培全集》第二卷，中華書局1984年版，第132頁。

③ 蔡元培：《對於新教育之意見》，高平叔編：《蔡元培全集》第二卷，中華書局1984年版，第133頁。

兩界之分離，這正契合了蔡氏"教育者，則立於現象世界，而有事於實體世界者也"之思路。

> 美感者，合美麗與尊嚴而言之，介乎現象世界與實體世界之間，而為津梁。此為康德所創造，而嗣後哲學家未有反對之者也。在現象世界，凡人皆有愛惡驚懼喜怒悲樂之情，隨離合生死禍福利害之現象流轉。至美術則即以此等現象為資料，而能使對之者，自美感以外，一無雜念。……人既脫離一切現象世界相對之感情，而為渾然之美感，則即所謂與造物為友，而已接觸於實體世界之觀念矣。故教育家欲由現象世界而引以到達於實體世界之觀念，不可不用美感之教育。①

蔡氏對於此種教育思路頗為自得與自信，故揭櫫此而終生不變。"我說美育，一直從未生以前，說到既死以後，可以休了。"②應該說，蔡氏對美育的強調，並不是要消解宗教自身，而是要去除宗教外在的膠固性與宰製性，使人在美感與自由中自覺地滋生宗教情懷，既而上升至實體世界。對於宗教來說，這是一種非常有意義的思考。

但必須指出，蔡氏之論又有極大的限制與不足，決不如他自己所言，那麼自信。由於他對宗教的體認嚴重不足，只是從哲學義理中把握了些許宗教的影像，而非宗教自身，故他不自覺中讓審美承受了太大的負擔，實則審美並不足以承受此任，或者說，他把宗教說得太輕鬆了。

> 純粹之美育，所以陶養吾人之感情，使有高尚純潔之習慣，而使人我之見、利己損人之思念，以漸消沮者也。蓋以美為普遍性，決無人我差別之見能參入其中。……即如北京左邊之西山，我遊之，人亦遊之；我無損於人，人亦無損於我也。隔千里兮共明月，我與人均不得而私之。……美以普遍性之故，不復有人我之關係，遂亦不能有利害之關係。馬牛，人之所利用者，而戴嵩所畫之牛，韓幹所畫之馬，決無對之而作服乘之想者。……美色，人之所好也；對

---

① 蔡元培：《對於新教育之意見》，高平叔編：《蔡元培全集》第二卷，中華書局 1984 年版，第 134 頁。
② 蔡元培：《美育實施的方法》，高平叔編：《蔡元培全集》第四卷，中華書局 1984 年版，第 217 頁。

希臘之裸像，決不敢作龍陽之想。……蓋美之超絕實際也如是。[①]

　　蔡氏以上之所說，只表明了美或藝術對於心靈之陶冶與性情之純化有一定之作用，但萬不能說即此便可盡宗教之能。宗教的境界比這裏所說的嚴肅而重大得多，蔡氏把宗教說得太低了。宗教裏固然有美感與自由，然決非是審美之無功利的輕鬆與無目的的閒散。也就是說，審美之輕鬆與閒散，決不能盡宗教之任。若以為審美果然可以盡宗教之責，其結果必然是抹殺宗教，成為審美現世派與沉醉派。貝爾說：

　　　藝術、自然或衝動在酒神行為的醉狂中只能暫時地抹煞自我。醉狂終究要過去，接著便是淒冷的清晨，它隨著黎明無情地降臨大地。這種在劫難逃的焦慮必然導致人人處於末世的感覺——此乃貫穿著現代主義思想的一條黑線。[②]

　　也就是說，若"美育代宗教"只是限於蔡氏所講的理境中，則必然滋生上文劉小楓所說的那三種流弊，而宗教徹底被消解。這雖然未必是蔡氏之所想，但其結果定然至此，無有疑議。這也難怪招致諸學人之批評了。這也是為什麼說贊同蔡氏之論的人須"謹慎"的原因所在。

三、心性學與宗教的開顯

　　但我們又說，蔡氏之論是有意義的，決非完全是一個偽論題。蔡氏之論的意義即在：我們希望通過這樣一個論題進一步引申研究，以究其義。即一方面，宗教不被消解；另一方面，使宗教不至於流入外在的專制與虛文，而有內在的美感與自由。也就是說，不是要抹殺宗教，而是使宗教"調適而上遂"。因此，蔡氏之"美育代宗教"說，決不只是一個美學方面的論題，更應該是一個宗教學方面的論題。要完成宗教的"調適而上遂"，於是我們轉到了儒家心性天人之學中來。

　　儒學的一個基本義理就是：肯定"四端之心"為人人所先天地固有，非

---

① 　蔡元培：《以美育代宗教說——在北京神州學會演說詞》，高平叔編：《蔡元培全集》第三卷，中華書局1984年版，第33–34頁。

② 　丹尼爾·貝爾：《資本主義文化矛盾》，趙一凡等譯，三聯書店1989年版，第97頁。

經驗地襲取而得，只要作真切的操持涵養的實踐工夫，即可於生命中呈現作主，這個"四端之心"即是存在之基。而正是這個"四端之心"（或"本心"）也成為了宗教之所以為宗教的根基。只有把握到了這個作為大主的本心，既而盡其大能，才能去除宗教外在的專制與虛文，且能使宗教具有內在的美感與自由，從而實現宗教之"調適而上遂"。蔡氏之所以把藝術性的生活情調當作了宗教性的體道，就是因為沒有把握到這個作為大主的本心。是以有學者評之曰：

> 一個顯而易見的問題是：在目標上，蔡元培是企圖用美育取代宗教的情感教育，然而在具體實施的途徑上，則注重的是外在的、形式的薰陶與感染，缺之內在的宗教或美學式的修煉或省悟。其結果可想而知，要麼放任自流、形同兒戲、可有可無，要麼只能進行一些常規的藝術教育和禮儀教育。①

可以說，正是作為大主的本心之缺如，使得蔡氏的"美育代宗教"說流產了，而之所以流產，乃因蔡氏"枝枝葉葉外頭尋"（《王陽明全集》卷二十《詠良知四首示諸生》）。但正是本心的存在，為人類之宗教確立了根基。繆勒說：

> 正如說話的天賦與歷史上形成的任何語言無關一樣，人還有一種與歷史上形成的任何宗教無關的信仰天賦。如果我們說把人與其它動物區別開的是宗教，我們指的並不是基督徒的宗教或猶太人的宗教，而是指一種心理能力或傾向。它與感覺和理性無關，但它使人感到有"無限者"的存在，於是神有了各種不同的名稱，各種不同的形象。沒有這種信仰的能力，就不可能有宗教，連最低級的偶像崇拜或神物崇拜也不可能有。只要我們耐心傾聽，在任何宗教中都能聽到靈魂的呻吟，也就是力圖認識那不可能認識的，力圖說出那說不出的，那是一種對無限者的渴望，對上帝的愛。②

對於人類來說，宗教天賦比任何具體的實定宗教更重要，但繆勒並沒有

---

① 冉鐵星：《試論"以美育代宗教"》，《湖南師範大學教育科學學報》2003年第3期，第36頁。

② 繆勒：《宗教學導論》，陳觀勝、李培茱譯，上海人民出版社2010年版，第10-11頁。

具體說出人類的這種宗教天賦到底是什麼，其實就是儒學所說的"本心"，
它為一切宗教確立了根基，若盡其大能，其自身即是一種宗教，未有儀式，
無須教條。一般以為，"本心"只是道德的根基，實則是小看了"本心"之能。
"本心"不但是道德的根基，亦是審美的根基，復是宗教之根基。何以說本
心有如此之能呢？王陽明詩云："無聲無臭獨知時，此是乾坤萬有基。"（《王
陽明全集》卷二十《詠良知四首示諸生》）此詩即揭示了個中秘密。只有從這裏，
才能真正究竟蔡氏所說之義。故云：盡本心之大能，乃是一種更為高級的宗教。
所謂更高級是指：更普遍、更簡易、更可行，且具自由與美感。這樣，就把
宗教由外在的祈禱轉變為了內在的踐履。

　　盡本心之大能與實定宗教不同，後者有人格神、固定的儀式、教規與聖
言經典、教會等外在設置，但前者此等度數折旋一概無有，又何以說是一種
更高級的宗教呢？這關聯到我們應該如何認識宗教。一般以為，宗教就是指
實定宗教，所謂"實定"是指外在的實質性設施，而信教就是依賴這些外在
設施而行，如祈禱神靈、尊奉教條等。但這是在西方文化語境中的認知，且
這樣來看待宗教，不但不能全盡其所有意涵，而且甚至是對宗教的背棄。加
拿大宗教學家 W.C. 史密斯（Wilfred Cantwell Smith）通過研究曾指出：無論是
在何種文化中，也無論是在何處，都一直有我們稱之為"宗教性的"東西。
但無論是在過去還是現在，只有少數幾種語言，可以將"宗教"一詞翻譯到
西方文化以外的語言中去。他說：

　　　　的確，人們不得不追問，在任何沒有受到過現代西方影響的文
　　化中，是否存在著同這個詞相對等的概念。我認為答案是否定性
　　的。……事實上，我已經感覺到，在某種程度上，如果沒有這一概念，
　　人們也許更易於是宗教性的；宗教這種觀念能夠變成虔敬的一個敵
　　人。……在某種傳統中，則需要有一種與"上帝"相比不那麼人格
　　性的有關絕對者的指稱。但無論如何，認為"宗教"概念的興起在
　　某種意義上是同宗教本身的實踐的衰落關聯在一起的，這並不完全
　　是荒誕不經的。①

---

① 　W.C. 史密斯：《宗教的意義與終結》，董江陽譯，中國人民大學出版社 2005 年版，第 19 頁。

　　這就是說，如果宗教僅是指實定宗教，這不僅與人類的宗教性追求不相符，且必然導致人類宗教實踐的衰落。基於此，W.C. 史密斯建議，放棄使用諸如基督教、佛教一類的術語，因為在質疑之下，它們明顯是站不住腳的。"人們能夠合理地歸之於這個術語的惟一有效的含義是'宗教性'這個意思。"因此，宗教的複數用法，或者它的帶有某個冠詞的用法，都是錯誤的。① 即宗教只應有形容詞性的用法，不應有名詞性的用法。"在本項探究的過程中，儘管拒絕了'宗教'這個術語的名詞形式，但它的形容詞形式'宗教的'則被保留了下來。" W.C. 史密斯甚至預言，在不久的將來，作為"宗教"的名詞形式將消失，且這種消失對於人的宗教實踐而言是好事。"這種消失，對虔敬者來說，可能意味著對神的更真實的信仰和對鄰人的更真實的愛；而對於學者來說，則可能意味著對他們正在研究的那種宗教現象的更清晰的理解。"②

　　因此，我們對宗教的理解決不能只僵固在實定宗教這種的模式之中。我們說"盡本心之大能"是一種更高級的宗教，就是突破了這種模式。那麼，這種宗教具有怎樣的特質與功能呢？我們通過縷析施萊爾馬赫的《論宗教》一書中的主體思想，或可以得到更多的啟示與明悟。此書的主體思想是著重於宗教的精神發現，因為宗教按其本質而言是遠離一切體系性的東西的。所謂體系性的東西是指儀式、教條、箴言、神靈等外在設置。而這些思想的原動力，依他自己所言，並非出自理性之推理，亦非因為恐懼和希望，同時亦不是為了符合某種任意的或終極的目的，"而是出於我的本性不可抗拒的內在必然性，出於一種神性的召喚，這種召喚規定了我在宇宙中的地位，使我成為我所是的本質"。③ 依施氏的看法，宗教是人的一種基本能力與本質力量，與外在的神靈、儀式與教條概無關係。他說：

　　　宗教是從每一個比較好的靈魂的內部必然地流淌出來的，發源於自身，它屬於心靈中的一塊固有的領地，在其中它不受限制地統治著，它值得尊重之處在於，通過其最內在的力量感動最高貴和最優秀的人，使他們按照其最內在的本質獲得認識。④

① 　W.C. 史密斯：《宗教的意義與終結》，董江陽譯，中國人民大學出版社 2005 年版，第 385 頁。
② 　W.C. 史密斯：《宗教的意義與終結》，董江陽譯，中國人民大學出版社 2005 年版，第 386 頁。
③ 　施萊爾馬赫：《論宗教》，鄧安慶譯，人民出版社 2011 年版，第 3 頁。
④ 　施萊爾馬赫：《論宗教》，鄧安慶譯，人民出版社 2011 年版，第 22 頁。

　　施氏說宗教從比較好的靈魂內部必然流出，但這是現實地講。依儒學義理，宗教可以從所有人的心裏流出，因為"四端之心"人皆有之，只是修養工夫不夠，未能盡本心之能，故未能流出耳。實際上，宗教之潛能，人人必然具有，不然，宗教就沒有普遍性，而宗教教育亦不可能。施氏之說於此處多有含混處，故須暢而通之。然其謂宗教本屬於心靈自身的事，與外在無關，可謂是"截斷眾流""立乎其大"之論也。所以，他呼籲："讓我們走向人性，我們在這裏為宗教找到了素材。"① 基於此，他甚至以為，"一種無上帝的宗教可能比另一種有上帝的宗教更好"；② "始終存在著比無神論更加反宗教的東西"。③ 這樣，施氏就把宗教從外在的祈禱、膜拜拉向了內在的人性。宗教是人性對宇宙的直觀，直觀是宗教的本質，故宗教必須從思維與行動中走出來。思維就是構造一再翻新的體系，但那裏很少有宗教性，因為那裏"沒有對無限的渴慕，對無限的敬畏"。④ 施氏這裏所說的"行動"是指外在的祈禱、膜拜與誦經等，亦屬於體系自身所要求者。這樣，構造體系必然導致排除異己，"因為當異己要求在這個體系中佔有他的一席之地時，就會破壞自己隊伍的封閉性，破壞美妙的關係"。⑤ 這是造成宗教黨同伐異的根本原因。此與蔡氏欲以"美育代宗教"，其思慮大致相同。但蔡氏由此而走向外在的審美，而施氏則走向內在的人性，其趨向大異，其結果必然不同。由此，與蔡氏不同，對於宗教，一個人可以沒有外在的行動，但必須有內在工夫。他說：

　　　　真正觀看永恆的人們永遠都有寧靜的心靈，或者僅僅同自身和無限相望，或者當他們環視自我時，每次都只滿足於以他特有的方式領悟大道。但他們以這種寬廣的視野和對無限的情感，也看到了在他們自己的領域之外存在的東西，在自身之內包含著判斷和考察無邊無際的多面性的素質，這種多面性是不能從別的地方取來的。⑥

　　這就是說，一個人若要直觀宇宙、領悟大道，其實並不需要往外看，而

① 施萊爾馬赫：《論宗教》，鄧安慶譯，人民出版社 2011 年版，第 51 頁。
② 施萊爾馬赫：《論宗教》，鄧安慶譯，人民出版社 2011 年版，第 73 頁。
③ 施萊爾馬赫：《論宗教》，鄧安慶譯，人民出版社 2011 年版，第 75 頁。
④ 施萊爾馬赫：《論宗教》，鄧安慶譯，人民出版社 2011 年版，第 32 頁。
⑤ 施萊爾馬赫：《論宗教》，鄧安慶譯，人民出版社 2011 年版，第 37 頁。
⑥ 施萊爾馬赫：《論宗教》，鄧安慶譯，人民出版社 2011 年版，第 38 頁。

只須要往內看，直觀人性的無限性即可。依施氏，在人的內心必定有一種更高的東西作為他的人性，使得他直接地同宇宙相連。所以，"人性本身……就是真正的宇宙，其他的一切只有當它們同人性有關聯並環繞人性時，……才把它們算作是這個宇宙"。① 施氏的這種思想，與《中庸》所要表達的意思相同："唯天下至誠，為能盡其性；能盡其性，則能盡人之性；能盡人之性，則能盡物之性；能盡物之性，則可以贊天地之化育；可以贊天地之化育，則可以與天地參矣。"《中庸》這裏的意思是指：只有一個人有誠敬之工夫，盡本心之性德（大能），即可直觀到人之性德、物之性德，乃至整個宇宙之性德，進而使天地萬物盡其性而遂其生。不過，盡其性乃盡萬物形上的天地之性，非形下之自然之性也；遂其生乃遂萬物形上的造物之生，非形下之生物之生也。天地之性與造物之生方是宇宙之實體與實相，一個人若不能照察之此實體與實相，必不能領悟人生宇宙之大道，宗教之門不可能為其開啟。所以，對於宗教來說，內在的直觀尤為重要，因為它直接維繫著宇宙實體之於人可否靈現。正因為這樣，施氏才說：

> 宗教是多麼內在地同直觀相聯繫，是多麼必然地從直觀中流淌出來，並且只有從直觀才能得到說明啊，儘管如此它還是完全被誤解了。②

可見，對於一個人來說，重要的不是向他宣教佈道，而是使其直觀能力覺醒。故施氏說："不是信仰一部《聖經》的人有宗教，而是那個無需《聖經》，但自己能夠創造一部《聖經》的人有宗教。"③ 這就是中國文化傳統所說的"無言之教"，即依自家去覺識證悟實體自身，非徒外在的知文曉義也。

但是，施氏所說的"直觀"，到底具有一種怎樣的內涵呢？施氏於此並未作清晰的縷析。人們對真理的感知需要明見性，而直觀是通達明見性的方法，或者說，直觀就意味著明見性。從這個意義上講，直觀是與思維推理相對立的。對於經驗知識而言，需要對經驗材料進行直觀，不然，不能成其為知識。但宗教並不是經驗對象，我們如何對它進行直觀呢？這種直觀，我們不妨稱

---

① 施萊爾馬赫：《論宗教》，鄧安慶譯，人民出版社 2011 年版，第 52 頁。
② 施萊爾馬赫：《論宗教》，鄧安慶譯，人民出版社 2011 年版，第 62 頁。
③ 施萊爾馬赫：《論宗教》，鄧安慶譯，人民出版社 2011 年版，第 70 頁。

之為"智的直觀"，它是本心之自覺自證。以牟宗三的話說就是："超越了主客關係之模式而消化了主客相對之主體相與客體相，它是朗現無對的心體大主之圓照與遍潤。"① 可見，智的直觀泯滅了"能"與"所"的對立，是本心自我的覺照。可名之曰"逆覺體證"。施氏所說的直觀不過是"逆覺體證"本心而已，別無他說。且本心只可直觀，他途概不能得之。中國傳統所說的"求則得之，舍則失之""操則存，舍則亡"（《孟子·告子上》），都是直觀本心之意。可見，直觀本心就是有實在的經驗確證本心，使其具體地呈現在我們的感覺中。

　　然而，儘管本心是大主，但亦不過人之一點靈明，何以直觀之即可照察宇宙之實體實相呢？張橫渠的一段話或許可揭示個中秘密："大其心則能體天下之物，物有未體則心為有外。世人之心止於聞見之狹，聖人盡性不以見聞梏其心，其視天下無一物非我，孟子謂盡心則知性知天以此。天大無外，故有外之心不足以合天心。"（《正蒙·大心篇》）可見，本心決不只是人之一點靈明，本心亦是天心。人若能盡本心之性德，必能把握天心，乃至於照察宇宙，而至天人合一。王陽明亦曰："大人者，以天地萬物為一體者也。……大人之能以天地萬物為一體也，非意之也，其心之仁本若是，其與天地萬物而為一也。豈惟大人，雖小人之心亦莫不然。彼願自小耳。"（《王陽明全集》卷二十六《大學問》）依此，照察宇宙，渾然萬物，乃本心之性德，惟在人能不能"盡"之耳，大人與小人之別於此見焉。故盡本心之性德或大能，必能至宇宙之實體與實相，這是施氏一再標舉直觀之根本所在。"宗教中所追求的一切，是多麼懇切地把我們人格性的輪廓加以擴展，逐漸地浸沒於無限的東西中，我們通過直觀宇宙也就是要盡可能多地與宇宙融為一體。"② 施氏這裏之所說雖與儒家之義理等同，但並沒有張橫渠與王陽明說得那麼周洽如理，定然而肯斷，蓋施氏之於西方傳統中，不能透顯本心，故其工夫有不實處也。

　　由人之直觀本心而與宇宙萬物為一體，即此便可談宗教的不朽問題。"在有限性中間同無限的東西合一，在瞬間成永恆，這就是宗教的不朽性。"③ 這

①　鄭家棟編：《道德理想主義的重建——牟宗三新儒學論著輯要》，中國廣播電視出版社 1992 年版，第 356 頁。
②　施萊爾馬赫：《論宗教》，鄧安慶譯，人民出版社 2011 年版，第 75 頁。
③　施萊爾馬赫：《論宗教》，鄧安慶譯，人民出版社 2011 年版，第 77 頁。

種不朽性，就相當於中國文化傳統中的"大人"。《易傳·乾文言》謂："夫大人者，與天地合其德，與日月合其明，與四時合其序，與鬼神合其吉凶。"人若能直觀宇宙且與之為一體，必不只是一種氣血性的生物學之存在，而是一種宇宙性的存在。陸象山曰："宇宙不曾限隔人，人自限隔宇宙。"（《象山語錄》卷一）宗教之於人是否靈現，唯在人自家之努力，可否盡本心之大能耳。施氏把宗教最後落實在這裏，儒家更把宗教落實在這裏。這可以說不是宗教，卻又是最根源的宗教。唐君毅曾就此而言曰：

> 此精神終將為人類一切宗教之結局地。其所以能為結局地，並非必依於吾人之將人以外以上之問題，存於不論，而是依於人之可自知自見；其所以欲論及或能論及人以上之問題，而表現超越的無限的宗教精神，正依於人自己具有此具超越性、無限性之本心本性。[1]

所謂"結局地"乃表明為一切宗教確立了根基，各種殊異的宗教固可有外在形式的不同，但其精神發源處必在"本心"。費爾巴哈即依此來解析基督教的本質，並歸結："宗教在本質上是東方性的。"[2] 故曰：盡本心之大能乃不是宗教的宗教，或者說，是一種"宗教動力學"，先秦儒學從孔子中經子思、最後至孟子之發展歷程，正是"宗教動力學"的完成過程，本人將有專書討論，在此不能贅述。因為每個人的本心就是一座教廷，一本《聖經》。盡本心之大能這種宗教，可說是實定宗教的終結，這意味著"神在其奧秘、愛以及永恆的真理中，一旦活生生地出現在我們的面前，所有其他的東西都將煙消雲散"。[3] 既然宗教外在的形式因素都煙消雲散了，只剩下本心盡其性德之自在與逍遙，由此即可進一步言"美"與"自由"問題。

四、心性學與美的禪悅及自由

宗教之直觀就是盡本心之大能，是自覺自證之圓滿與照察，是天心神緣之靈現與威臨，這裏不但有存在的自在與逍遙，而且有聖言的迴響與領受，這是生命存在與神聖大主的契會與合一。此時，人已臻於聖域，整個宇宙天

---

① 唐君毅:《中國人文精神之發展》，廣西師範大學出版社 2005 年版，第 313 頁。
② 費爾巴哈:《基督教的本質》，榮震華譯，商務印書館 1997 年版，第 97 頁。
③ W.C. 史密斯:《宗教的意義與終結》，董江陽譯，中國人民大學出版社 2005 年版，第 392 頁。

理昭昭，和融淳默。這是最聖潔、最動人的性天之美。施萊爾馬赫嘗這樣論述這種美：

　　它是那樣地流暢和透明，就像清晨的第一縷薄霧和第一滴露水，在含苞待放的花朵間飄灑和滾動，它嬌羞和溫柔得就像少女的第一次接吻，它聖潔和豐腴得就像新娘的擁抱。是的，它不僅僅是像，而且簡直就是所有這些本身。……我躺在無限世界的胸膛上；我在這個瞬間就是它的心靈，因為我感覺到了它的一切力量和它無限的生命，就像我自己的一樣。……這一時刻就是宗教的最高花朵。①

　　千萬不要以為，施氏這樣文學性的描述有類於蔡元培對審美的描述。施氏這裏描述的真正是性德潛能之美，或宗教聖域之美，不過以文學性之筆法況喻而已，這與蔡氏之於對象的審美，不可同日語也。

　　中國文化傳統對這種性德潛能之美，且由性德潛能而臻於的宗教聖域之美有獨到的體悟與把握。孟子曰：“萬物皆備於我矣，反身而誠，樂莫大焉。”(《孟子·盡心上》) 這是由直觀本心之性德既而渾然與物同體後的自在與滇化。若不能直觀本心之性德，則不能渾然與物，亦不會有此 “樂”。是以程子釋之曰：“若反身未誠，則猶是二物有對，以己合彼，終未有之，又安得樂。”(《二程集·河南程氏遺書》卷第二上) 可見，主客對立之純粹審美不能達至此種境界。故有學者指出：

　　如果中國文化體系中，真的有什麼置人於“安身立命”之境的“美學”的話，便是這源深流遠的“樂學”。西方認識論美學怎能擔負起中國 “樂學” 之任務。②

　　西方認識論美學是純粹的審美愉快，人於此至多獲得無功利的滿足，這與中國傳統的具性天之美的樂美之學不同，性天之美是宗教境界，人於此可“安身立命”。這種美沒有外在的審美對象，是盡本心之大能後，人於宇宙間的挺立與自在。只要存養工夫切實，即可透露此種美境，故王陽明曰：

---

① 施萊爾馬赫：《論宗教》，鄧安慶譯，人民出版社 2011 年版，第 43 頁。
② 勞承萬：《中國古代美學（樂學）形態論》，中國社會科學出版社 2010 年版，第 14 頁。

　　良知是造化的精靈，這些精靈生天生地，成鬼成帝，皆從此出，真是與物無對。人若復得他完完全全，無少虧欠，自不覺手舞足蹈。不知天地間更有何樂可代？（《王陽明全集》卷三《語錄三·傳習錄》下）

　　若能盡本心之大能，人即是一樂美之人。是以程子曰：“人於天地間，並無窒礙處，大小大快活。”（《二程遺書》卷十五）另外，程明道詩云：“雲淡風輕近午天，望花隨柳過前川。旁人不識予心樂，將謂偷閒學少年。”（《偶成》）又，朱子詩云：“半畝方塘一鑒開，天光雲影共徘徊。問渠那得清如許，為有源頭活水來。”（《觀書有感》）程明道的“樂”與朱子的“清閒”皆不是由純粹審美而來，而是由盡本心之大能所透顯的性天之美，這是宗教聖域之美，儘管其筆法是文學性的。

　　純粹審美愉快，以其瞬間性，至多是給人以暫時的休息與消遣，人之性情很難於其中獲得陶冶與教化。加達默爾：“藝術的萬神廟並非一種把自身呈現給純粹審美意識的無時間的現時性，而是歷史地現實自身的人類精神的集體業績。所以審美經驗也是一種自我理解的方式。”[1]審美若要真的成為人類自我理解的方式，進而教化與完善自我，必然不能只寄居在純粹的審美之中，必須盡本心之大能而成性天之美，臻於宗教之聖域而後可。這裏有最高的美，亦有最根本性的自由。謝林曰：“真正的自由就是與一種神聖必然性的協調一致。諸如此類的東西我們在本質性的認識中感受得到，在那裏精神和心靈，只是系於它自己的規律，才自願地肯定那種必然的東西。”[2]即自由不是一種可選擇性，而是存在論上的必然性。或者說，自由就意味著必然性。謝林進一步說：

　　那種本身是一切被限制狀態的原因，又不能再用別的行動來說明的行動，必定是絕對自由的。而絕對自由是與絕對必然性同一的。……這樣一種活動就是自我意識的原始活動，它是絕對自由的，因為它根本不是由自我之外的東西來決定的；它又是絕對必然的，因為它是從自我的本質的內在必然性中產生的。[3]

①　加達默爾：《真理與方法》，洪漢鼎譯，上海譯文出版社 1999 年版，第 124 頁。
②　謝林：《對人類自由的本質及其相關對象的哲學研究》，鄧安慶譯，商務印書館 2008 年版，第 108 頁。
③　謝林：《先驗唯心論體系》，梁志學、石泉譯，商務印書館 1983 年版，第 60 頁。

在這裏，自由意味著本心自身的活動，或者說，本心之大能即是自由。牟宗三曾解釋說：

> （儒家）經過了嚴整的道德意識之支柱（立於禮），最後亦是"樂"的境界，諧和藝術的境界（成於樂）。但這必須是性體、心體、自由意志之因果徹底呈現後所達到的純圓熟的化的境界、平平的境界，而不是以獨立的美的判斷去溝通意志因果性與自然因果性。[①]

這是說，這種樂美之境界、純化之自由，不是依據康德的美學架構而可能的，而是盡本心之大能之圓熟之境。美國思想家喬治·麥克林亦曾說：

> 自由並非是在我們世界的客體之間所做的選擇，也不是指導我們生活的普遍原則的內在選擇，它更多是一種通過我們完善自我和完全實現自我的方向或目的而實現的一種自我肯定。這意味著在不夠完善時的探尋和在達到完善時的一種歡欣。[②]

這意味著，最根源的宗教，必有最高的美，亦有最根本的自由；反過來，最高的美，才有最根本的自由，而這必然也是最根源的宗教。在自由超越中體會到存在的根基與宇宙之大美，這雖然不可言說，但可以實踐。這種實踐，端賴儒家之心性天人工夫之學。

五、心性學與"美育代宗教"問題的解決

至此，才真正完成了蔡元培"美育代宗教"所要究竟的義理模型。蔡氏有感於實定宗教外在的專制與繁瑣，而欲加以消解，使宗教得以調適上遂，但他沒有回到中國傳統的心性天人之學，而是依康德美學的間架，求助於純粹審美。這樣一來，不但消解了宗教外在的繁瑣與專制，連帶宗教的根本精神都消解了。這就是說，蔡氏不但消解了名詞性的宗教，也消解了形容詞的宗教性。這當然是極其荒謬與不可接受的。我們若能回到儒家傳統的心性天人之學中，則不但可以證成蔡氏"美育代宗教"一說，而且可以由此而回應

---

① 　牟宗三：《心體與性體》上，上海古籍出版社 1999 年版，第 152 頁。
② 　喬治·麥克林：《傳統與超越》，幹春松、楊鳳崗譯，華夏出版社 2000 年版，第 99 頁。

潘黎勇與王本朝二位學人的質疑。這個回應就是：儒家傳統的心性天人之學，是最根源的宗教，亦是最聖潔之美學；它既使宗教調適而上遂，不至於滋生黨同伐異之弊；亦可使美學圓實而莊嚴，不至於滋生"審美的現代性危機"。故宗教必須蘊涵審美精神，美學必須蘊涵宗教精神，它們不是"代"的關係，而是相互圓成的關係。而這種圓成在儒家心性天人之學中得以完美的實現。換言之，我們若具有心性天人之學中之審美精神，則必具宗教的虔敬；反之，若具有心性天人之學中的宗教精神，則必具審美的愉悅。總之，宗教、自由、審美皆發端於本心這個形上根基，因內在的實踐而可能。三者同體而異名，同謂之玄——以老子的話說——"玄之又玄，眾妙之門"。宗教、審美與自由可進入如此之"妙"境，則至矣、盡矣，蔑以加矣。

第九章　心性學與美學作為深密教義之證成

一、審美教育何以必須是心性學的？

在論述審美教育之前，吾人先來看一個掌故：

> 盆成括仕於齊，孟子曰："死矣盆成括！"盆成括見殺，門人問曰："夫子何以知其將見殺？"曰："其為人也小有才，未聞君子之大道也，則足以殺其軀而已矣。"（《孟子·盡心下》）

孟子之所以認為盆成括之被殺是可以預見的，乃在他徒有"小才"而不見"大道"，可見，"道"在人生中具有根本的意義。"小才"與"大道"奚辯？莊子給了吾人一個回答：

> 天下大亂，賢聖不明，道德不一，天下多得一察焉以自好。譬如耳目鼻口，皆有所明，不能相通。猶百家眾技也，皆有所長，時有所用。雖然，不該不遍，一曲之士也。判天地之美，析萬物之理，察古人之全，寡能備於天地之美，稱神明之容。是故內聖外王之道，闇而不明，鬱而不發，天下之人各為其所欲焉以自為方。（《莊子·天下》）

此謂具"小才"之曲士，有一時之能，但不能通透靈應，非久遠人生之道也。

> 以天為宗，以德為本，以道為門，兆於變化，謂之聖人。（《莊子·天下》）

此謂得"大道"之聖人。人既已得"大道"，則"安時而處順，哀樂不能入也，古者謂是帝之縣解"（《莊子·養生主》）。郭子玄於此處注云："以有系者為縣，則無系者縣解也，縣解而性命之情得矣。此養生之要也。"可見，"道"之意義在解放人生，予人真切意義的自由。不然，吾人無論具有怎樣的才能，依然還是在牢籠之中，海德格爾謂之"沉淪"。

然而，何謂"道"？"道"就是那個天、地、神、人歡聚一堂的澄明之境、神聖之域。"道"在何處？本諸"天"，應乎"人"，其根本切入點在盡吾人自家之"本心"。這是中國傳統心性之學的根本用心所在。故程子曰："不知性善，不可以言學。"（《河南程氏粹言》卷第二）又曰：

> 聖人千言萬語，只是欲人將已放之心，約之使反，復入身來，自能尋向上去，下學而上達也。（《河南程氏遺書》卷一）

但中國傳統所講的"盡本性""復本心"皆是存在論的，而不是道德論或倫理學的，故講"工夫"；道德論或倫理學只講抽象的"道理"，並不講"工夫"。所謂"工夫"就是由真切的存養、證會、覺悟，既而純化生命，復踐之於行，而非服從道德律令。這是中國傳統心性之學之用力處，審美教育之用力處亦當在此，不然，審美教育之指向就是"技"而不是"道"，結果，受教者獲得的不過是"小才"而不是"大道"。王陽明曰："存心養性之外，無別學也。"（《王陽明全集》卷五《與席元山》）因此，審美教育與中國傳統的心性之學當沒有本質的區別，也就是說，審美教育當以心性之學為根本立場與切入點。那種以為有一種純粹的審美教育而與別的教育區以別的觀點根本是錯誤的。莊子曰："繕性於俗學，以求復其初；滑欲於俗思，以求致其明；謂之蔽蒙之民。"（《莊子·繕性》）審美教育就是要"繕性"而"復其初"，"滑欲"而"致其明"，但這種功效通過所謂純粹的審美教育顯然不能夠達成。

自從康德宣導美學的無目的的合目的性原則以後，一般的美學理論都認為，有一個純粹的審美世界而與道德、人文、宗教世界相區別，因此，藝術教育與道德、宗教皆無關，它自身是一個自足的世界。康德雖然認為"美是道德的象徵"，但只是"象徵"，並不意味著美自身即是善。不但美不是善，而且有著根本的區別，善是基於人的實踐理性，而美則是想像力與知性自由遊戲之結果。儘管二者都是人的先天機能，但前者為絕對道德律負責，後者則不負有任何目的，只是美的愉悅本身。這樣，似乎就有了一個所謂純粹的審美領域，在這個領域內，不需要道德、宗教與真理，這也就是所謂的自由。因為一旦有了道德、宗教與真理的擔負，就不自由，而審美沒有這些擔負，故審美實現了人類最高的自由，在這種自由裏有最圓滿的人性。葉朗說：

> 審美對於人的精神自由來說，審美對於人的人性的完滿來說，都是絕對必要的。沒有審美活動，人就不能實現精神的自由，人也不能獲得人性的完滿，人就不是真正意義上的人。①

如果審美是讓人進入澄明之境，既而感召天、地、神、人歡聚，人由此而得到教化與存養，則上述講法並無問題。但問題是，這裏所說的審美不是在這裏意義上講的。因為葉朗明確表示，這種自由與圓滿中不包括"德"之因素，審美也不包括道德之感召，即審美教育不負責道德的任務。但問題是，如果不包括"德"的因素，如何能算是圓滿的人性呢？這種對於審美的看法，確實為審美的享樂主義與沉醉主義作了輿論準備，儘管其初始用心未必是如此。但這樣的觀點，在中國美學界，諸如"美學概論"之類的教科書中不勝枚舉。然而，他們之所以嚴格地排斥審美中的道德因素，乃在於他們認為道德的作用是"建立和維護一套社會倫理、社會秩序、社會規範，避免在社會中出現人與人的關係的失序、失範、失禮"。②由此看來，審美中的反道德論者完全把道德看成了一套抽象的律則與規範，這與審美的"境"或"域"式的感召與默化是不相容的。

然而，嚴格地排斥道德、宗教與真理的純粹的審美領域是可能的嗎？還是一種審美幻象？加達默爾對於這種純粹的審美領域之發生及其幻象本質作

---

① 葉朗：《美學原理》，北京大學出版社 2009 年版，第 405 頁。
② 葉朗：《美學原理》，北京大學出版社 2009 年版，第 413 頁。

了深入的研究。正是基於對古希臘藝術模仿說——這種理論乃從對象性的世界之角度來理解藝術與美的問題——的補救與反叛，康德與席勒才試圖劃定審美的自足性。按理說，這種補救與反叛是有積極意義的，與審美與對象性世界的沉淪拉開距離。但他們卻由此而矯枉過正，使審美退縮到了一個非人間的領域，因為審美那裏不能有道德、宗教與真理。對於這種轉變之結果，加達默爾說：

> 所有想從實在經驗出發思考審美特性的存在方式，並把它理解為實在經驗的變相的嘗試，都是錯誤的。……但現在對審美經驗的現象學還原卻表明，審美經驗根本不是從這種關聯出發去思考的，而是審美經驗在其所謂經驗的東西裏看到了真正真理。①

顯然，加達默爾對於康德與席勒在審美上的這種轉變是持批判態度的，然而，在藝術與美學界，這種趨勢不但沒有被遏制與反省，且逐漸形成了審美區分，有所謂純粹的審美領域，乃至審美人生之說。

> 它從一切內容要素——這些內容要素規定我們發表內容上的、道德上的和宗教上的見解——區分出了一部作品的審美品質，並且只在其審美存在中來呈現這種品質本身。②

這種完全抽離了道德、宗教的所謂純粹審美領域，無異於一場短暫的沉醉，醒來以後依然沉淪在現實的紛繁中，這種藝術——如果有的話——之於人類又有何教育之意義呢？加達默爾說：

> 因為某個從其宗教傳統中生發出來的教化社會對藝術所期待的，隨即就要比在"藝術的立足點"上與審美意識相符合這一點多得多。……藝術家就如同一個"現世的救世主"，他在塵世中的創作應當造就對沉淪的調解，而這種調解已成為不可救藥的世界所指望的。③

---

① 加達默爾：《真理與方法》，洪漢鼎譯，上海譯文出版社 1999 年版，第 107 頁。
② 加達默爾：《真理與方法》，洪漢鼎譯，上海譯文出版社 1999 年版，第 110 頁。
③ 加達默爾：《真理與方法》，洪漢鼎譯，上海譯文出版社 1999 年版，第 112 頁。

　　這是從藝術鑒賞的角度來說明，並不存在一個所謂的純粹的審美領域。藝術家是"現世的救世主"，承擔著對沉淪的調解。而藝術要完成這些任務，當然不能只是抽象道德律令的規勸，須得天、地、神、人歡聚之澄明之境、神聖之域的感召，這個"境域"固然是至美，但絕不是純粹的審美領域，而是真、善、美合一的淳化。

　　那麼，藝術家對於一個自立的對象，有沒有基於想像力與知性自由協調的純粹"觀看"、從而在這種"觀看"中區分出審美領域呢？加達默爾認為，"觀看"等類似的感覺從來不是對自立對象的簡單反映，而是一種一種更寬泛的理解，乃至召喚。加達默爾說：

　　　　即使被認為合適的感覺也從不會是對存在事物的一種簡單反映。因為感覺始終是一種把某物視為某物的理解。每一種把某物視為某某東西的理解，由於它是把視線從某某東西轉向某某東西，一同視為某某東西，所以它解釋了那裏存在的事物，而且所有那裏存在的東西都能夠再度處於某個注意的中心或者只是在邊緣上和背景上被"一起觀看"。因此，這一點是毫無疑義的，即觀看作為一種對那裏存在的事物的解釋性的瞭解，仿佛把視線從那裏所存在的許多東西上移開了，以致這些東西對於觀看來說不再存在。然而，下面這一點也是同樣確實的，即觀看被其預想引導著"看出了"根本不存在的東西。[①]

　　　　吾人可以這樣理解上面一段話，即吾人總是從一個普遍性的場域中來感覺個別物，個別物決不能從這個普遍性場域中抽離出來而被感覺、被觀看，也就是說，如果抽離了那個普遍性場域，吾人並不知道"物"在哪裏？這種論述就與前面提到過的海德格爾關於物之物性的討論非常類似了。即"觀看"物實際上乃是一種召喚，一種蘇醒，它讓隱蔽在對象性後面的天、地、神、人歡聚的場域覺現出來。這是真正的審美，因為它讓物不只是居留在孤零的對象性中，它讓物回到它的"家"，物此時才"真"的回到自身安居的"家"了。局限於對象性自身的"觀看"，

---

① 　加達默爾：《真理與方法》，洪漢鼎譯，上海譯文出版社1999年版，第112頁。

不但不可能，而且決不可能有美，因為此時物並未安居，因為人的才情與算計摧毀了它的"家"。

如果吾人從天、地、神、人歡聚的場域來"觀看"物，不但可以使物"回家"而靈現真實的美或藝術，而且決不會認為美或藝術中不含有道德的、宗教的因素。當然，此時道德、宗教不是以律令或戒規形式的倫理或教條，而是存在論的。這意味著，並非任何"觀看"都是在天、地、神、人歡聚的場域的"觀看"，只有在"天心"中的"觀看"才是天、地、神、人歡聚的場域的"觀看"。故老子曰：

> 昔之得一者：天得一以清；地得一以寧；神得一以靈；穀得一以盈；侯王得一以為天下貞。（《老子》第三十九章）

"一"即是"道"，即是"天心"，只有在此，天、地、神、人才各得其正。然而，"天心"即是人之心，即是"四端"之本心。只有存養工夫篤實，即可靈現本心，亦見"天心"。明儒湛甘泉曰：

> 復其見天地之心，體認是反躬而復也。天地之心即我之心，生生不已，更無一毫私意参雜其間。此便是無我，便見於天地萬物共是一體，何等廣大高明。（《明儒學案》卷三十七《甘泉學案》）

可見，對於美或藝術來說，"四端之心"的靈現是根本性的。這也是吾人何以從"四端之心"來為美或藝術進行奠基之理由所在。對於審美教育而言，並無別的所圖，在在都是為了操持存養人之"四端之心"，至於自由、美皆為"四端之心"充實圓融後的自然結果。因此，中國傳統的藝術或美學理論一定先講"原道"，然後再講"存養"。劉彥和曰：

> 文之為德也大矣，與天地並生者何哉？夫玄黃色雜，方圓體分，日月疊璧，以垂麗天之象；山川煥綺，以鋪理地之形：此蓋道之文也。仰觀吐曜，俯察含章，高卑定位，故兩儀既生矣。惟人參之，性靈所鍾，是謂三才。為五行之秀，實天地之心，心生而言立，言立而文明，自然之道也。（《文心雕龍·原道》）

這是從天、地、神、人之高度來講文學或藝術。天地之"秀"即藝術之美，但這"秀"乃體察"天地之心"而來，而人之所以能體察"天地之心"，乃因為"四端之心"之靈現與照徹。只有此時，才能做到"神與物遊"。劉彥和曰：

> 文之思也，其神遠矣。故寂然凝慮，思接千載；悄焉動容，視通萬里；吟詠之間，吐納珠玉之聲；眉睫之前，卷舒風雲之色；其思理之致乎！故思理為妙，神與物遊。（《文心雕龍·神思》）

要做到"神與物遊"，就一定要存養"四端之心"。是以劉彥和又曰："是以陶鈞文思，貴在虛靜，疏瀹五藏，澡雪精神"（《文心雕龍·神思》）。正因為體會到存養在藝術中的重要性，陸放翁才告誡他的兒子說："詩為六藝一，豈用資狡獪？汝果欲學詩，工夫在詩外。"（《示子遹》）只有這樣，才能真正做到《詩大序》所云："故正得失，動天地，感鬼神，莫近於詩。"

這樣看來，審美教育與中國傳統的心性工夫之學並無二致。一切不以中國傳統心性工夫之學為根底的審美教育至多只能是情趣性的觀賞，決不能使人進入澄明之境、神聖之域而得世界之真、善、美，最終必然走向遊戲式的、及時行樂的人生態度，最後滑向芻狗萬物，冥暗世界之境地，俱不得審美教育之真義。這也就解釋了為什麼中國古典的文藝理論對於藝術家總有"修身"的要求。

既然審美教育就是中國傳統的心性工夫之學，那麼，心性工夫之學的根基是什麼呢？一言以蔽之，就是："學達性天"。這四個字雖然用語簡單，但含義深刻。它不是一種可供選擇的教育思想，而是基於人之存在論而來的真理綻放。這是中國文化"天人性命之學"的根本教育理念，它是讓人回到其"天性良知"中來，由此而上則效法天道，下則民胞物與，在此居有世界。隨著人之"天性良知"之回歸，必然有美、自由，乃至宗教的來臨，且真正的美、自由及宗教只能來自此處。教育必須是基於存在論的，開發人性並讓其復歸，不然就是"萬事通"式的發號施令，這裏只會讓人感到侵略與專制，決不會有美、自由，乃至宗教的來臨。

中國文化特別是儒家文化乃是一種內聖外王之學，所謂內聖就是修持存養充實那人人本有的"四端之心"；所謂外王，不只是新文化運動以來所說的民主與科學，舉凡美、真理、道德、自由、平等、宗教等俱為外王。這裏雖說著重論述了由"四端之心"來對美進行奠基，其實，不只是美，舉凡真理、道德、自由、平等、宗教等人文理想與精神無不奠基於"四端之心"。正因為這些人文理想與精神皆奠基於"四端之心"，故在心性工夫之學中一體皆化，而沒有作嚴格的學理區分，但卻皆可直而通之。也就是說，雖不見科學、民主、美、真理、道德、自由、平等、宗教，然皆在工夫之學的澄明之境、神聖之域中。"四端之心"，對於個人而言，可謂"立乎其大者"（《孟子·告子上》）；對於文化而言，已經成為了本質性的詞語。海德格爾說：

本質性的詞語不是人為地想出的符號與標誌，不是僅僅為了識別貼在事物上面。本質性詞語是行動，寧可說是在一些瞬間發生的事件，在這些瞬間一種巨大的明亮的閃電穿過寰宇。[1]

此段文字，是為得之也。筆者疏而通之，其用心不過此也。然"本質性詞語是行動"，若存養工夫不至，徒研閱文字，以資誦說，亦是枉費筆墨耳，這道"明亮的閃電"將永遠退隱歸寂，不會向吾人靈現。美亦是一種行動，不要以為美靜靜地躺在那裏可供吾人去觀賞，然"精神還仗精神覓"（汪藻《浮丘集·贈丹丘僧了本》），一個沒有篤實心性工夫的人，美永遠與他無緣。

二、"學達性天"作為心性學教育理念的體現及其與深密教義之關係

前面提到，審美教育與中國傳統的心性工夫之學並無二致。而最能體現中國傳統的心性工夫之學的教育精神的就是"學達性天"四字，且這種教育不是一種外在的知識或理則的灌輸，而是基於人性自身的開發。一言以蔽之，這種教育乃是存在論的，惟有這種存在論的教育才能完成

---

[1] 海德格爾：《謝林論人類自由的本質》，薛華譯，中國法制出版社2009年版，第42頁。

其深密教義。那麼，何以教育可以是存在論的？這具有怎樣的意義呢？為什麼說只有這種教育才能完成其深密教義呢？

（一）"學達性天"之學理源流及其存在論意涵：

"學達性天"四字最早是康熙二十五年（1687 年）禦提之匾額，分別頒給宋儒周濂溪、張橫渠、邵康節、二程、朱子之祠堂及白鹿洞書院與嶽麓書院。[①]很明顯，這四個字意在表彰宋儒（實則亦應包括明儒）之學術精神以及由這種學術精神所主導的書院教育理念。所以，"學達性天"四字雖然只在清代康熙年間才出現，但作為一種成熟的教育理念，在宋明儒那裏已經完成。只不過，那時不叫"學達性天"，而是以"天人性命之學"或"天人之學"名之。如"先生之文，尤長於詩，晚益玩心於天人性命之學，其自樂者深矣。"（《二程集・河南程氏文集》卷第四《華陰侯先生墓誌銘》）又，"其為文操行率類此，晚年益究天人性命之學，竟以壽終。"（元・王逢《梧溪集》卷一《題宋太學鄭上舍墨蘭》）又，"先生致政歸，設教宏運書院，日講天人性命之學。當時稱為明學貞予先生。"（清・沈佳《明儒言行錄續編》卷二）再如"非先王之言不道，以天人之學自修。"（宋・李昭玘《樂靜集》卷十七《謝徐州范教授》）又，"此書還往，無一語不相勉以天人之學，無一念不相憂以國家之患也。"（宋・楊萬里《誠齋集》卷一百一《跋張魏公答忠簡胡公書十二紙》）又，"君子學以慎獨，……其常運而常靜處，便是'惟精惟一，允執厥中'。天人之學也。"（《明儒學案》卷六十二《蕺山學案》）由此可見，宋明時期，"天人性命之學"或"天人之學"確為普遍認同的教育理念，且得到了時人較高的評價與頌揚。但應該說"天人性命之學"或"天人之學"之教育理念只是到宋明時方才顯明與完成，並不是意味著這種教育理念是一種全新的產物，其來實乃紹述於先秦原始儒家。實際上，在《論語》那裏，孔子就有"下學而上達"的理想。另外，諸如"君子上達，小人下達"；"古之學者為己，今之學者為人。"（《論語・憲問》）都表達了類似的意思。同時，其弟子子貢亦有"夫子之文章，可得而聞也；夫子之言性與天道，不可得而聞也"（《論語・公冶長》）之歎。在孟子那裏，則有"學問之道無他，求其

[①]　《皇清文獻通考》卷七十三載："（康熙）二十五年，頒發禦書'學達性天'四字匾額於宋儒周敦頤、張載、程顥、程頤、邵雍、朱熹祠堂及白鹿洞書院、嶽麓書院，並頒日講解義經史諸書。"

放心而已矣"（《孟子·告子上》）之觀念。這些說法雖名言上與"天人性命之學"或"天人之學"殊異，但在義理上卻一脈相承，開啟了這種教育理念之統緒與源流。故後世學者常以孔孟之這種理念自警與策勵。在先秦儒者看來，學在求天人性命之貫通，不在博識與見聞，由此學乃定尊於"一"。荀子曰：

> 倫類不通，仁義不一，不足謂善學。學也者，固學一之也。一出焉，一入焉，塗巷之人也；其善者少，不善者多，桀紂盜跖也；全之盡之，然後學者也。（《荀子·勸學》）

如果學不能定尊於"天人性命之學"，僅博識雜記，"一出焉，一入焉"，則依荀子的看法，"末世窮年，不免為陋儒而已"（《荀子·勸學》），是以《禮記·學記》云："記問之學，不足以為人師。"非浪語讕言也。

後來的中國學人蓋多能堅守此為學之大道。太史公就以孔子之精神自勉，且以為《史記》就是要紹明"究天人之際，通古今之變，成一家之言"之理念。顯然，太史公準確地把握到了孔孟儒學的學術精神與教育理念乃"天人之學"。正因為如此，學者一般都能肯認宋明儒之學不過承此統緒與源流而推明光大之，並非臆造新學以標高也。以是宋·葉夢得曰："天人之學，孔子始略而不盡言，使學者以意求之而已。"（《春秋考》卷六）而乾隆皇帝亦曰："朱子謂三代學校之法廢，天下學者非俗儒記誦詞章，即是異端虛無寂滅，其論確矣。……程朱出而昌明千載不傳之遺經，而孔子之言性與天道，似可得聞矣。然學者不務誠身以明善，學古以入官，徒以口耳為性天之學，其與虛無寂滅者，要亦名異而實同耳。"（《禦選唐宋文醇》卷三十八）可以說，"學達性天"是宋明儒之"天人之學"乃至孔孟原始"內聖之學"簡明而精確之表達與概括，盡得儒家教育思想之精髓。但可惜的是，"學達性天"四字很少受到教育研究者或儒學研究者足夠的重視與關注，相關的研究成果少之又少，[①]使得這四個字之精義未能得到應有的闡發與推明，進而使中國傳統之教育思想在現代社會淹沒而不彰，其在人文素質教育中的作用與價值亦鮮有開發與光大，

---

① 筆者搜尋的結果，大陸地區只有陳怡教授的一篇短小的論文《"學達性天"解讀》，發表於《大學教育科學》二〇〇八年第三期，但港澳臺地區及海外，因資料所限，未曾搜錄。

而美學家雅言審美教育時更鮮能及此。

那麼，"學達性天"到底有何涵義呢？要理解這四個字，必須先瞭解中國文化傳統中"教"的涵義。我們一般認為，教育不過觀念的灌輸與知識的傳授，使懵懂者知之。但中國文化起始即不如此看待教育。許慎《說文解字》訓"教"為"上所施下所效也"；訓"育"為"養子使作善也"。這可以說盡得中國傳統"教育"之心。從許慎的訓詁中有兩點須注意：第一，教育在於促成人的一種行為，而且，第二，這種行為還是善的行為。但在中國文化看來，善的行為只可能從一個"仁者"或"真人"那裏方可生發，或者說，只要一個人是"仁者"或"真人"，則自可產生良善的行為。若不然，僅只是外在觀念的灌輸或規則的傳授，往往是無效的，甚至徒生虛偽。故孔子曰："人而不仁，如禮何？人而不仁，如樂何？"（《論語·八佾》）這就是說，若一個人不是"仁者"，外在的"禮樂"是無效的，不但無效，且讓人文過飾非。故孔子又曰："巧言、令色、足恭，左丘明恥之，丘亦恥之。匿怨而友其人，左丘明恥之，丘亦恥之。"（《論語·公冶長》）莊子亦曰："故純樸不殘，孰為犧尊！白玉不毀，孰為珪璋！道德不廢，安取仁義！性情不離，安用禮樂！五色不亂，孰為文采！五聲不亂，孰應六律！"（《莊子·馬蹄》）這裏的"純樸不殘""白玉不毀""道德不廢""性情不離"都是讓人回到"真人"那裏去。由是觀之，中國傳統之教育實質上是一種成"人"的教育。就其最高目標而言，這裏的"人"應是盡性全德之人，即"聖人"。荀子曰："學惡乎始？惡乎終？曰：其數則始乎誦經，終乎讀禮；其義則始乎為士，終乎為聖人。"（《荀子·勸學》）就是這種教育理念之體現。這意味著，"誦經"與"讀禮"只是教育之門徑或方法，若不能至於盡性全德，則終是小成。故荀子又曰："學也者，固學一之也。一出焉，一入焉，塗巷之人也。"（《荀子·勸學》）若教育只是知今日宣揚此一概念，明日又批判彼一原則，則是"一出焉，一入焉"，此無異於街談巷議、道聽塗說，是決不可成"人"的。此種教育理念，不過是記問之學，這歷來為中國文化傳統所輕視。是以《禮記·學記》云："記問之學，不足以為人師。"教育在成盡性全德之人，此種教育理念為中國傳統讀書人所謹守與執持。元·王義山曰："先儒教人，八歲小學，十五大學。大學者，大人之學也。大人者，成人之謂也。夫子曰：'吾十有五而志於學。'

夫子且然。"（《稼村類稿》卷十一《猶子希文冠說》）可以說，這是自夫子以來中國傳統讀書人的共識。

教育在成就盡性全德之聖人，但問題是：盡性全德之聖人有普遍的可能性嗎？亦即是說，人人有普遍成為聖人之可能嗎？或者說，成聖有形上的根基嗎？若沒有，則作為一種普遍的教育觀念是不合法的。這涉及到對人的認識問題。我們知道，在孟子那裏，已經得出了"人皆可以為堯舜"的結論，而且這個結論成為了儒家思想的主流，為歷代讀書人所肯認，並成為人人努力的方向。那麼，為什麼孟子能夠得出這樣的結論，而且能得到正統儒學的認可呢？這是因為人天然地固有四端之心或良善之性（亦即後來宋明儒所講的天命之性或義理之性）。孟子曰："惻隱之心，人皆有之；羞惡之心，人皆有之；恭敬之心，人皆有之；是非之心，人皆有之。惻隱之心，仁也；羞惡之心，義也；恭敬之心，禮也；是非之心，智也。仁義禮智，非由外鑠我也，我固有之也，弗思耳矣。故曰：求則得之，舍則失之。"（《孟子·告子上》）又曰："由是觀之，無惻隱之心非人也，無羞惡之心非人也，無辭讓之心非人也，無是非之心非人也。惻隱之心，仁之端也；羞惡之心，義之端也；辭讓之心，禮之端也；是非之心，智之端也。人之有是四端也，猶其有四體也。"（《孟子·公孫醜上》）在孟子看來，只要是人，就必然具有四端之心（良知），這是形上的必然。這意味著人是一個內在自足的系統，成聖人人可能，無待於外在之窮通、機遇與知識。可見，孟子"性善"論的提出，乃是一種存在論，而非一種倫理學。這樣一種發現，對於人類文化與教育而言，意義重大。徐復觀論之說：

> 這代表了人類自我向上的最高峰。所以孟子性善之說，是人對於自身驚天動地的偉大發現。有了此一偉大發現後，每一個人的自身，即是一個宇宙，即是一個普遍，即是一永恆。可以透過一個人的性、一個人的心，以看出人類的命運，掌握人類運命，解決人類的運命。每一個人即在他的性、心的自覺中，得到無待於外的、圓滿自足的安頓，更用不上夸父追日似的在物質生活中，在精神陶醉中去求安頓。[1]

---

[1] 徐復觀：《中國人性論史》（先秦篇），上海三聯書店2001年版，第158頁。

　　人既是一個內在自足的系統，則教育不必外求，只須"盡"這個四端之"心"，"全"這個良善之"性"即可。這就是孟子——"學問之道無他，求其放心而已矣"（《孟子·告子上》）——的理論之由來。其實，稍早於孟子的子思，在《中庸》的開篇即云："天命之謂性，率性之謂道，修道之謂教。" 這亦是表達此種教育理念。即教育不過是"修道"，而"修道"亦不過是"率性"，而所謂"率性"不過是"全"人之天命之性也。這樣，教育不過是"盡"人之所固有者，"全"人之所得於天者，決非向人灌輸認為構造的原則規範與義理系統。這裏"自覺"的"工夫"重，"他力"的"傳授"輕。是以孔子有"予欲無言"之說（《論語·陽貨》），子貢才有"夫子之文章，可得而聞也；夫子之言性與天道，不可得而聞也"（《論語·公冶長》）之歎。老子曰："是以聖人處無為之事，行不言之教。"（《老子》第二章）莊子曰："夫知者之言，言者不知，故聖人行不言之教。"（《莊子·知北遊》）這裏所說的"不言之教"實則是重"自覺"的"工夫"之意。人是一個自足的內在系統，良知或天命之性作為成"人"之根基，人人具足，只要"工夫"到，必能"盡"之、"全"之。故孟子曰："'求則得之，舍則失之'，是求有益於得也，求在我者也。'求之有道，得之有命'，是求無益於得也，求在外者也。"（《孟子·盡心上》）若教育是"盡"在我之"心"與"全"在我之"性"，則"求"之必得，無有例外；若是獲得"外"在的知識，則"求"之未必能得，因為這涉及到外在的諸多因素。後來，《白虎通義·辟雍》對於這種教育思想作了一句總結："學之為言覺也。"所謂"覺"就是"自覺""培養""擴充"人內在固有的性德，非外索於知識觀念也。此一教育理念，後世學者都能堅守而不失。王陽明曰："學也者，求以盡吾心也。是故尊德性而道問學。尊者，尊此者也；道者，道此者也。不得於心而惟外信於人以為學，烏在其為學也？"（《王陽明全集》卷二十一《答徐成之》）這樣，教育究不是讓人勉為其難地接受外在的知識，而是發揚、光復人固有之"不學而能"的"良能""不慮而知"的"良知"。清·陸隴其曰："聖賢教人學教人慮，並不是勉強人。人之本來原有不學而能之良能，原有不慮而能之良知。只是囿於氣稟，蔽於物欲，不學而能者不復能矣，不慮而知者不復知矣。故學也者，所以復其不學之體；慮也者，所以復其不慮之體。並不是以人所本無者強人。"

（《松陽講義》卷十二）這固有之“良能”“良知”一旦自覺、擴充而至於其極，則成為生命之“大主”。孟子曰：“先立乎其大者，則其小者不能奪也。”（《孟子·告子上》）即謂此“大主”也。人至於“大主”呈現，即是“盡”心，即是“全”性。而人一旦至此，必感覺到天命與天道之召喚與威臨，決不只是囿於個人的成聖成賢。孔子曰：“天生德於予，桓魋其如予何？”（《論語·述而》）曾子曰：“士不可以不弘毅，任重而道遠。仁以為己任，不亦重乎？死而後已，不亦遠乎？”（《論語·泰伯》）孟子曰：“夫天，未欲平治天下也，如欲平治天下，當今之世，舍我其誰也？”（《孟子·公孫醜上》）又曰：“居天下之廣居，立天下之正位，行天下之大道；得志與民由之，不得志，獨行其道。”（《孟子·滕文公下》）這些都是因天命與天道之召喚而來的使命感。這是“盡”心“全”德者所必至的認知與境界，是篤實內修後的必然高遠外發。孟子曰：“盡其心者，知其性也。知其性，則知天矣。存其心，養其性，所以事天也。夭壽不貳，修身以俟之，所以立命也。”（《孟子·盡心上》）依孟子之意，“知天”“事天”是“盡心”“存養”者的必然擔負，亦是其宿命。我們似乎可以如此說，即天命擔負是“盡”心“全”性者的形而上學的必然性，這與個別人的認知與理想毫不相干。“盡”心“全”性是人的偉大之處的前提。假使一個貌似偉大的人不能作篤實的內修工夫而“盡”心“全”性，則他如果不是一場鬧劇的滑稽演員，就是一個炫耀盲目力量的粗人。

可以說，至孟子提出“盡心”“知性”而“知天”，“存心”“養性”而“事天”，就確立了“天人合一”的義理規模。由此，天道與性命可以貫通，亦必然貫通。“天人之學”之建構已完成矣，而“學達性天”四字則簡明而充實地表達了此學的精蘊與內涵。須特別指出的是：這裏的“學”字，內在“存養”的意味重，外在“傳授”的意味輕，可謂“德性之知”而非“見聞之知”也。正是在這個意義上，朱子才說：“學問，就自家身己上切要處理會方是，那讀書底已是第二義。自家身上道理都具，不曾外面添得來。然聖人教人，須要讀這書時，蓋為自家雖有這道理，須是經歷過，方得。聖人說底，是他曾經歷過來。”（《朱子語類》卷第十）如果說“讀書”是“學”的話，那麼，須“經歷過”便是“養”，只有如此，才能使自家合下完具的顯現。實際上，孔子所說的"下學而上達"，（《論語‧憲問》）中間之"而"字訓為"養"最為諦當。平常以"而"乃一虛字，意義不大，實則不如此簡單。"下學"以至於"上達"，不是學問程度之升進，乃是異質的豁然開朗以見"天（道）"。既如此，則必有聯接相異二質之媒介，此"而"之一字，乃此媒介也。故"而"不只是一虛字，實有一大段學問工夫在，此一大段學問工夫即"養"也。此非訓詁問題，乃學問歷程之體悟與開發問題。"存養"是內修工夫，而"四端之心""良善之性"又人人具足，故"天人之學"人人可"學"，亦人人必"學"，這亦是一種存在論，而不是主觀殊異教育思想的選擇，實則並無選擇。"學達性天"有其不可移易的普遍性與必然性，因為它是基於人的存在論本質。

既然"學達性天"乃是基於人之存在論的教育精神，則以此為根本精神的中國傳統的教育思想就不是一種泛道德主義強制。《大學》云："大學之道，在明明德，在親民，在止於至善。"《中庸》云："君子尊德性而道問學。"由此，許多學者認為，中國傳統的教育宣揚的是一種泛道德主義，而且由於道德規範太多，不免使人動輒得咎，甚至滋生許多口是心非的偽君子。[1]持此論者都只是把中國傳統的教育理解為對抽象道德律令的訓誡與發揚。通過以上對"學達性天"的詮釋，我們知道，中國傳統的教育思想乃基於存在論而不是倫理學，即是基於對人的存在的開顯而不是基於一種倫理選擇。如果我們承認人畢竟不同於禽獸，在本能之外尚追求神聖，那麼，天性良知是不可否認的。這樣，讓人回復到天性良知之中而使其成為生命之"大主"，這是完成人的天職，這裏面並沒有可供人選擇的代替項，只要是人，就必須完成。所以，"學達性天"不是一種倫理學的選擇，而是人的存在澄明，這是超道德的。此正是莊子所說的"道德不廢，安取仁義！性情不離，安用禮樂！"之意。[2]由此可見，如果我們從"學達性天"來理解中國傳統的教育思想，則不但不是一種泛道德的宣揚而限制人，恰恰相反，它正是要把人從外在牢籠中解放出來，讓其回到自身。當然，這種回到自身是一種艱苦的實踐，既要有"學"的積累，還須有"養"的工夫，更須"行"的毅力。在回歸沒有實現以前，

---

① 馮青來：《文化與教育——教育理念的文化哲學沉思》，光明日報出版社2009年版，第153–158頁。

② 這裏的"道德"不是一般所指的外在道德律令，而是指人之性天所得於天者之性德，乃存在論的，非倫理學的，與後文之"性情"乃同一層面，而"仁義""禮樂"則是倫理學的，這是莊子所反對的。

總會有動輒得咎的不自由感，但這是人病非法病，而一旦回歸得以實現，則必如孟子所說："君子深造之以道，欲其自得之也。自得之，則居之安；居之安，則資之深；資之深，則取之左右逢其源。故君子欲其自得之也。"（《孟子·離婁下》）這是"學達性天"的最後境界，焉有不自由之感而去責怪道德律令的繁瑣呢？

（二）"學達性天"與西方教育思想的會歸：

我們說"學達性天"不是一種可供選擇的教育思想，而是基於人之存在論而來的真理綻放。既如此，這種教育理念就不應該僅僅是在中國傳統文化裹所具有，在別的文化系統也應該有，應具有世界性的意義。的確如此，事實上，古希臘時期的蘇格拉底所說的學習乃是"精神接生術"，柏拉圖所說的知識乃是靈魂的"回憶說"，都應該在教化的意義上理解，在很大程度上類似於"學達性天"。而德國古典哲學家費希特在《論自在的人的使命》中所表達的思想，可以說與"學達性天"之理念如出一轍。在費希特看來，我們對人的經驗規定至少絕大部份不取決於我們自己，而是取決於人之外的某種東西，而外物的又是多種多樣的，故我們很難把握到人絕對真實的形式。但人活在世間有一個絕對的使命，就是向其最真實的存在邁進與回歸。他說："一切有限的理性生物的最終使命，就是絕對自相一致，始終自相同一，完全自相一致。這種絕對同一就是純粹自我的形式，是純粹自我的唯一真實的形式。"[①]這意味著，人既是理性的生物，就應該回到他所"是"的存在，這不是基於任何道德倫理的要求，而是基於其存在論本質。費希特進一步說：

> 人之所以應該是他所是的東西，完全是因為他存在，也就是說，他所是的一切，應該同他的純粹自我，同他的純粹性相關聯；他之所以應該是他所是的一切，純粹是由於他是一個自我；而且因為他是一個自我，所以一般說來，他根本不應當是他所不能是的東西。[②]

費希特還認為，所謂"善"無非是理性生物的自我一致。並非造福的東

---

① 費希特：《論學者的使命 人的使命》，梁志學、沈真譯，商務印書館 2003 年版，第 9 頁。
② 費希特：《論學者的使命 人的使命》，梁志學、沈真譯，商務印書館 2003 年版，第 8 頁。

西是善的，而是只有"善"即理性生物的自我一致方可是造福的。顯然，同孟子一樣，費希特這裏的"善"亦不是一種倫理學，而是一種存在論。而教育無非是針對人的這種存在疏遠，使其回復到存在的本真中來。費希特說："如果人被看作是有理性的感性生物，文化就是達到人的終極目的、達到完全自相一致的最終和最高手段。如果人被看作是單純的感性生物，文化本身則是最終目的。感性應當加以培養，這是用感性可以做到的最高的、最終的事情。"①所謂"感性應當加以培養"就是不使感性逸出理性之外，從而使人成其所"當是"，而這一切都依賴於文化教育。故教育的目的就是"使一切非理性的東西服從於自己，自由地按照自己固有的規律去駕馭一切非理性的東西。"費希特進一步指出，如果人不停止其為人，如果人不變成上帝，那麼教育的目的似乎總難達到，但教育的使命就是"無限地接近這個目標"。②從費希特的理論中我們可以看出，人雖然不能變成上帝，但畢竟可以無限地接近這個目標。在費希特那裏，教育的目標就是讓人與絕對自我相一致，而一旦如是，則人必無限地接近了上帝。"人受教育的目的就是觀察天國。"③以中國傳統名言說之，自我一致屬盡"性"的方面，觀察天國屬事"天"的方面。由此，亦可說教育的目的是"學達性天"。儘管費希特的理論與中國教育傳統在名言上有殊異，但終歸是往"學達性天"的義理規模走，此則定然而不移。此亦可謂"先聖後聖，其揆一也"。（《孟子·離婁下》）

我們現在再來看杜威的教育理論是否可歸結到"學達性天"那裏去。杜威是著名的實用主義哲學家，但在教育問題上卻表現出了其高遠的心志與超越的精神，而提出了"教育無目的"論。所謂"教育無目的"是指教育不應該有外在的實用性的目的。杜威："有一個假定，相信社會條件決定教育目的。……這是謬說。教育是自治的，應該自由決定它自己的目的，自己的目標。離開教育的作用，從外部資源去借用目的，就是放棄教育的事業。"④教育，特別是人文教育不應該強調"學以致用"，"適合於大眾的教育必須是學以致用的教育，而這種學以致用是在與人文教育思想相互對立的意義上說

① 費希特：《論學者的使命 人的使命》，梁志學、沈真譯，商務印書館 2003 年版，第 10 頁。
② 費希特：《論學者的使命 人的使命》，梁志學、沈真譯，商務印書館 2003 年版，第 11 頁。
③ 轉引自梅林：《德國社會民主黨史》（第一卷），三聯書店 1973 年版，第 72 頁。
④ 呂達等主編：《杜威教育文集》（第五卷），人民教育出版社 2008 年版，第 25 頁。

的……。意在功利結果的灌輸讓我們付出的代價：我們不再能夠發展自己的想像力、優雅的趣味，也不能深化我們的理智與洞見。"①如果教育只注重"學以致用"必將疏離人的存在，是對人之"性天"之限制與減殺。故教育應該回到人自身。杜威："教育科學的最終的現實性，不在書本上，也不在實驗室中，也不在講授教育科學的教室中，而是在那些從事指導教育活動的人們的心中。"②杜威的這一意思，正如有的研究者所指出的那樣，其教育目標比一般的教育改革者或哲學家之目標都要高。

因而，美國教育的問題不是向年輕人講授職業規則：沒有人知道他們將來的職業是什麼。問題在於：如何幫助他們瞭解這一點：自己應該選擇什麼？如何在一個井然有序的國家中作一個好公民？如何成為人？③

儘管杜威表示，"教育就是經驗的改組或改造"。④但如果教育不能把握住"成"人這個最高點，則經驗如何被改造或改組呢？特別是，杜威指出，"教育科學的資源包括進入於教育者的心、腦和手的任何部份確定的知識，這種知識進來以後，就使教育的職責完成得比過去更加開明，更合人道，更具有真實的教育意義"。⑤我們知道，如果除卻人之"性天"的良善良能，純粹的科學知識是無法使我們的生活更加開明，更加人道的。因此，如果我們要改造我們的生活，使其更加開明、人道，勢必先須肯定人之"性天"的良善良能，並且通過教育手段使其在生命中具足而成為"大主"。只有這樣，才能真正完成杜威所說的"教師總是真正上帝的代言者，真正天國的引路人"。⑥從以上的論述中可知，杜威的教育理論與"學達性天"在名言上似乎相去甚遠，但其義理規模依然是在往"學達性天"這個方向走，這是依"義"不依"語"的解析。筆者以為，如果杜威看到這四個字，亦必"相視而笑，莫逆於心"也。

另外，康德把人分為現象界的人與物自身界的人，黑格爾把世界與人類

---

① Dewey,John. Democracy and Education. The Macmillan Company. 1916.pp298–303.

② 呂達等主編：《杜威教育文集》（第五卷），人民教育出版社 2008 年版，第 22 頁。

③ Huchins, Robert. Some Observations on American Education. The Cambridge University Press.1956.p95.

④ 趙祥麟、王承緒編譯：《杜威教育論著選》，華東師範大學出版社 1981 年版，第 159 頁。

⑤ 呂達等主編：《杜威教育文集》（第五卷），人民教育出版社 2008 年版，第 26 頁。

⑥ 杜威：《道德教育原理》，王承緒等譯，浙江教育出版社 2003 年版，第 365 頁。

社會看作不過是絕對精神的異化與運動，則他們在教育上絕對與"學達性天"異曲同工，只是限於篇幅，這裏不一一展開論述了。可見，"學達性天"四字雖然由中國文化傳統所詮釋出，但卻在教育上具有世界性的意義。在中西有見地的思想家那裏，只有名言表述上的不同，並無義理本質上的殊異。再次借用海德格爾的一句話來說就是："本質性的詞語不是人為地想出的符號與標誌，不是僅僅為了識別貼在事物上面。本質性詞語是行動，寧可說是在一些瞬間發生的事件，在這些瞬間一種巨大的明亮的閃電穿過寰宇。"① 因為"學達性天"乃是基於人性自身的教育，任何民族之教育理想以及任何科別的教育理念都不應該有違於此。總之，"學達性天"是聖人在踐仁盡性之德行中所朗現的義理模型，所謂"不言之教"、"不得而聞"都須在這個意義上理解。這是一種實踐態度而不是一種理論態度，是人的存在回歸，這是"行動"而不是"學習"。

聖人在踐履中"不言而教"，是人性與天道作存在的呼應，是良知的震動，是躬行與實踐。這裏有精神的朗澈、境界的寂照與美的吉祥，此即所謂深密教義也。這是審美、道德與宗教的會歸合一。

三、心性學與平等慧之生成

心性學之教育理念就是"學達性天"。如果教育真能做到"學達性天"，且使吾人在行動中全盡吾人固有之"性天"之德，則一定可通達道德、美、自由與宗教。這些方面，前面諸章節皆有不同程度與側面的論述。這裏復就"學達性天"與平等慧之關係再作一番考究。如果沒有平等慧的生成，世界之於人到處都是壁障與壘牆，不但滋生社會問題，且一定不美。故美學不但內在地要求自由，且內在地要求平等。但平等不是現代民主社會中的平等，而是心性學中生成的平等慧。

中國傳統社會是宗法社會，禮樂是維繫這種社會的基本綱維，故禮樂之教成為了中國傳統教育的核心。但《禮記·樂記》云："樂者為同，禮者為異"，這表明"禮"與"樂"的功能不同。"禮"主要是"別異"，使貴賤有別、尊卑有序、上下有差；"樂"雖然是"敦和"，使君臣和敬、長幼和順、

---

① 海德格爾：《謝林論人類自由的本質》，薛華譯，中國法制出版社 2003 年版，第 41 頁。

父子兄弟和親。但"樂教"很早就失傳了，使得後世之中國傳統教育主要以"禮教"為中心內容，而禮教之功能又是別異，故很多人認為中國傳統教育宣揚等級觀念，造成了社會的不平等。這是新文化運動以來"打倒孔家店"的重要口實之一，持此論者甚多，其論說文獻亦不必徵引。甚至連當時逆時而動，獨為中華傳統文化唱讚歌的梁漱溟也批評禮法"數千年以來使吾人不能從種種在上的威權解放出來而得自由；個體不得伸展，社會性亦不得發達，這是我們人生上一個最大的不及西洋之處"。①

如果我們只是外在地看禮教的別異之能，似乎確實給人以不平等的感覺，但如果我們更內在的看，別異未必是不合理的。本來，中國文化傳統是"禮樂"之教，即禮教與樂教並行。《禮記·樂記》云："故樂也者，動於內者也。禮也者，動於外者也。樂極和，禮極順，內和而外順，則民瞻其顏色而弗與爭也，望其容貌而民不生易慢焉。故德輝動於內，而民莫不承聽，理發諸外，而民莫不承順。故曰：'致禮樂之道，舉而錯之天下無難矣。'"這就是說，禮教規導外在的行為，樂教感化內在的心志，二者合一，才是盡禮樂之教。相較而言，中國文化傳統重樂教甚於禮教，因為這符合"內聖而外王"的傳統。故《禮記·樂記》又曰："禮樂不可斯須去身。致樂以治心，則易、直、子、諒之心油然生矣。易、直、子、諒之心生則樂，樂則安，安則久，久則天，天則神。天則不言而信，神則不怒而威，致樂以治心者也。致禮以治躬，則莊敬，莊敬則嚴威。"從這裏可以看出，樂教應在邏輯上先於禮教，因為若易、直、子、諒之心不生而徒讓人外在地服從禮制，則人不但不心悅，亦可能生詐偽。這就是"心中斯須不和不樂，而鄙詐之心入之矣"。若真能得內在之感化而生易、直、子、諒之心，則"樂行而倫清，耳目聰明，血氣和平，移風易俗，天下皆寧"。這是真正的"行而樂之"，有何不平等之強制與壓迫，是以"生民之道，樂為大焉"。（《禮記·樂記》）但可惜的是，《樂經》失傳，樂教亦隨之而式微。後世遂刊落禮樂之教之內在精神，不能自覺而心悅，故生壓迫之感與不平之氣，以為位高者之強權，亦不學罔思之過也。

"學達性天"乃是重開禮樂並行而以樂教為主之教育模式，只是樂教失傳，故以"樂"養性變得不可能，惟以義理養之而已。故朱子曰："進學莫大於

---

① 《梁漱溟全集》第一卷，山東人民出版社 2005 年版，第 479 頁。

致知，養心莫大於理義。古人所養處多，若聲音以養其耳，舞蹈以養其血脈，威儀以養其四體。今人都無，只有個義理之養，人又不知求。"（《論孟精義》卷十四）不能得禮樂之養固然有缺憾，但義理亦可養之，此即是天人性命之學。首倡此學者當推孟子，故象山先生贊之曰："夫子以仁發明斯道，其言渾無罅縫。孟子十字打開，更無隱遁，蓋時不同也。"孟子講明天性良知乃人所固有，故"人皆可以為堯舜"，在此，人人平等，並無不同。若肯定天性良知人人固有，則必肯定人有形上之平等，這平等是存在論上的，不是社會政治上的。《孟子·滕文公上》有一段孟子與滕文公的對話，即表明了這種平等性：

> 滕文公為世子，將之楚，過宋而見孟子。孟子道性善，言必稱堯、舜。世子自楚反，復見孟子。孟子曰："世子疑吾言乎？夫道一而已矣！成覸謂齊景公曰：'彼，丈夫也，我，丈夫也，吾何畏彼哉！'顏淵曰：'舜，何人也，予，何人也，有為者亦若是！'公明儀曰：'文王，我師也，周公豈欺我！'"

孟子在作為世子的滕文公面前宣揚他的性善論，並說堯舜人人可能，但滕文公表示懷疑，大概以為堯舜是聖人，一般人是遙不可及的，故孟子引述了成覸、顏淵與公明儀三人的話，表明人人平等，沒有什麼不可能。當然，人不可能自然地成為堯舜，故須"學"。是以孟子曰："舜，人也；我，亦人也。舜為法於天下，可傳於後世，我由未免為鄉人也，是則可憂也。憂之如何？如舜而已矣。""舜"與"我"在先天上都是平等的，而後天之差別可因學（"如舜而已矣"即是學）而彌補。"子服堯之服、誦堯之言、行堯之行，是堯而已矣。"（《孟子·告子下》）亦是"學"。若人之天性良知呈現，其於世間萬物，必生平等之照徹與觀看。故夫子曰："君子之於天下也，無適也，無莫也，義之與比。"（《論語·裏仁》）又曰："三人行，必有我師焉。擇其善者而從之，其不善者而改之。"（《論語·述而》）這些都是天性良知照徹而生之平等，這是最高意義的平等。下面兩段話都是這種平等的表示：

> 君子之於物也，愛之而弗仁；於民也，仁之而弗親。親親而仁民，

仁民而愛物。(《孟子·盡心上》)

　　大人者，以天地萬物為一體者也。其視天下猶一家，中國猶一人焉。若夫間形骸而分爾我者，小人矣。大人之能以天地萬物為一體也，非意之也，其心之仁本若是，其與天地萬物而為一也。豈惟大人，雖小人之心亦莫不然。彼顧自小耳。是故見孺子之入井，而必有怵惕惻隱之心焉，是其仁之與孺子而為一體也。孺子猶同類者也。見鳥獸哀鳴觳觫，而必有不忍之心焉，是其仁之與鳥獸而為一體也。鳥獸猶有知覺者也。見草木之摧折，而必有憫恤之心焉，是其仁之與草木而為一體也。草木猶有生意者也。見瓦石之毀壞，而必有顧惜之心焉，是其仁之與瓦石而為一體也。是其一體之仁也，雖小人之心亦必有之。是乃根於天命之性，而自然靈昭不昧者也。(《王陽明全集》卷二十六《大學問》)

這是在天性良知中就萬物為一生命存在而肯定之，使其各遂其生、各盡其心，一物不得其生，不盡其性，則非良知所能忍。這是天性良知之全幅呈露與潤澤，不是社會政治中的爭取與鬥爭。這是全幅讓開、物各付物的自由與平等，是"日出而作，日沒而息，帝利於我何哉"之開放社會。牟宗三認為這樣的社會才真正實現了王道，因為它沒有了外在制度的宰製，還人以最高的平等與自由。他說：

　　全幅讓開，如其為一存在的生命個體而還之，此真所謂全幅敞開的社會，而不是封閉的社會，不是強人從己，把人民吊掛起來，使之離其存在的生命之根來服從虛幻的概念、主義，以及玩弄此概念、主義之魔術的領袖、極權獨裁者。"存在的生命個體"是首出的概念，是直下須肯定的概念，沒有任何外在的條件來限制它，沒有任何外在的括弧來圈定它，而它本身卻是衡量治天下者之為德為力，為真為假，為王為霸之標準，它本身是圈定治天下者之括弧。①

---

① 牟宗三：《政道與治道》，臺灣學生書局 1983 年版，第 117–118 頁。

人若能盡其天性良知，必能發其來自性德的平等之智光。唐君毅稱之為人之平等慧。他說：

> 吾人之所謂大平等心之道德，即中國古所謂終始為一貫之仁義禮智之德。仁義禮智之德為性德，人性即天性，而人心即天心，此為天人之不二而平等。而仁性仁心之廓然大公，普遍而無私，能與一切所接之事物相感通，而恒自一如，是仁之平等運也。此一切所接之事物，皆一一各為一具體之特殊。吾人於是一一肯定其為特殊，而不以其一慢其它，而同承之以敬意，此禮之平等運也。順一一之為特殊，而應之以特殊至當不易之道，而各不相亂，同得其正位：父慈、子孝、兄良、弟悌、夫義、婦順、長惠、幼順、君仁、臣忠，使事物皆得其所，此人之以義制事之平等運也。……一切不同之智，皆由心之復歸於自己，而無所滯留。一切智之如如，亦不相害，此智之平等運也。①

許慎《說文解字》訓"慧"為"從心彗聲"。這說明智慧乃內生，而"學達性天"就是讓人於內養成這種智慧，進而由此生大平等心，是謂平等慧。但也許有人會以為這種平等慧太過"虛"而不"實"，故缺乏實際之可操作性。然須知，教育不是政治社會運行，它更多要求受教育者具有"虛靈"的智慧，至於切實的操作程式，則是知識問題，具有經驗的相關性，教育不應該只著眼於與經驗相關的知識。若教育只關注這種與經驗相關的知識，美其名曰重可操作性，實則是教育的失敗與墮落。懷特海於此又深切的體會，他說：

> 理想的逐漸消失可悲地證明了人類的努力遭受了挫折。在古代的學園中，哲學家們渴望傳授智慧，而在今天的大學裏，我們卑微的目的卻是教授各種科目。從古人嚮往追求神聖的智慧，降低到現代人獲得各個科目的書本知識，這標誌著在漫長的時間裏教育的失敗。②

---

① 唐君毅：《中國文化之精神價值》，廣西師範大學出版社 2005 年版，第 157 頁。
② 懷特海：《教育的目的》，徐汝舟譯，三聯書店 2002 年版，第 52 頁。

　　"學達性天"正是以"性天"之"虛靈"智慧去潤澤那經驗之殊異與膠固，形成合內外的一以貫之之道，是此方可得真正之平等，此乃"集義所生者"也，而外在之平等乃"義襲而取之"（《孟子·公孫丑上》）者，若平等只限於此，正荀子所謂"蔽於用而不知文"（《荀子·解蔽》）也。這樣，在天性良知之平等慧中，現實之各種關係，人固須於時勢中有所輕重裁擇，但不可一般地執定一關係必高於另一關係從而抹殺之。故孟子曰："君子不以天下儉其親。"（《孟子·公孫醜下》）王船山亦由此而言曰："乾坤大而父母亦不小。"（《讀四書大全說·滕文公上》）此與西方個人與國家平等之說，在理境上無以異，但又不執定而凝固，故顧亭林又有"保天下者，匹夫之賤，與有責焉耳"之說。（《日知錄·正始》）這裏的大小輕重之不同，正是平等慧之虛靈妙用。

　　中國文化傳統雖然肯定天性良知人人具有，但人在現實上究竟能表現多少，因人之氣稟之不同，還是有差別的。故程子曰："人有門箄之量者，有鍾鼎之量者，有江河之量者，有天地之量者。門箄之量者，固不足算；若鍾鼎江河者，亦已大矣，然滿則溢也；唯天地之量，無得而損益，苟非聖人，孰能當之。"（《二程集·河南程氏遺書》卷九）天性良知雖人人固有，但人之氣稟卻個個不同，何以如此，這裏似乎有無盡的秘密，我們無能為力，只是信天由命。正是這氣稟的限制，我們不得不承認有聰明睿智、先知先覺者，而他們就是眾庶之啟蒙者與教師。朱子曰：

　　　蓋自天降生民，則既莫不與之以仁義禮智之性矣。然其氣質之稟，或不能齊，是以不能皆有以知其性之所有而全之也。一有聰明睿智能盡其性者出於其間，則天必命之以為億兆之君師，使之治而教之以復其性。此伏羲、神農、黃帝、堯、舜所以繼天立極，而司徒之職，典樂之官，所由設也。（《〈大學〉章句序》）

　　教育就是讓人突破氣稟的限制而使天性良知全盤地呈露出來，這就是變化氣質。人正是在變化氣質中才能"學達性天"，故程伊川曰："學至氣質變方是有功。"（《二程集·河南程氏遺書》卷十八）我們之所以能變化氣質，內固有賴於自身的涵養與警覺，外則依賴於師長之提撕與教誨。古人講"天、地、君、親、師"五者至大至重，並非從職位言，乃是就其代表的天道精神言。

在此有尊卑、貴賤、上下、君子小人之辨，並強調後者必須向前者看齊乃至無條件服從，這在古人看來也沒有什麼不平等與不自由。熊十力說：

> 古代封建社會之言禮也，以別尊卑、定上下為中心思想。卑而下者以安分守志、絕對服從其尊而上者。雖其思想、行動等方面受無理之抑制，亦以為分所當然，安之若素，而無所謂自由獨立。……平等者，非謂無尊卑上下也。……而今人迷妄，不解平等真義，顧乃以滅理犯分為平等，人道於是乎大苦矣。（《十力語要・示菩兒》）

若一味地強調自己也是一個人，有獨立自由的思想與信念，而對代表天道精神的尊者、上者、貴者無絲毫之敬畏，俱平視之，則人類可能永遠無法開精神向上之機。故夫子曰："君子有三畏：畏天命，畏大人，畏聖人之言。小人不知天命而不畏也，狎大人，侮聖人之言。"（《論語・季氏》）又曰："君子中庸，小人反中庸。君子之中庸也，君子而時中；小人之中庸也，小人而無忌憚也。"（《中庸》）一個真正天性良知呈現發露的人，不但能養成平等慧，亦一定能養成差別慧，從而警覺自己作"造次必於是，顛沛必於是"（《論語・裏仁》）的涵養工夫。所以，梁漱溟說有兩個等差是不能少的，"一種是看重理性、尊賢尚智而來的等差；一種是從尊敬親長而來的等差"。[1] 依梁氏之意，前者從人生向上而來的，後者乃是基於人情之自然，兩者一定要有的，與平等並不衝突。虛心地接受這種不平等，既而以敬畏之心反省自躬，從而使自己在性德上得以提升，與在上者達到新的平等，這正是承認這種不平等的意義。費希特曾就此說：

> 每個人都有這樣一種義務：不僅要一般地希望有益於社會，而且要憑自己的良知，把自己的全部努力都傾注於社會的最終目標，那就是使人類日益高尚起來，使人類日益擺脫自然界的強制，日益獨立和主動。這樣，就終於通過這種新的不平等產生一種新的平等，即所有個體獲得一種均等的文化發展。[2]

---

①　《梁漱溟全集》第二卷，山東人民出版社 2005 年版，第 296 頁。
②　費希特:《論學者的使命 人的使命》，梁志學、沈真譯，商務印書館 2003 年版，第 33–34 頁。

在中國傳統思想中，一方面承認在天性良知處的平等，故人人具有成聖賢的根基與可能，另一方面又承認現實中人之差異與不同，故有君子小人之辯，而且這個"辯"還要嚴。這兩方面的雙向互動，成為了中國傳統教育的作用模式，"學達性天"就是這種模式的體現。這樣的模式，使得教育不為零散的知識服務，進而不只是形成職業化社會中的"俗眾"。現代社會中的原子式的個人，只知有橫向的鬆散平等，而不知有縱向的人格等級，故現代社會中的人只有職業殊途，卻站不住人格本位①，是以"俗眾"得以形成。這種"俗眾"對神聖的事物與偉大的人格沒有敬畏感，他們只是以平等為藉口而去維護個人平凡的權利與利益，既不滿又自滿；他們對人類缺乏責任感，只相信自己才是自己的主人，我行我素，不承認任何權威與等級。於是，他們不會向別人學習，也沒有人值得他們學習。所有這些，正是現代社會教育失敗的標誌，亦是社會亂象的根源。現代人從人的抽象的無差別性來把握平等，乃平等問題上的最大謬誤，常造成社會愈加不平等。由此可見，如果我們承認教育不只是知識的掌握與傳授，而是智慧與德性的養成，則我們固然要講平等，卻更要重視差別與等級。中國傳統的教育理念——"學達性天"，正體現了這種教育智慧。

在心性學所體現出的"學達性天"之教育精神中，固然承認現實中德性之差異，但通過存養工夫，人人又可泯除這種差異而達至"性天"之聖域。這是"天地與我並生，而萬物與我為一"（《莊子・齊物論》）的天地神人共處的澄明之境。這是心性學所顯示出的最高的平等智慧。在此，"體用顯微只是一機，心意知物只是一事。"（《明儒學案》卷十二）。由此，美學作為深密之教義完成矣。

四、心性學與真善美合一之聖域的靈現及美學作為深密教義之證成

心性學不同於一般的教育或教化，可謂"性天"之教。如果一個人真能上達"性天"之德，這就意味著教育的完成及其目標的實現，因為此時人人都在"性天"這個樞紐上把握人生、領悟世界，這正是聖賢精神的靈現，天

---

① 梁漱溟常謂中國傳統社會是"職業分途，倫理本位"，即傳統的中國人固然可有不同的職業，但倫理的本位是一定要站住的，而倫理本位進一步內化之，實際上乃是指人站在天性良知處。

地境界的威臨，是為圓教。人至於此般精神與境界，則萬法平平，復歸本性天良之中，無一法例外，消弭了所有的膠固、差別與障礙，所謂"仁者，渾然與物同體"（《二程遺書》卷二上）者是，亦莊子所謂"天地與我並生，而萬物與我為一"（《莊子·齊物論》），是為圓善。圓善意味著亦真亦善亦美。以莊子的語調說之，即是：俄而"真""善""美"矣，而未知"真""善""美"之果孰為"真"、孰為"善"、孰為"美"耶？真善美並無分際與自體相，此為真善美合一之聖域。從"教"上講，可謂柏拉圖的"深密教義"。

圓教必至圓善，而圓善必因圓教所致。此為"性天"之教所必含。孔子講"有教無類"（《論語·衛靈公》），即是此意。對於孔子這句話，一般以為孔子是一個教育平等論者，無論人的身份、地位、貧富均應該接受教育，而且也可以接受教育。這從教育之起始處言當然不錯，但僅限於此是不夠。我們還應該從教育之完成處言，則"有教無類"意味著教育消弭了人與人之間材質與氣性的差別，人人俱在"性天"之中，無所謂"個性"。朱子就是如此理解的，他說：

> 人性皆善，而其類有善惡之殊者，氣習之染也。故君子有教，
> 則人皆可以復於善，而不當復論其類之惡矣。（朱熹：《論語章句
> 集注》卷八）

朱子此意乃是，教育是使人從現實的材質與氣性的差別中歸復到"性天"的無差別中來。基於這種認知，我們需要對"因材施教"這種教育觀念加以辨正。

"因材施教"本來是孔子的根本教育方法，其宗旨是依據學生不同之材質個性而施以不同的教育方法，最終使他們皆能達至儒學一以貫之之道，養成統一的社會教化乃至達成最終的宇宙人生之美。但這種根本宗旨卻被誤解，把作為方法途徑的"因材施教"等同於教育結果。這樣，"因材施教"就等同於"人盡其才"。有學者指出：

> 教育的道理正是這樣，因材施教正是為了"人盡其才"的教育
> 結果公平。身為教師，對學生首先要有透徹的瞭解，讓合適的知識
> 與技能滿足合適的學生的需求，以達到生知相宜的效果。作為一名

教育者，對學生的才能、興趣了然於胸，才能針對某項特定的學習或工作選擇適合的人選，追求人與知、人與事的和諧統一。①

這樣，"因材施教"乃依據人之"材質"之不同而盡其"才"之所長，由此，"人盡其才"只是養成了職業專家，若無統一的"學"的一貫之道來養成社會教化，這樣的"人盡其才"未必是社會的福音，"電腦駭客"就是例證之一。學者們一再指出，"因材施教"是教育公平的根本保證，但這只是在盡"才"的意義上講的。儘管這可以為社會造就分門別類的專業人才，但若無更高的"學"以提撕整合那殊異的"才"，則人人"多得一察焉以自好"，社會即被撕扯分割而不能歸於一。這正是當下職業化社會之亂象，知識愈加精細專門，但社會愈加零散混亂。何也？無"學"以盡一以貫之之道故也。精細之術多有，高明之道缺焉。

其實，孔子之教育方法固然重視"因材施教"，但決不是要"人盡其才"，而是"進德修學"以盡"道"，在"道"中消弭人因材質的限制而來的對"道"的領受的差別。在這裏，人的材質個性正是要對治糾偏的對象，而不是要引導發揚的對象。為了辨明這個問題，我們且進入文本。《論語》一書到處體現了孔子"因材施教"的方法，這裏選取兩處。其一是在《為政》章，孔子答孟懿子、孟武伯、子游、子夏之問孝，各有不同。關此，朱子在《集注》中引程子之言曰：

> 告懿子，告眾人者也。告武伯者，以其人多可憂之事。子遊能養，而或失於敬。子夏能直義，而或少溫潤之色。各因其材之高下，與其所失而告之，故不同也。

其二是在《顏淵》章，孔子答顏淵、仲弓、司馬牛之問仁，亦各不同。關此，朱子曰：

> 牛之為人如此，若不告之以其病之所切，而泛以為仁之大概語之，則以彼之躁，必不能深思以去其病，而終無自以入德矣。故其告知如此。蓋聖人之言，雖有高下大小之不同，然其切於學者之身，

---

① 梁秋英、孫剛成：《孔子因材施教的理論基礎及其啟示》，載《教育研究》2009第11期，第90頁。

而皆為入德之要，則又初不異也。

由孔子之答"孝"與"仁"之問及程子與朱子的解釋，可知孔子之"因材施教"決不是要盡"才"之所長，而恰恰是要克人之所病，抑"才"之所偏，既而入德求道。這樣，"因材施教"雖然在入口處不同——因基於人之不同材質，但在最終結果處卻相同——都是入德求道。而一般人卻把"因材施教"理解為不同入口處不同，最終結果處亦不同。這是順著人的材質一條鞭地往下滾，儘管可引"才"之所長，但卻不能抑"才"之所偏，這不但是對孔子"因材施教"之極大誤會，亦會滋生諸多社會問題。孔子曰："下學而上達。""因材施教"是在"下學"的工夫處講的，不是在"上達"的結果處講的。"上達"是"學"的完成，這裏不能盡"才"之殊異，萬不可講"因材施教"。孔子是希望通過"因材施教"這種有效途徑達到"有教無類"這個最終目的。朱子的解釋證實了我們的理解。

但我們必須指出，朱子對於"有教無類"的理解雖然超過了一般人，卻依然是不夠的，因為朱子的理解還是著眼於人。因為夫子之教畢竟是要讓人上達天德彌倫宇宙的。所以，我們不應該只是把這個"無類"限制在人這個類中，而應該擴展到世間萬法之中，即通過"性天"之教後，諸法定然無別。張橫渠曰："故天地之塞，吾其體；天地之帥，吾其性。民吾同胞，物吾與也。"（《正蒙·乾稱》）這是"性天"之教的應有內涵。"性天"之教不僅至於"民胞物與"之境界，亦必開顯一個真善美合一的聖域。此一聖域，禪宗有詳盡之說明。《五燈會元》載隨州大洪山報恩禪師云：

> 夫三界唯心，萬緣一致，心生故法生，心滅故法滅。推而廣之，彌綸萬有而非有；統而會之，究竟寂滅而非無。非無亦非非無，非有亦非非有。四執既亡，百非斯遣，則自然因緣皆為戲論，虛無真實俱是假名矣。……故西天諸大論師皆以心外有法為外道，萬法唯心為正宗。蓋以心為宗，則諸見自亡。言雖或異，未足以為異也；心外有法，則諸見競生。言雖或同，未足以為同也。雖然儒道聖人，固非不知之，乃存而不論耳。（《五燈會元》卷十四）

依佛教之根本大義，諸法即世間駁雜繽紛之現象乃習心之所染，是習心之無明所映現的，若習心泯滅而復歸於真常心，則無所謂駁雜繽紛之現象存在，一切皆"如如"。"如如"一詞是指圓融而不凝滯的境界。《禪林僧寶傳》卷十三謂"如如"之境界為："法法無依，平等大道，萬有不系，隨處轉轆轤。"此即是"心生故法生，心滅故法滅"之意。"心生"，是以駁雜繽紛之現象出現；"心滅"，是以駁雜繽紛之現象歸於"如如"。從本體論上講，只有真常心是最後的真實，世間萬法皆為假名。但工夫到極致，即真常心亦"如如"，不再是孤懸的本體。至此，萬法皆"如如"，此"如如"之境乃"性天"之教所達成之最後理境。因此，當神秀向禪宗五祖弘忍大師呈曰："身是菩提樹，心如明鏡台，時時勤拂拭，勿使惹塵埃。"五祖卻批評神秀曰："汝作此偈，未見本性，只到門外，未入門內。"（《六祖大師法寶壇經·自序品》）而當慧能呈偈語——"菩提本無樹，明鏡亦非台；本來無一物，何處惹塵埃"（《六祖大師法寶壇經·自序品》）——時，五祖即大加讚賞，即刻傳衣缽於慧能，是為六祖。神秀之所以被批評，乃因為孤懸了本體，本體與色法為二，非"性天"之教的極致；而慧能之所以得奉為六祖，乃因為其悟得本體與萬法皆"如如"，為虛靈之"一"，並無對列之"二"，這"一"才是"性天"之教的極致。也就是說，神秀之偈語並非圓教，因為尚未臻於圓善之境，而慧能之偈語則是圓教，因其臻於圓善之境也。

此般理境雖首唱於佛教，但因中國傳統的儒道釋都是"性天"之教，必皆可肯認此般理境，適如報恩禪師所言。王陽明與其弟子之對話就清楚地表明瞭這個意思：

> 先生起行征思、田，德洪與汝中追送嚴灘，汝中舉佛家實相幻相之說。先生曰："有心俱是實，無心俱是幻；無心俱是實，有心俱是幻。"汝中曰："有心俱是實，無心俱是幻，是本體上說功夫；無心俱是實，有心俱是幻，是功夫上說本體。"先生然其言。洪於是時尚未了達，數年用功，始信本體功夫合一。（《王陽明全集》卷三《語錄三》）

"性天"之教至純熟之地，必本體工夫合一，一切平平，萬法"如如"。王陽明之弟子王龍溪曰："體用顯微只是一機，心意知物只是一事。"（《明

儒學案》卷十二）這正道出了"性天"之教的極致與圓滿。王龍溪的這句話
乃針對王陽明"四有教"而說。王陽明"四有教"（《明儒學案》卷十）云：

> 無善無惡心之體。有善有惡意之動。
>
> 知善知惡是良知。為善去惡是格物。

　　在這裏，"心""意""知""物"皆為分別的四種現象，有各自的分
際與自體相。"心"是一超越善惡的絕對體；"意"乃心之所發，隨物而感，
故有善有惡。"良知"乃"心"之虛靈明覺之智照，故"意"之善惡自然知之；
"物"是"意"之所在，"意"即有善惡，則"物"亦有"正"與"不正"，
既而"良知"之天理發用於事事物物之上使不正者歸於正，是之謂"格物"。
既有分際與自體相，則有分別，故決非"性天"之教的極致，是相對初始之
教。王陽明也明說，他的"四有教"是"為中根以下人立教"（《明儒學案》
卷十二），但他尚有"四無教"，這是"為上根人立教"（《明儒學案》卷
十二），"四無教"才是極致。"四無教"（《王龍溪全集》卷一）由其弟
子王龍溪說出，其曰：

> 無心之心則藏密。無意之意則應圓。
>
> 無知之知則體寂。無物之物則用神。

　　這意味著，在"性天"之教工夫之極致中，"心""意""知""物"
皆無自體相，渾化而如一。這裏的"一"不是一個存在的對象，而是真善美
合一的圓善境界。在這個圓善的境界裏，復用莊子之語言之，即是：俄而
"心""意""知""物"矣，而未知"心""意""知""物"之果孰為
"心"、孰為"意"、孰為"知"、孰為"物"耶？就"性天"之教而言，
這是工夫的極致；就"物"而言，是存在的圓滿。這是承王陽明"無心俱是實，
有心俱是幻"（《王陽明全集》卷三）而來者，"實"就是圓滿，乃成於渾
化如一的"無"中；"幻"就是不圓滿，乃成於自體相之"有"中。

　　既然一切皆渾化如一而不知孰為"心"、孰為"意"、孰為"知"、孰為"物"，
則哪有"類"可言呢？不但無"類"可言，真善美皆不能單獨言，只有一"如"
的境界，這裏自有"真"、有"善"、有"美"，但又不知何為"真"、何

為"善"、何為"美"。所以，孔子講的"有教無類"決不會只是限於人，其理境一定會通向世間一切存在，進而開出一個真善美合一的"如"的境界。儘管孔子本人可能未必有此意識，但夫子之道作為"性天"之教，必然會在精神境界上作此進一步的開顯，此則無疑。因為只有這一步開顯，夫子之教才是圓滿之教，其境界亦為圓善之境。

真善美合一之境乃為美學家所雅言者，然究竟如何合一，美學家窮探力索而終不得其實，豈不悲乎？通過上面的論述可知，唯有在心性工夫之學或"性天"之教中，真善美合一才真實可能。這不只是一種基於審美理想的理念構建，而是存在的聖域。在這聖域裏，知識、道德、審美、宗教渾化如一，現實了莊子所說的"天地有大美而不言，四時有明法而不議，萬物有成理而不說"（《莊子·知北遊》）之"自然"大道。所以，審美教育必須以"性天"之教為其極功。明儒王心齋有《樂學歌》云：

> 人心本自樂，自將私欲縛。私欲一萌時，良知還自覺。一覺便消除，
> 人心依舊樂。樂是樂此學，學是學此樂。不樂不是學，不學不是樂。
> 樂便然後學，學便然後樂。樂是學，學是樂。於乎！天下之樂何如
> 此學？天下之學何如此樂？ ①

"心性"自身本是樂地，"性天"之教自有樂園。"學"或"教"至於"性天"之樂方致其極功，違乎此，皆為空華外道，枉費精神。王心齋之子王東崖對於"性天"之教與樂作了進一步的說明，其語尤為警策顯豁。

> 問："學何以乎？"曰："樂。"再問之，則曰："樂者心之
> 本體也。有不樂焉，非心之初也。吾求以復其初而已矣。""然則
> 必如何而後樂乎？"曰："本體未嘗不樂，今日必如何而後能，是
> 欲有加於本體之外也。""然則遂無事於學乎？"曰："何為其然也？
> 莫非學也，而皆所以求此樂也。樂者樂此學，學者學此樂。吾先子
> 蓋嘗言之也。""如是，則樂亦有辨乎？"曰："有。有所倚而後
> 樂者，樂以人者也。一失其所倚，則慊然若不足也。無所倚而自樂

---

① 轉引自牟宗三：《從陸象山到劉蕺山》，上海古籍出版社 2001 年版，第 200–201 頁。

者，樂以天者也。舒慘欣戚，榮悴得喪，無適而不可也。"既無所
倚，則樂者果何物乎？道乎心乎？"曰："無物故樂，有物則否矣。
且樂即道，樂即心也。而曰所樂者道，所樂者心，是床上之床也。"
（《明儒學案》卷三十二）

這裏的反復問答，把"性天"之教與樂詮釋得無以復加。"樂"不必在"性天"
之外尋，人人有取之不盡的樂源，唯看人之存養工夫如何，敦教願力大小耳。
孟子曰：

> 君子深造之以道，欲其自得之也。自得之則居之安，居之安則
> 資之深，資之深則取之左右逢其原。故君子欲其自得之也。（《孟子·離
> 婁下》）

在此，不但自由、平等、公正等人生價值向人招手，而且真善美合一的
宗教聖域亦可靈現。這是審美教育的切義，教育自身亦終結於此，"寓教於樂"
須在此而言，因其為圓教也。不惟此也，舉凡道德、宗教等所有精神實踐亦
皆終結於此，因其為圓善也。至此，精神實踐的智慧學圓滿完成，攸敘彝倫、
德合天地、智周萬物、道濟天下之大業亦威臨人世。此非柏拉圖所說的深密
教義而誰何？！外此，孰謂深密教義耶？！此義既揭櫫而出，於全書而言，
可謂曲終奏雅矣。

附錄：主要參考文獻

一、中國傳統文化典籍

[1]　高亨 . 周易大傳今注 [M]. 北京：清華大學出版社，2010.

[2]　高亨 . 詩經今注 [M]. 北京：清華大學出版社，2010.

[3]　顧頡剛 . 尚書校釋譯論 [M]. 北京：中華書局，2005.

[4]　楊伯峻 . 春秋左傳注 [M]. 北京：中華書局，2009.

[5]　（清）孫希旦 . 禮記集解 [M]. 北京：中華書局，1989.

[6]　（宋）朱熹 . 四書章句集注 [M]. 北京：中華書局，1983.

[7]　（魏）王弼 . 老子道德經注校釋 .[M]. 樓宇烈校釋 . 北京：中華書局，2008.

[8]　（清）郭慶藩 . 莊子集釋 [M]. 王孝魚點校 . 北京：中華書局，2012.

[9]　梨翔鳳 . 管子校注 [M]. 北京：中華書局，2004.

[10]　（清）王先謙，《荀子集解 [M]. 沈嘯寰，王星賢點校 . 北京：中華書局，1988.

[11]　蘇輿 . 春秋繁露義證 [M]. 鐘哲點校 . 北京：中華書局，1992.

[12]　（清）陳立 . 白虎通疏證 [M]. 北京：中華書局，1994.

[13]　（宋）程顥，程頤 . 二程集 [M]. 王孝魚點校 . 中華書局，2004.

[14]　（宋）朱熹 . 朱熹集 [M]. 成都：四川教育出版社，1996.

[15]　（宋）黎靖德 . 朱子語類 [M]. 王星賢點校 . 中華書局，1986.

[16]　（明）王守仁 . 王陽明全集 [M]. 董平，吳光等編校 . 上海：上海古籍出版社，1992.

[17]　（清）黃宗羲 . 明儒學案 [M]. 沈芝盈點校 . 北京：中華書局，2008.

[18]　（清）李顒 . 二曲集 [M]. 陳俊民點校 . 北京：中華書局，1996.

[19]　（南朝梁）劉勰 . 文心雕龍校注 [M]. 楊明照校注 . 北京：中華書局，2012.

[20]　（清）何文煥輯 . 歷代詩話 [M]. 北京：中華書局，1981.

[21]　周積寅 . 中國歷代畫論 [M]. 南京：江蘇美術出版社，2007.

二、現代學人專著

[22]　王國維 . 人間詞話 [M]. 上海：華東師範大學出版社，1990.

[23]　高平叔 . 蔡元培全集 [M]. 第一—四卷 . 北京：中華書局，1984.

[24]　梁漱溟 . 梁漱溟全集 [M]. 第一、二卷 . 济南：山東人民出版社，2005.

[25]　朱光潛 . 朱光潛全集 [M]. 第十二卷 . 合肥：安徽教育出版社，1991.

[26]　宗白華 . 藝境 [M]. 北京：北京大學出版社，1999.

[27]　郭紹虞 . 中國文學批評史 [M]. 下卷 . 百花文藝出版社，1999.

[28]　郭紹虞 . 中國歷代文論選 [M]. 第二冊 . 上海：上海古籍出版社，1979.

[29]　牟宗三 . 現象與物自身 [M]. 臺北：臺灣學生書局，1984.

[30]　牟宗三 . 心體與性體 [M]. 上中下 . 上海：上海古籍出版社，1999.

[31]　牟宗三 . 政道與治道 [M]. 臺北：臺灣學生書局，1983.

[32]　牟宗三 . 牟宗三先生全集 [M]. 卷十六 . 新北：臺灣聯經出版有限公司，2003.

[33]　徐復觀 . 中國藝術精神 [M]. 上海：華東師範大學出版社，2001.

[34]　徐復觀 . 中國人性論史 [M]. 先秦篇 . 上海：上海三聯書店，2001.

[35]　唐君毅 . 人文精神之重建 [M]. 桂林：廣西師範大學出版社，2005.

[36]　唐君毅 . 中國文化之精神價值 [M]. 臺北：臺灣正中書局，1953.

[37]　蔣孔陽 . 美學新論 [M]// 蔣孔陽全集 . 第三卷 . 合肥：安徽教育出版社，1999.

[38]　蔣孔陽 . 德國古典美學 [M]. 北京：商務印書館，2005.

[39]　李澤厚 . 美學三書 [M]. 合肥：安徽文藝出版社，1999.

[40]　葉朗 . 美學原理 [M]. 北京：北京大學出版社，2009.

[41]　薛華 . 黑格爾與藝術終結 [M]. 北京：中國社會科學出版社，1986.

[42]　陳中梅 . 柏拉圖詩學和藝術思想研究 [M]. 北京：商務印書館，1999.

[43]　敏澤 . 中國文學理論批評史 [M]. 北京：人民文學出版社，1981.

[44]　張世英 . 自我實現的歷程——解讀黑格爾《精神現象學》[M]. 濟南：山東人民出版社，

2001.

[45] 勞承萬 . 中國古代美學（樂學）形態論 [M]. 北京：中國社會科學出版社，2010.

[46] 劉小楓 . 現代性社會理論緒論 [M]. 上海：上海三聯書店，1998.

[47] 盧雪崑 . 孔子哲學傳統——理性文明與基礎哲學 [M]. 臺北：臺灣裡仁書局，2014.

[48] 潘立勇 . 一體萬化——陽明心學的美學智慧 [M]. 北京：北京大學出版社，2010.

[49] 章輝 . 實踐美學——歷史譜系與理論終結 [M]. 北京：北京大學出版社，2006.

[50] 馮青來 . 文化與教育——教育理念的文化哲學沉思 [M]. 北京：光明日報出版社，2009.

三、漢譯西方經典名著

[51] 柏拉圖 . 柏拉圖全集 [M]. 王曉朝譯 . 北京：人民出版社，2003.

[52] 柏拉圖 . 柏拉圖文藝對話集 [M]. 朱光潛譯 . 北京：人民文學出版社，1980.

[53] 苗力田 . 亞里士多德全集 [M]. 第八卷 . 北京：中國人民大學出版社，1994.

[54] 亞里斯多德 . 詩學 [M]. 陳中梅譯 . 北京：商務印書館，2002.

[55] 普魯塔克 . 希臘羅馬名人傳 [M]. 陳水庭，等譯 . 北京：商務印書館，1990.

[56] 奧古斯丁 . 懺悔錄》[M]. 周士良譯 . 北京：商務印書館，1981.

[57] （託名）狄奧尼修斯 . 神秘神學 [M]. 包利民譯 . 北京：三聯書店，1998.

[58] 休謨 . 人性論 [M]. 上冊 . 關文運譯 . 北京：商務印書館，1980.

[59] 施賴爾馬赫 . 論宗教 [M]. 鄧安慶譯 . 北京：人民出版社，2011.

[60] 康德 . 純粹理性批判 [M]. 鄧曉芒譯 . 北京：人民出版社，2004.

[61] 牟宗三 . 康德的道德哲學 [M]. 臺北：臺灣學生書局，1982.

[62] 康德 . 判斷力批判 [M]. 鄧曉芒譯 . 北京：人民出版社，2002.

[63] 康德 . 判斷力批判 [M]. 上卷 . 宗白華譯 . 北京：商務印書館，1987.

[64] 楊祖陶，鄧曉芒 . 康德三大批判精粹 [M]. 北京：人民出版社，2001.

[65] 李秋零 . 康德書信選 [M]. 北京：經濟日報出版社，2001.

[66] 費希特 . 論學者的使命 人的使命 [M]. 梁志學、沈真譯 . 北京：商務印書館，2003.

[67] 黑格爾 . 哲學史講演錄 [M]. 第一——四卷 . 賀麟、王太慶譯 . 北京：商務印書館，1996.

[68] 黑格爾 . 美學 [M]. 第一——三卷 . 朱光潛譯 . 北京：商務印書館，1979.

[69] 黑格爾 . 精神現象學 [M]. 上下卷 . 賀麟，王玖興譯 . 北京：商務印書館，1997.

[70] 謝林 . 對人類自由的本質及其相關對象的哲學研究 [M]. 鄧安慶譯 . 北京：商務印書館，

2008.

[71] 謝林 . 先驗唯心論體系 [M]. 梁志學，石泉譯 . 北京：商務印書館，1983.

[72] 費爾巴哈 . 基督教的本質 [M]. 榮震華譯 . 北京：商務印書館，1997.

[73] 中共中央馬克思恩格斯列宁斯大林著作编译局 . 馬克思恩格斯全集 [M]. 第 3 卷、25 卷、
42 卷、46 卷（下）. 北京：人民出版社，1972、1974、1979、1980.

[74] 鮑桑葵 . 美學史 [M]. 張今譯 . 北京：商務印書館，1985.

[75] 尼采 . 偶像的黃昏 [M]. 周國平譯 . 北京：光明日報出版社，1985.

[76] 尼采 . 查拉斯圖拉如是說 [M]. 尹溟譯 . 北京：文化藝術出版社，1987.

[77] 胡塞爾 . 純粹現象學通論 [M]. 李幼蒸譯 . 北京：商務印書館，1996.

[78] 海德格爾 . 存在與時間 [M]. 陳嘉映等譯 . 北京：三聯書店，1987.

[79] 孫周興 . 海德格爾選集 [M]. 上海：上海三聯書店，1996.

[80] 海德格爾 . 尼采 [M]. 上卷 . 孫周興譯 . 北京：商務印書館，2002.

[81] 海德格爾 . 謝林論人類自由的本質 [M]. 薛華譯 . 北京：中國法制出版社，2009.

[82] 海德格爾 . 在通向語言的途中 [M]. 孫周興譯 . 北京：商務印書館，2010.

[83] 加達默爾 . 真理與方法 [M]. 洪漢鼎譯 . 上海：上海譯文出版社，1999.

[84] 加達默爾 . 讚美理論 [M]. 夏鎮平譯 . 上海：上海三聯書店，1998.

[85] 維特根斯坦 . 邏輯哲學論 [M]. 賀紹甲譯 . 北京：商務印書館，1999.

[86] 凱西勒 . 啟蒙哲學 [M]. 顧偉銘，等譯 . 濟南：山東人民出版社，1988.

[87] 托克維爾 . 論美國的民主 [M]. 董果良譯 . 北京：商務印書館，2012.

[88] 馬克·愛德蒙森 . 文學對抗哲學 [M]. 王柏華，等譯 . 北京：中央編譯出版社，2000.

[89] 魯伊吉·柏格裡奧羅 . 形而上學 [M]. 朱東華，詹文傑譯 . 上海：哈尔滨 . 黑龍江人民
出版社，2005.

[90] 阿爾森·古留加 . 黑格爾傳 [M]. 劉半九，伯幼等譯 . 北京：商務印書館，1978.

[91] 伍蠡甫 . 西方文論選 [M]. 上下冊 . 上海：上海譯文出版社，1979.

[92] 丹尼爾·貝爾 . 資本主義文化矛盾 [M]. 趙一凡，等譯 . 北京：三聯書店，1989.

[93] 繆勒 . 宗教學導論 [M]. 陳觀勝，李培茱譯 . 上海：上海人民出版社，2010.

[94] W.C. 史密斯 . 宗教的意義與終結 [M]. 董江陽譯 . 北京：中國人民大學出版社，2005.

[95] 呂達等 . 杜威教育文集 [M]. 第五卷 . 北京：人民教育出版社，2008.

[96] 趙祥麟，王承緒編譯 . 杜威教育論著選 [M]. 華東師範大學出版社，1981.

[97] 杜威.道德教育原理 [M].王承緒，等譯.杭州：浙江教育出版社，2003.

[98] 喬治·麥克林.傳統與超越 [M].幹春松，楊風崗譯.北京：華夏出版社，2000.

[99] 傑弗瑞·戈比.你生命中的休閒 [M].康箏譯.昆明：雲南人民出版社，2000.

[100] 湯瑪斯·古德爾，傑弗瑞·戈比.人類思想史中的休閒 [M].成素梅等譯.昆明：雲南人民出版社，2000.

[101] 羅素.我的哲學的發展 [M].溫錫增譯.北京：商務印書館，1995.

[102] 北京大學哲學系編.西方哲學原著選讀 [M].上卷，.北京：商務印書館，1999.

四、現代學人之期刊論文

[103] 毛崇傑.美學：邊界與超越 [J].鄭州大學學報，2009（6）.

[104] 張玉能，黃健雲.中國當代美學的實踐轉向 [J].江海學刊，2012（3）.

[105] 俞吾金.美學研究新論 [J].學燈，（22）.

[106] 楊春時.實踐美學是抬高實踐而貶低自由的美學——答徐碧輝研究員 [J].學術月刊，2008（2）.

[107] 楊春時.審美是超越的生存體驗 [J].瀋陽工程學院學報，2011（1）.

[108] 楊春時.審美超越辨正——兼答趙曉芳《後實踐美學與審美意識形態》一文 [J].復旦學報，2010（2）.

[109] 楊春時."日常生活美學"批判與"超越性美學重建" [J].吉林大學學報，2010（1）.

[110] 梁秋英，孫剛成.孔子因材施教的理論基礎及其啟示 [J].教育研究，2009（11）.

[111] 周錫山.情景交融的中西進程簡述 [J].文藝理論研究，2004（6）.

[112] 馬惠娣.人類文化思想史中的休閒 [J].自然辯證法研究，2003（1）.

[113] 查洪德.宋元人對理學文弊的批判和理學文學觀的演變 [J].殷都學刊，2004（1）.

[114] 王德勝.試論藝術審美的價值尺度 [J].文藝研究，2003（3）.

[115] 閻國忠.美是上帝的名字：神學美學的核心命題 [J].吉首大學學報，2008（3）.

[116] 潘知常."以美育代宗教"：中國美學百年迷途 [J].學術月刊，2006（1）.

[117] 徐龍飛.美作為上帝的絕對謂項——論（託名）狄奧尼修斯的本體形上美學 [J].雲南大學學報，2013（1）.

[118] 王本朝.以美育代宗教與中國現代美學的身份認同 [J].藝術百家，2011（5）.

[119] 潘黎勇.論"以美育代宗教說"與蔡元培審美信仰建構的世俗性 [J].文藝理論研究，

2012（2）.

[120] 宮承波 . "以美育代宗教" 的歷史文化價值及其當代意義 [J]. 文史哲，2000（5）.

[121] 成窮 . 蔡元培 "美育代宗教說" 芻議 [J]. 美與時代 .（下），2010（7）.

[122] 冉鐵星 . 試論 "以美育代宗教" [J]. 湖南師範大學教育科學學報，2003（3）.

[123] 趙曉芳 . 後實踐美學與審美意識形態 [J]. 復旦學報，2009（2）.

[124] 張晚林 . 論現代新儒家探討文化的方式 [J] 毅圃，2006（2）.

五、西文原著

[125] John, Dewey. Art as Experience[M]. New York: Capricorn Books, 1958.

[126] Jaspers−Karl. Die Grossen Philosophen[M]. R.Piper & Co Verlag M ü nchen, 1957.

[127] Descartes. Meditation on First Philosophy[M]. Cambridge: Cambridge University Press, 1986.

[128] Wittgenstein. Ueber Gewissheit[M]. Berlin: Suhrkamp Verlag,1984.

[129] Galbraith, John Kenneth. The New Industrial State[M]. Boston: Eyre and Spottiswoode. 1967.

[130] Pieper, J. Leisure: The Basis of Culture[M]. New York: New American Library, 1952.

[131] Trafton, Dain A. In Praise of Three Traditional Ideas of Leisure. // B. G. Gunter, Jay Stanley, Robert St. Clair. Transition to Leisure: Conceptual and Human Issues[M]. Lanham: University Press of America. 1985.

[132] Becker, Ernest. The Structure of Evil[M]. New York: George Braziller Inc. 1968.

[133] Glasser, Ralph. Leisure: Penalty or Prize[M]. London: Macnillan and Company. 1970

[134] Dewey,John. Democracy and Education[M]. New York: The Macmillan Company. 1916.

[135] Huchins, Robert. Some Observations on American Education[M]. Cambridge: The Cambridge University Press.1956.